U0583696

本书为 2023 年河南省哲学社会科学年度规划项目
“父母养育倦怠与儿童青少年身心健康关系研究”（项目编号 2023CJY062）的研究成果。

泥潭中的父母

Relation Between Parental Burnout with Psychological Development of Children and Adolescent

养育倦怠与儿童青少年健康成长

李永鑫　王玮

——— 著

Parents in the Quagmire

目　录

CONTENTS

绪　论 …… 1

第一章　养育倦怠的概念、理论与测量 …… 4

第一节　倦怠概念的演变与养育倦怠的提出 …… 4

第二节　养育概念的风险－资源平衡理论 …… 7

第三节　养育倦怠的测量 …… 10

第二章　养育倦怠量表的修订及简化 …… 15

第一节　中式养育倦怠量表的修订 …… 15

第二节　简式养育倦怠量表的制定 …… 32

第三章　养育倦怠与工作倦怠关系研究 …… 42

第一节　养育倦怠与工作倦怠的关系 …… 42

第二节　养育倦怠与工作倦怠在双职工家庭中的关系探索 …… 58

第四章　养育倦怠与学前儿童心理发展 …… 73

第一节　养育倦怠与幼儿入园适应 …… 74

第二节　养育倦怠与幼儿问题行为 …… 87

第三节　养育倦怠与幼儿推理能力 …… 95

第五章　养育倦怠与初中生问题行为 …… 105

第一节　养育倦怠与初中生内化问题行为 …… 106

第二节　养育倦怠与初中生外化问题行为 …… 125

第六章　养育倦怠与初中生健康成长 …… 138

第一节　养育倦怠与初中生心理适应 …… 138

第二节　养育倦怠与初中生友谊质量 …… 148

第三节　养育倦怠与初中生学业投入 …… 156

第七章　人格与养育倦怠的关系及影响机制 …… 164
第一节　宜人性、神经质与养育倦怠 …… 165
第二节　依恋风格与养育倦怠 …… 176
第三节　完美主义与养育倦怠 …… 181
第八章　养育压力与养育倦怠的关系及作用机制 …… 198
第一节　养育压力、养育倦怠与初中生心理健康 …… 199
第二节　养育压力、养育倦怠与初中生问题行为 …… 204
第三节　教育焦虑、养育倦怠与初中生学业倦怠 …… 215
参考文献 …… 228

绪 论

从生物进化角度来看，繁衍促成性别的区分，生物本能都以繁衍为首要任务以保证族群的发展与延续，这是自然赋予人类繁衍能力的初衷。进入现代文明，个体仍肩负一定的责任与使命，除了保持人类的生息与繁衍以外，还有对文明的传承与延续（李丽，2009）。婚姻作为人类种族绵延的保障，是合法生育的必要形式（余延满，2004）。《礼记·昏义》记载："昏礼者，将合二姓之好，上以事宗庙，而下以继后世也。"可见，古人认为婚姻的主要目的是家族繁衍与生育子嗣（王秀玲，2007）。在当代社会，人们更加注重以人为本、崇尚个人自由和个性发展，婚姻也体现出对人性的关怀以及注重个人价值的实现。诚然，在不同的时代，人们赋予婚姻不同的含义，但是婚姻作为主要的社会关系，长期以来在人类的发展历程中发挥着重要的社会职能作用（闫玉，2008）。两个独立的个体通过婚姻这种特定的形式组建成家庭，共同繁衍后代，创造人类社会的物质财富与精神文明（杨发祥，2004）。家庭作为婚姻的载体，随即成了个体生存、家族延续的核心场所（潘允康、林南，1992）。

家庭是社会的细胞，也是社会最基本的组成形式，对人类社会的生存发展具有重要的功能（齐晓安，2009）。其中，生育作为家庭的必要活动，是家庭的基本功能，具有实现个体人生意义与推动人类社会发展的作用（费孝通，1998）。在我国，受到传统儒家思想文化的影响，个体更加注重生育问题，将生育视为实现自我发展不可或缺的一环（骆承烈，2008）。然而，俗语有云："生儿容易，养儿难。"相对于生育，养育问题才是家庭面对的最大挑战。新成员的到来不仅给家庭带来了新的生机，使家庭充满欢声笑语，也给家庭成员带来了一系列新的考验。同时，随着生产方式的变革与社会制度的建立健全，传统的大家庭逐渐被核心家庭取代，父母成为承担子女养育责任的主体（王跃生，2006）。从子女出生开始，“如何更好地养育子女”就成为他们面对的首要问题。

此外，由于经济的发展与时代的进步，人们的生活水平逐渐提高，社会更加注重养育质量，这也给为人父母者提出了新的养育要求（Verhellen，2000）。面对养育过程中的变化与挑战，当父母自身的养育能力与养育资源难以应对时，他们就会产生一定的压力感（Cooper et al.，2009）。这种在履行父母职责及养育子女的过程中感知到的压力称为养育压力（Abidin & Brunner，1995）。适当的养育压力是正常的，可能存在于整个养育过程。但如果个体的养育压力长期得不到有效的应对与缓解，就有可能导致其养育倦怠的出现（Roskam et al.，2017）。具体而言，养育倦怠指的是父母自身由于长期的养育压力而产生的一组负性症状，如与父母角色相关的极度耗竭感；有意与子女保持一定的情感距离，减少对子女的情感付出；失去为人父母的满足与快乐；从养育活动中获得的成就感降低，怀疑自己的养育能力；等等（Roskam et al.，2018）。

本书主要围绕养育倦怠这一主题展开论述，共分为三个部分八个章节。具体来说，第一部分包括第一、二、三章，主要是对养育倦怠的概念及测量工具的发展进行论述，并在此基础上开展相关实证研究。第一章是对养育倦怠的概念、测量工具的发展历程及具体内容进行评述，同时对养育倦怠的基础理论（风险-资源平衡理论）进行详细介绍。在此基础上，第二章对养育倦怠的测量工具进行本土化翻译与修订，为后续开展养育倦怠的实证研究提供科学有效的测量工具。进一步地，第三章对养育倦怠与工作倦怠的概念进行了辨析，是对中文版养育倦怠量表测量有效性的再次验证。此外，本章还运用交叉滞后模型与主客体互倚模型，探究了养育倦怠与工作倦怠的因果关系以及二者在双职工家庭中的影响方向。

第二部分包括第四、五、六章，主要围绕养育倦怠对儿童青少年身心健康发展的影响进行考察。第四章聚焦养育倦怠对学前儿童的消极影响，着眼于入园适应、问题行为与推理能力三个方面，并采用问卷法、实验法等进行多途径数据收集，着重考察父母养育倦怠对学前儿童心理发展的影响。同时，青少年时期是个体发展的关键阶段，也是充满“疾风骤雨”的时期，该时期的个体往往会表现出较多的情绪或行为问题，如果得不到有效解决，会进一步阻碍其社会化发展（刘广增等，2020）。研究表明，家庭因素是引发问题行为的因素之一，如家庭功能（胡宁等，2009）。因此，第五章选取初中生及其父母作为研究样本，重点探究养育倦怠与初中生内外化问题行为的关系。本章从家庭、父母及初中生自身三个层面出发，探讨了养育倦怠对初中生内外化问题行为的内部作用机制。此外，个体发展是一个复杂的过程，除了问题行为外，还包括人际关系、心理素质等较多方面。第六章则进一步从初中生的心理适应、友谊质量与学业投入等多角度入手，全面分析父母养育倦怠对子女身心发展的消极影响。

第三部分包括第七、八章，主要对养育倦怠的前因进行探讨。第七章主要考察人格对养育倦怠的影响。人格作为个体相对稳定的特征，是影响其内在情绪感知与外在行为表现的重要变量。研究发现，人格作为养育倦怠的保护因素或风险因素，可以持续补充或消耗个体的养育资源（Mikolajczak & Roskam，2018）。本章将选取宜人性、神经质、依恋风格与完美主义等具有代表性的人格因素，并引入养育胜任力、养育心理灵活性与协同养育等作为中介或调节变量，探究人格各变量影响父母养育倦怠的内在机制。第八章则探究养育压力与养育倦怠的关系，依据风险－资源平衡理论，养育压力是引起养育倦怠的直接因素（Mikolajczak & Roskam，2018），二者之间关系的特殊性是本章关注的重点。同时，作为养育压力在父母教育方面的具体表现，教育焦虑是养育倦怠的重要影响因素，它在诱发父母养育倦怠的同时，也可能进一步导致初中生的学业倦怠，因此上述三者的关系，将是本章第三节着重介绍的内容。

第一章　养育倦怠的概念、理论与测量

养育倦怠（parental burnout）指的是由于父母角色和长期的养育压力所产生的一系列负性症状，主要包括与父母角色相关的极度耗竭感、与子女的情感疏远、与过去的自己相比认为自己不再是一个好父母和对父母角色的厌倦（Roskam et al.，2018）。自 1989 年 Pelsma 首次对养育倦怠展开实证研究以来，养育倦怠逐渐成为学者们关注的焦点。养育倦怠为何引起众多学者的关注？它拥有怎样的内涵？本章中，我们将从 3 个方面着手，揭开养育倦怠的神秘面纱。首先，我们对倦怠概念的演变与养育倦怠的提出进行梳理。其次，对养育倦怠的风险－资源平衡理论进行阐述。最后，我们将对养育倦怠的测量工具进行系统的整理与论述。

第一节　倦怠概念的演变与养育倦怠的提出

一　倦怠概念的演变

倦怠一词最早出现在工作领域，早期专指工作倦怠（job burnout），又译作职业倦怠、职业枯竭，由美国临床心理学家 Freudenberger（1974）提出，用来描述工作中的个体在情感和认知上产生的一种“耗竭”症状，即感到身心疲惫、工作动机减弱。此后，工作倦怠便引起了研究者们的关注。Maslach 被认为是工作倦怠最具代表性的研究者之一，她从社会心理学的视角出发，探讨助人行业（如医护服务、教育）背景下个体的工作倦怠感。Maslach 和 Jackson（1981）将工作倦怠总结为个体的一种负性症状，包括情感耗竭、人格解体与成就感降低。其中，情感耗竭指的是个体的情感资源过度消耗，没有活力，没有工作热情，感觉自己处于极度疲劳的状态；人格解体指的是个体对待服务对象的负性的、冷淡的、过度疏远的态度，个体会在自身和工作对象间保持距离，对工作对象和环境采取冷漠、忽视的态度，对工作敷衍了事，进而导致个人发展停滞、行为怪癖或提出调动申请等；成就感降低指的是个体的胜任感和工作成就感下降，个体倾向于消极地评价自己，并伴有工作能力体验和成就体验的下降，认为工作不但不能发挥自身才能，而且是枯燥无味的烦琐事务。Schaufeli（2017）进一步指出，情感耗竭在这 3 种症状中被认为是倦怠的核心要素，并具有最明显的症状表现。

Maslach 对工作倦怠的诠释影响深远，虽然之后不同的研究者有不同的看法，但大体上对于工作倦怠的理解都是围绕上述三维结构模型来展开的。例如，Cherniss（1980）把工作倦怠视为个体因工作疲劳而在职业态度和行为方面呈现负性改变的一种过程，这个过程分为应激、疲劳和应对 3 个阶段；Pines 和 Aronson（1988）认为，工作倦怠是指在工作情境中，个体由于长期的情绪卷入和情绪资源的过度消耗而产生的一种情感、生理和心理方面的耗竭状态；Hobfoll 和 Shirom（2001）从资源保护理论出发，认为工作倦怠是个体在工作情境下经历着自身资源的不断流失而产生的身体、情绪和认知方面的疲惫和厌倦。

在我国，李永鑫（2003）针对工作倦怠的含义从动态和静态的角度做了区分，认为动态的定义倾向于把工作倦怠视为一种不断变化的动态过程，例如 Pines 和 Aronson（1988）等的观点；静态的定义则聚焦于个体因工作压力、情绪应激而导致的一种状态，例如 Maslach 等的观点，即主要用以描述工作中的个体面对长期压力，应对资源耗尽后所体验到的一组负性症状。同时，工作倦怠的动态定义和静态定义是一种互补的，而非对立的关系。

Bianchi 等（2014）认为，引发倦怠的长期性压力并不仅仅局限于工作领域，因而提出了“倦怠仅仅与工作有关吗”的疑问。其实，Pines 和 Aronson（1988）早就指出，倦怠可能会发生在能够给予人们价值和意义感的所有领域中。具体来说，Pines 及其同事系统地考察了婚姻关系中的倦怠行为，将其定义为“在长期的要求情感卷入的夫妻关系中，由于期望和现实的延续性的不符合，个体所产生的一种身体的、情感的、心理的耗竭状态”（Pines，1996）。Pines 等的研究结果表明，女性比男性具有更高水平的婚姻倦怠（Pines，1989），这种倦怠与婚龄的相关性不显著，但与离婚意向呈正相关，与婚姻满意度呈负相关。引发婚姻倦怠的主要因素为超负荷、冲突性的要求和来自家庭承诺的压力，能够缓解和预防婚姻倦怠的主要因素则是生活方式与内容的多样性、欣赏伴侣的家庭付出和个体的自我实现（Pines，1996）。

在婚姻倦怠之外，倦怠还有可能发生在养育领域吗？事实上，子女养育是一项非常复杂和充满压力的活动，父母养育子女的情感体验并不都是轻松愉悦的（Crnic & Low，2002）。这种压力不仅来自父母的养育经历，还来自父母的养育信念和养育期望，如痛苦的养育经历、对养育活动缺乏控制、违背养育期望的知觉以及养育过程中的自我怀疑。这种压力及由此产生的痛苦不仅会影响父母和儿童自身的心理健康和功能，而且会影响亲子关系的正常发展（Deater-deckard，2008）。研究者将长期处于这种压力下所产生的负性症状命名为养育倦怠（Roskam et al.，2017）。

二　养育倦怠的提出

虽然在育儿手册之类的科普读物中很早就出现了与养育倦怠相关的内容，但这一概念最早来自 Lanstrom（1983）的著作《基督徒的养育倦怠》（*Christian Parent Burnout*）。同年，Procaccini 和 Kiefaver（1983）的《养育倦怠》（*Parent Burnout*）一书中提出，那些在子女养育过程中过度热心的、过度投入的、极力想扮演好父母角色的父母很可能会出现情感耗竭的症状，而这则被认为是倦怠的一种典型表现。几年以后，Pelsma（1989）开展了养育倦怠领域的第一项实证研究，其结果初步支持了养育倦怠现象的存在，可惜的是，在当时并没有引起目标受众的共鸣，人们似乎没有意识到养育过程也会像工作过程一样产生严重的倦怠进而影响日常生活，于是养育倦怠在最初提出之后便逐渐销声匿迹。

21 世纪的欧洲，在养育领域发生了一系列重要的社会变化。第一，国家对崇高养育目标下了更为严苛的定义，如欧洲委员会 2007 年颁布的积极养育措施，包括不使用暴力、热情、支持和敏感的育儿方式，要像对待自己的权益一样对待儿童（Daly，2007），这些目标也并不适用于现实的育儿实践，这同样导致了理想主义的受挫。第二，与之相关的，国家对养育任务的干预不断增加：在过去，养育可能更多的是出自爱与常识来实施的，而 21 世纪以来，父母权力的行使越来越受法律的约束。例如，对于打孩子屁股行为的立法等（duRivage et al.，2015）。第三，父母权威的削弱（对儿童权利和父母义务的重视）导致儿童对父母的尊重减弱。第四，人们对儿童在养育投入，如注意力、教育、财产和机会方面的期望大幅上升（Daly，2007）。第五，加入工作的女性数量急剧增加（1980～2010年增加了75%），这意味着父母不得不试图用更少的时间去实现上述不可能的养育目标。总之，父母承受的养育压力日益剧增，再加上全职母亲人数急剧减少导致的时间不足，以及子女对父母的尊重程度较低等原因，使得为人父母这件事越来越具有挑战性。在这种时代背景下，养育倦怠问题最先引起了实践者和新闻工作者的注意，系统性的学术研究随之出现（Roskam et al.，2017）。Sánchez-Rodríguez等（2019）通过文献检索发现，自1989年以来发表的养育倦怠相关文献共39篇，其中29篇（74.4%）发表于2010～2018年，2017～2018年发表的文献就有19篇（48.7%），进一步印证了养育倦怠是一个较新的研究领域。

虽然养育倦怠的实证研究近年来得到了快速发展，但对于其概念内涵的深入探讨却并不多。总体上看，学者们基本上是参照工作倦怠的概念表述来对养育倦怠进行描述的，将其界定为长期暴露于父母角色压力下的一种特殊综合征（Roskam et al.，2017）。具体来说，Mikolajczak和Roskam（2018）认为，养育倦怠是由长期的养育压力而导致的一组负性症状，具体包括三个方面的内容，一是与父母角色相关的极度耗竭感，个体觉得为了照看好子女，自身在父母角色中精力投入太多、难以为继，典型的表现是，早上醒来，想到子女照看问题，就疲惫不堪；二是与子女的情感疏远，疲惫的个体尝试逃离父母角色，有意与子女保持情感距离，减少情感付出，只为子女提供基础性的养育保障，亲子互动仅仅局限于功能性/工具性层面；三是父母角色的低效能感，个体自认为不能有效地履行养育职责，缺乏应对养育问题的有效策略，不能从父母角色付出和养育行为中获得成就感。随后的研究中，学者认为养育倦怠除了包含以上三个方面外，还包括与以往父母角色的自我对比这一方面，即他们认为自己已经不再像曾经那样是一个好父母了（Roskam et al.，2018）。

第二节　养育概念的风险－资源平衡理论

面对相同的养育压力，为什么有的父母出现了倦怠症状，而有的父母却没有呢？为了对养育倦怠的产生根源进行解释，并为其干预措施提供指导，

Mikolajczak 和 Roskam（2018）在组织行为学领域的工作需求 - 资源（Job Demand-Resources，JD-R）模型（Demerouti et al.，2001；Bakker & Demerouti，2007）的基础上，提出了风险 - 资源平衡理论（the Balance between Risks and Resources，BR^2）。

因此，在对 BR^2 模型进行介绍之前，我们先来介绍 JD-R 模型的相关内容，以便更好地理解 BR^2 模型。JD-R 模型由 Demerouti 等（2001）在 Maslach 等（1986）研究的基础上构建而成，他们认为任何职业都有其自身的工作特征，这种特征可以分为两类，即工作需求与工作资源。其中，工作需求是指为保持身体或心理的成就和技能，个体对工作中的身体、心理、社会和组织等因素的需求。在组织环境中，工作需求主要有：过多的工作量、角色负荷及角色冲突等。相对应地，工作资源是指工作中的身体、心理、社会或组织因素，这些因素具有以下功能：（1）实现设定的工作目标；（2）减少工作需求以及身心上的消耗；（3）促进个人成长、学习和发展。由此可见，工作资源在能够帮助员工应对工作需求的同时，也能促进员工自身的发展。Demerouti 等（2001）还认为，工作需求和工作资源是两个潜在的心理过程：一个是健康损伤过程（health impairment process），高的工作需求耗尽员工的资源，因而可能导致精力的损耗（如工作倦怠）；工作资源是一个动机过程（motivational process），它会激发员工的潜能，引导员工达到目标、投入工作。2006 年，Bakker 等学者对 JD-R 模型进行了改进，在原模型基础上增加了组织结果等效果变量，使该模型更具有概括性和普遍应用性，如图 1.1 所示。因此，JD-R 模型凭借其扎实的理论基础与广泛的应用范围，在许多国家、职业上得到验证（Hakanen et al.，2006；Lorente et al.，2008），也为心理学的其他理论模型提供了参考，如下文将要提到的 BR^2 模型。

依据 Mikolajczak 和 Roskam（2018）的 BR^2 模型，养育倦怠来源于过高的养育要求与有限的养育资源之间的不平衡。换言之，养育倦怠的出现是因为父母的养育资源不足以满足养育要求。或者说，养育倦怠源自养育要求（风险因素）与养育资源（保护因素）之间的长期失衡（Mikolajczak et al.，2019），如图 1.2 所示。

养育要求（风险因素）指的是能够显著增加养育压力的因素，如在养育方面的完美主义、较低的情绪智力、不良的养育习惯、缺少来自家庭和伴侣的支持等。与之对应，养育资源（保护因素）指的是能够显著降低养育压力

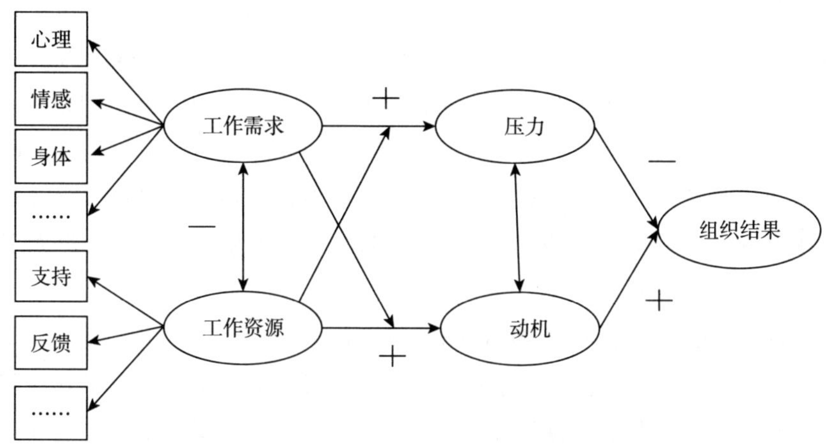

图 1.1　工作需求 – 资源模型（Bakker et al.，2006）

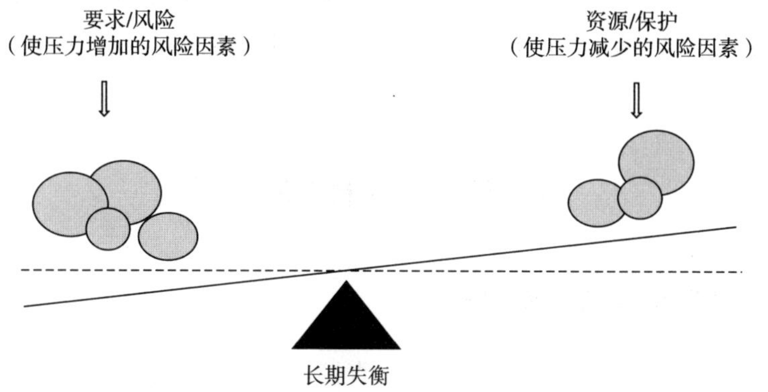

图 1.2　养育倦怠的风险 – 资源平衡理论

的因素，如父母的自我同理心、较高的情绪智力、良好的养育习惯、有时间去休闲和积极共同养育等。值得注意的是，资源的存在不是为了消除风险，而是要提供积极的对立元素。换句话说，你与孩子度过压力重重的时间，并不意味着你就真的花了高质量的、有益的时间与孩子相处；你的共同抚养者没有在你的育儿角色中贬低你，并不意味着他/她就真的欣赏你。在育儿中，避免负面行为（如批评或忽视）是不够的，真正重要的是要采取积极的行动（如鼓励和参与）来提升关系的质量。资源的存在应该是能够积极改善情况，而不仅仅是让风险缺失。

每个项目的左极是风险因素，右极是资源因素。具体来说，39 个项目中，非养育指向性的项目 14 个，如项目左极为“我不善于表达自己的情绪”，项目右极为“我善于表达自己的情绪”，养育指向性的项目25个，如项目左极为“伴侣否认我作为爸爸/妈妈的养育贡献”，项目右极为“伴侣认为我是一个好爸爸/好妈妈”。项目的计分在 -5（典型的风险因素）和5（典型的保护因素）之间，0表示既不是风险因素，也不是保护因素。既可以分别计算非养育指向性的项目和养育指向性项目的得分，也可以计算量表的总体得分。得分为正，表明资源大于风险；得分为负，表明风险大于资源，具体情况如图1.3所示。

实证研究的结果表明（Mikolajczak & Roskam, 2018），BR^2 模型可以很好地预测和解释养育倦怠。具体来说，风险 - 资源平衡量表可以很好地测量风险因素与资源因素之间的平衡，这种平衡的分数能够预测工作倦怠和养育倦怠，但对于养育倦怠的预测能力更强。非养育指向性的风险因素和资源因素（低的压力管理能力、完美主义）能够同等预测养育倦怠和工作倦怠，但养育指向性的风险因素和资源因素（养育习惯、共同养育）只能预测养育倦怠。

第三节 养育倦怠的测量

一 养育倦怠的早期测量

Pelsma（1989）的开创性研究中，直接采用了工作倦怠的权威测量工具MBI（Maslach Burnout Inventory）对121名全职母亲进行养育倦怠的评估。由于MBI部分项目的语言表述是与工作密切相关的，如“一天的工作结束，我感觉到疲劳至极”，研究者在具体测量中，要求这些全职母亲将其工作定义为养育子女和履行家庭责任，并将工作对象或服务对象理解为他们的子女。因素分析的结果表明，倦怠的情感耗竭和个人成就感降低两个维度得到了支持，但人格解体维度未能得到支持。后来不少研究者都效仿了Pelsma（1989）的这种测量方法，MBI的各种版本如MBI-HSS（MBI-Human Services Surve）和MBI-GS（MBI-General Survey）都在不同学者的研究中得到了运用（Demirhan et al., 2011; Jaramillo et al., 2016; Sloan et al., 2008; Leineweber et al., 2018）。与此同时，另外两个知名的工作倦怠测量工具BM（Burnout Measure）和SMBQ（Shirom-Melma Burnout Questionnaire）也在养育倦怠的测

	各因素权重											
左极	−5	−4	−3	−2	−1	0	1	2	3	4	5	右极
1伴侣否认我作为爸爸/妈妈的养育贡献		X										1伴侣认为我是一个好爸爸/好妈妈
2我不善于表达自己的情绪							X					2我善于表达自己的情绪
风险3					X			X				资源3
风险4		X										资源4
⋮			⋮						⋮			⋮
风险-X		X										资源-X

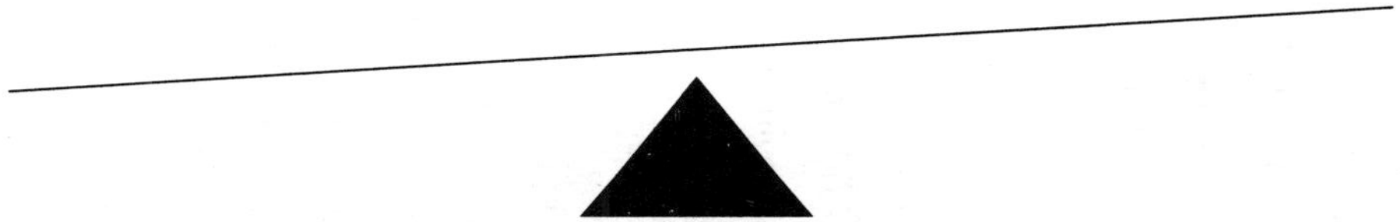

图 1.3 风险–资源平衡理论的操作方法

量中得到了较多的运用（Levy-Shiff，1999；Séjourné et al.，2018；Norberg，2007；Norberg et al.，2014；Lindström et al.，2011）。

具体来说，2007 年，Norberg 采用工作倦怠的测量工具 SMBQ（Shirom-Melma Burnout Questionnaire）对脑瘤幸存儿童的父母进行了倦怠评估，并将其得分与没有长期或严重疾病史的儿童的父母进行了比较。结果表明，患病儿童的母亲的倦怠程度远远高于未患病儿童的母亲（Norberg，2007）。随后，其团队选择了 290 名其他病情儿童（252 名Ⅰ型糖尿病儿童和 38 名炎症性肠病儿童）的父母与 124 名健康儿童的父母，对其在 SMBQ 上的得分进行了比较，得到了与上述研究一致的结果（Lindström et al.，2011）。该团队又对接受造血干细胞移植儿童的父母进行了倦怠考察，发现在过去 5 年中接受过移植手术儿童的父亲比没有严重疾病史儿童的父亲更容易发生倦怠（Norberg et al.，2014）。2011 年，土耳其学者采用 MBI-HSS 进行了一项评估脑瘫患儿照看者健康状况的研究，结果显示照看者存在疼痛和慢性疾病、子女有运动和语言障碍与照看者情绪耗竭显著相关，情绪耗竭是倦怠的核心维度（Demirhan et al.，2011）。Jaramillo 等（2016）采用 MBI-HSS 对 103 对唐氏综合征患儿父母的情绪耗竭频率进行了调查，结果显示情绪耗竭的发生率为 52.64%，并且与父亲相比，母亲情绪耗竭的频率几乎是父亲的 4 倍。2016 年，伊朗学者采用 SMBQ 进行的一项研究显示，当孩子被诊断出癌症时，父母会承受高水平的压力，甚至比他们自己遭受疾病时更严重。当一个人长期面临严重的压力时，就会出现倦怠（Beheshtipour et al.，2016）。照顾一个生病的新生儿是困难的，特别是当高胆红素血症的新生儿在今后生活中被诊断为孤独症或其他一些心理发育障碍的风险更高时，容易导致父母精疲力竭。2017 年，印度学者采用 MBI-HSS 进行的一项研究显示，神经质与养育倦怠呈正相关，女高胆红素血症新生儿父亲的养育倦怠更高，男高胆红素血症新生儿母亲具有较高的养育压力（Vinayak & Dhanoa，2017）。

总体上看，上述研究直接采用工作倦怠的测量工具来对养育倦怠进行测量，在一定程度上模糊了养育倦怠与工作倦怠的差异。特别是对于那些同时承担工作角色和养育角色的父母而言，很难明确测量的结果究竟是工作倦怠还是养育倦怠。事实上，有研究表明，虽然养育倦怠与工作倦怠是两种相关的倦怠形式（$r=0.46$），但最好把它们看作两种不同的倦怠形式（Mikolajczak et al.，2019），所以需要研究针对养育倦怠的测量量表。

二 养育倦怠量表（PBI）

近年来，学者们关注到了养育倦怠概念内涵的特异性，并在测量中开始把养育倦怠与工作倦怠区分开来。为了检验养育倦怠的结构并为研究人员提供一个测量工具，Roskam 等（2017）开展了两项研究，这两项研究是比利时法语鲁汶大学开展的 BParent 项目（重点研究养育倦怠的性质、原因和后果）的一部分，两项研究的参与者都是通过社交网站、学校、儿科医院或者口头相传征集到的，纳入的标准是至少有一个孩子居住在家中。为了避免自我选择偏差，研究人员并没有告知参与者这项研究是关于养育倦怠的，而是将研究 1 定义为一项关于“工作家庭平衡”的研究，这是为了确保所有的参与者都有工作（这一点很重要，因为旨在研究养育倦怠与工作倦怠的特异性），将研究 2 定义为一项“在 21 世纪做父母”的研究，使用了更广泛的样本，包括没有工作的父母。在研究 1 中为了适应养育情境，对 MBI 中的每个项目都进行了语言上的修改，形成了养育倦怠问卷（Parental Burnout Inventory，PBI）初步版本，如把“工作耗尽了我的情感资源”改为“父母角色耗尽了我的情感资源”。在由 379 名父母构成的样本 1 中，采用主成分分析法，结果显示倦怠的情感耗竭和低成就感维度得到了支持，但其人格解体维度未能得到支持。在研究 2 中基于两个焦点小组的讨论结果，他们修改和完善了人格解体维度下的相关项目，将其命名为“情感疏远”，形成了最终版本的养育倦怠问卷，共有 22 个项目，包括耗竭（8 项）、情感疏远（8 项）和低效能感（6 项）。在由 1723 名父母构成的样本 2 中，验证性因素分析的结果支持了 PBI 的三维结构，3 个维度的内部一致性系数在 0.87 和 0.95 之间。进一步的分析表明，倦怠具有明显的情境指向性，养育倦怠和工作倦怠可以有效地得以区分，其区分效度良好。与此同时，养育倦怠与养育压力和抑郁具有低到中度的相关性，表明其效标效度良好。

三 养育倦怠评估量表（PBA）

从使用工作倦怠的测量工具到对工作倦怠的测量工具进行改编，再到养育倦怠问卷 PBI 的出现，养育倦怠的特异性得到了证明，但是养育倦怠的概念和测量依然是从工作倦怠中演绎出来的。于是，Roskam 等（2018）采用归纳法，仅根据倦怠父母的证词来提取项目，如果归纳法构成的维度与 PBI 没有共同之处，就会让人怀疑养育倦怠作为一种特殊且可识别的综合征是否真的存在，如果归纳法构成的维度与 PBI 的维度接近，就为养育倦怠的特异性再一次提供了证据支持。这项为期 8 个月的定性研究也是比利时法语鲁汶大学心理学系开展的 BParent 项目的一部分，为了避免与产后抑郁症混淆，0～18 个月儿童的父母被排除在外，最终有 5 位母亲愿意接受访谈，她们年龄在 30～42 岁，有两个孩子（2～14 岁），第一次采访持续了大约两个小时，第二次是在几个星期后，在把记录副本发给受访母亲之后进行的，目的是确保记录副本符合她想说的内容并反映她的经历，且允许她在必要时提供额外的细节更正。依据她们的描述，采用 Hubert 和 Isabelle 的主题分析法，研究人员编制了一个全新的养育倦怠评估量表（Parental Burnout Assessment，PBA）。随后在 901 名父母样本中施测，为了进行因子分析，将样本随机分为 450 名和 451 名参与者，对两组样本进行探索性因素分析和验证性因素分析，最终结果表明，PBA 共有 23 个项目，包括 4 个维度：父母角色的耗竭感（exhaustion in one's parental role）、与以往的父母角色的自我对比（contrast with previous parental self）、父母角色的厌烦感（feelings of being fed up with one's parental role）以及与子女的情感疏远（emotional distancing from one's children），4 个维度的内部一致性系数在 0.77～0.94。量表的 4 维度结构不仅在法语人群样本和英语人群样本中具有稳定性，而且在父亲样本和母亲样本中同样具有稳定性。PBA 与 PBI 和 MBI 的相关性符合理论预期，表明其汇聚效度和区分效度良好，PBA 与神经质、共同养育分歧和家庭混乱显著相关，表明其效标效度良好。

PBA 一经公开发表，就得到了研究者的广泛关注。先后被韩国（Eom & Lee，2020）、芬兰（Aunola et al.，2020）、非洲（Sodi et al.，2020）、波兰（Szczygieł et al.，2020）、日本（Furutani et al.，2020）等国家翻译引进。其后，Roskam 等（2021）开展了一项包含 42 个国家的研究，以检验 PBA 在不同国家的效度与信度。结果表明，PBA 的 20 多种语言版本在 42 个国家中均具有良好的结构效度，其 4 因子结构或高阶因子结构（包括 4 个 1 阶因子和 1 个高阶因子）均得到了支持。因此，PBA 被称为测量养育倦怠的"黄金测量工具"。

PBA 主要应用于临床筛查，那么就需要一个更为易用、可靠且有效的测量工具。因此，Aunola 等（2021）通过 3 次数据收集，基于项目反应理论的 Graded Response Model（GRM），重新修订了一个 5 个项目的简式养育倦怠测量工具。该量表也呈现出较好的信度与效度，且在使用上更为便捷。

第二章　养育倦怠量表的修订及简化

开发科学有效且简便易行的测量工具是准确评估养育倦怠水平与特点的基础。据统计，截至 2022 年 9 月，针对养育倦怠这一主题共发表论文 115 篇，其中有 30 余篇研究聚焦于养育倦怠概念澄清及测量工具的编制与翻译，韩国（Eom & Lee, 2020）、波兰（Szczygieł et al. , 2020）、非洲（Sodi et al. , 2020）等多个国家相继翻译引进了养育倦怠评估量表（Parental Burnout Assessment, PBA）。[①] 在不同的文化模式下，养育倦怠的发生率和具体症状表现可能都有所不同。在我国的文化背景下，开展养育倦怠的相关研究具有更为独特的价值和意义（程华斌等，2021）。因此，有必要开发本土化的养育倦怠测量工具。在第一章，我们介绍了养育倦怠的概念、理论与测量，主要是对国外学者的研究成果进行整理与评述，在本章中，我们将对本书作者及其团队成员最近几年开展的养育倦怠在测量工具方面的两项研究进行介绍。

第一节　中式养育倦怠量表的修订

一　引言与问题提出

近年来，养育倦怠这一主题得到了各国学者的广泛关注，如荷兰（Van Bakel et al. , 2018）、土耳其（Demirhan et al. , 2011）、伊朗（Beheshtipour et al. , 2016）等国纷纷展开了相关研究。然而，Sánchez-Rodríguez 等 2019 年的综述论文显示，在 1989～2019 年，针对“养育倦怠”这一主题共发表论文

---

① https://www. burnoutparental. com/publications，最后访问日期：2022 年 9 月 30 日。

39 篇，其中并未有 1 篇来自中国或者使用中国样本。在我国，开展对父母养育倦怠研究的重要性不容忽视。首先，中国父母可能比西方父母更渴望生孩子（International Social Survey Programme，2002）。这意味着中国的父母更有可能承受养育压力，如果他们无法应对这种压力，就可能会产生养育倦怠。其次，传统的育儿方式在中国继续发挥着重要作用。例如，“男主外、女主内”的传统观念仍然盛行，这意味着很多家庭会自然地将养育子女归结为是母亲的责任和义务。同时，我国正进入社会转型的特殊历史发展时期，越来越多的女性进入职场，调查显示，中国女性的就业率普遍高于西方国家（Dasgupta et al.，2015）。这些母亲不仅承担着高负荷的工作、生活压力，还肩负着养育孩子成长、成才的重大责任。日复一日地养育，长时间超支的、不求回报的情感付出，使得广大父母成为心理健康问题的高危人群（俞国良，2021）。进一步而言，这些职场女性不仅可能会面对工作倦怠的困扰，也有可能会经历养育倦怠，更严重的情况下，会同时经历两种倦怠的困扰。因此，有必要在国内开展养育倦怠的相关研究，以探讨中国文化背景下养育倦怠的特点。

子女是婚姻与家庭生活的重要组成部分，与子女共度的美好时光与经历也是为人父母日常快乐的源泉之一（Nelson et al.，2014）。然而，养育子女的过程并不总是充满欢乐的，也有可能充满了压力与挑战。相关研究指出，父母在养育过程中经常会遭遇各种挫折和阻碍，大多数父母在扮演父母角色时都会感到压力（Crnic & Low，2002）。当父母长期处于这种缺乏必要的资源来处理与养育有关的压力源时，他们可能会产生养育倦怠（Roskam et al.，2018）。不同国家和地区的养育倦怠发生率也不尽相同，调查显示，在比利时、法国、冰岛、英国及日本的发生率约为 1% ~30%。相对而言，个人主义较高的国家，养育倦怠的发生率较高（Roskam et al.，2021）。

同时，养育倦怠可能给养育者自身、配偶，以及子女带来不良后果，如有较高养育倦怠的个体会有较高的逃避倾向和自杀意向，伴随着更高的成瘾行为可能性以及更多的睡眠问题（Mikolajczak et al.，2018a），会产生更多的后悔生孩子的想法（Piotrowski，2021），更容易与配偶发生争吵（Mikolajczak et al.，2018a）。也有证据表明，倦怠的父母倾向于忽视孩子的需求，增加对孩子的暴力行为，进而可能使子女产生问题行为（Chen et al.，2021）。

鉴于养育倦怠的高发生率与可能存在的不良后果，Roskam 等编制了 PBI

量表，并在此基础上进一步编制了 PBA 量表。虽然 PBI 与 PBA 高度相关，但是 Roskam 等（2018）认为 PBA 相较于 PBI 有 4 个优点。首先，PBA 包含“与以前自己的父母角色相对比”这一因子，这是 PBI 中未测量的内在倦怠概念。其次，PBI 包含一个反向计分的因子，即得分越高表示倦怠症状越低，这可能会导致在实际的倦怠筛查应用中的混淆。相反，PBA 不包含任何反向计分的项目或因子，因此可以更加便捷地评估父母的养育倦怠水平。再次，在养育任务中，养育成就感的降低可能在内涵上并不完全等同于效能感的降低。而在 PBI 中，将这 2 个因子合并在一起称为“养育成就感和效能感的降低”可能是不合适的。最后，PBA 是免费使用的而 PBI 并不免费。

此外，使用测量工作倦怠的量表（如 MBI）去测量养育倦怠有可能无法提供足够的效度信息，并且这样的方式也无法支持养育倦怠特殊的因子结构。同时，一些 MBI 项目（如“我非常疲倦”）在一定程度上模糊了养育倦怠与工作倦怠的差异。特别是对于那些同时承担工作角色和养育角色的父母而言，很难明确测量的内容究竟是工作倦怠还是养育倦怠。进一步而言，养育倦怠和工作倦怠的结构和内容可能在理论和实践层面上都有所不同。例如，父母不能“去人格化”他们的孩子，因而“去人格化”这一因子并不适用于养育倦怠（Roskam et al.，2018）。

综上所述，鉴于养育倦怠这一主题研究的快速发展以及养育倦怠现象在国内高发的可能性，在国内展开针对该主题的研究是一项紧急而重要的任务。而开展该主题研究的第一步，就是需要一个具有良好信度和效度的科学的测量工具。因此，本研究旨在引入养育倦怠的“黄金测量工具”，在中文背景下翻译并修订 PBA 量表，并为其信度效度提供初步的支持。

二 研究方法

（一）研究对象

为了检验修订中文版 PBA 的信度和效度，研究以中学生及其父母为调查对象，向中国中部某城市一所中学的八年级学生及其父母发放问卷，进行数据收集。问卷共分为两个版本——学生回答版本和父母回答版本。研究以家庭为单位，在课堂上向学生分发了包含 3 份问卷（1 份给学生，2 份给家长）的信封。学生将问卷带回家中，由其和父母分别进行回答。回答之后，再密封好交由学生带回。一个月后，再向同一样本以相同方式进行第二次数据收集。在时间 1，共回收有效学生样本 597 份、父亲样本 458 份、母亲样本 531 份。其中，学生样本包括 307 名男生和 290 名女生，平均年龄为 13.9 岁（SD=0.63）。父亲的平均年龄为 41.9 岁（SD=4.18），母亲的平均年龄为 40.9 岁（SD=4.09）。在时间 2，共回收有效学生样本 567 份、父亲样本 312 份，以及母亲样本 329 份。

（二）测量工具

除 PBA 以外，本书所使用的其他所有测量工具均为中文问卷，其信度和效度在既有研究中已得到检验。在时间 1，父母被要求回答 PBA、工作倦怠和婚姻满意度问卷；子女被要求回答孤独感和生活满意度问卷。在时间 2，父母被要求回答 PBA、工作倦怠和人格特质（宜人性和神经质）问卷；子女被要求回答反社会行为问卷。

（1）养育倦怠

使用 Roskam 等（2018）的 PBA 量表对父母的养育倦怠进行测量，该量表共有 4 个因子，包括 23 个项目。首先，我们向开发 PBA 原始版本的作者发送邮件，得到了翻译和修订该量表的许可。其次，由 3 位以汉语为母语，且有海外留学经历的心理学研究者将该量表的项目翻译为汉语，并基于汉语语言习惯对内容进行了微调，以使该量表符合中国文化和背景。再次，由一位不了解本次研究目的的以英语为母语的研究人员将汉语版本的量表翻译成英文。最后，我们将回译成英文的问卷和最初的 PBA 内容进行比对，以确保它们所表述的意思一致。

最终形成的中文版养育倦怠量表共包含 23 个项目（例如，为了扮演好父母的角色，我已经累得筋疲力尽了）。使用 Likert 7 级量表对项目进行评分，范围为 1（完全不符合）至 7（完全符合）。与既有研究一致，分数越高表示倦怠水平越高。

（2）工作倦怠

使用中文版的工作倦怠量表（Chinese Maslach Burnout Inventory，CMBI；李永鑫，2003）对父母的工作倦怠进行评估，该量表在中国广泛应用，其信度和效度得到了广泛的支持。CMBI 包括 3 个因子，每个因子包括 5 个项目：情感耗竭（例如，我觉得我的工作很累）、人格解体（例如，我不关心工作对象的内心感受）以及个人成就感降低（例如，我能有效地解决工作对象的问题）。使用 Likert 7 级量表对项目进行评分，范围为 1（完全不符合）至 7

（完全符合），分数越高代表越高的工作倦怠水平。在时间 1，父亲样本情感耗竭、人格解体以及个人成就感降低的 Cronbach's α 分别为 0.77、0.71 以及 0.73。母亲样本的情感耗竭、人格解体以及个人成就感降低的 Cronbach's α 系数分别为 0.73、0.77 以及 0.75。

（3）父母的婚姻满意度

父母的婚姻满意度采用中文版的婚姻满意度量表进行评估，该量表为婚姻质量量表中的分量表（ENRICH Marital Inventory，ENRICH；Olson et al.，1987；王向东等，1999）。婚姻满意度量表包含 10 个项目（例如，我非常满意夫妻双方在婚姻中承担的责任）。采用 Likert 5 级量表对这些项目进行评分，范围为 1（强烈反对）至 5（强烈同意）。该量表包括 5 个反向评分项目，分数越高表示婚姻满意程度越高。在本研究中，父亲、母亲样本的 Cronbach's α 系数分别为 0.82、0.85。

（4）父母的宜人性和神经质

父母的宜人性和神经质采用简式中文形容词大五人格量表（罗杰、戴晓阳，2015）中的宜人性与神经质两个因子，共 10 个项目（例如，猜疑的—信任的；焦虑的—镇静的）。采用双极形容词 6 级评分，范围为 1（完全接近左边）至 6（完全接近右边）。得分越高表示宜人性和神经质水平越高。在本研究中，父亲样本的宜人性、神经质的 Cronbach's α 系数分别为 0.87 和 0.83；母亲样本的宜人性、神经质的 Cronbach's α 系数分别为 0.83 和 0.77。

（5）子女的生活满意度

子女的生活满意度采用青少年学生生活满意度量表进行评估（张兴贵等，2004）。该量表包括 36 个项目（例如，我喜欢和父母在一起），采用 Likert 7 级量表对项目进行评估，范围为 1（完全不符合）至 7（完全符合）。该量表包括 4 个反向计分项目，得分越高表明生活满意度越高。在本研究中，量表的 Cronbach's α 系数为 0.95。

（6）子女孤独感

子女孤独感采用中文版 UCLA（University of California at Los Angels）孤独量表（UCLA Loneliness Scale；Russell et al.，1980；王登峰，1995）对子女的孤独感进行评估。该量表包括 18 个项目（例如，我觉得自己缺少别人的友情）。采用 Likert 4 级量表对项目进行评估，该量表包含 8 个反向计分项目，得分越高表示孤独感越高。在本研究中，该量表的 Cronbach's α 系数为 0.89。

（7）子女的反社会行为

子女的反社会行为采用儿童青少年行为核查表中的反社会行为分量表（Child Behavior Checklist，CBCL；Achenbach & Edelbrock，1987），其信度和效度已在多种文化中得到检验（Barber et al.，2005）。该量表包括 9 个项目（例如，我的一些朋友认为我是一个脾气暴躁的人）。采用 Likert 4 级量表对项目进行评估，范围为 1（从不）至 4（一直），得分越高表示出现反社会行为的频率越高。在本研究中，该量表的 Cronbach's α 系数为 0.80。

（8）人口统计学变量

调查参加者还被要求回答包括子女性别、年龄，父母的年龄、职业等在内的人口统计学信息。

三　统计方法

研究采用 Cronbach's α 以及 McDonald's ω 作为 PBA 的信度指标。同时，检验了 PBA 的构建效度、同时效度和预测效度。首先，为了检验中文版 PBA 量表的构建效度，本研究针对时间 1 的数据进行探索性因子分析，针对时间 2 的数据进行验证性因子分析。采用 χ^2、Comparative Fit Index（CFI）、Root Mean Square Error of Approximation（RMSEA）以及 Standardized Root Mean square Residual（SRMR）作为模型拟合度判断指标。同时，本研究还采用多群组验证性因子分析技术，检验了量表的性别不变性，以保证该量表在父亲与母亲之间具有一致的结构。其次，为了检验 PBA 的同时效度，研究采用时间 1 测量的工作倦怠、婚姻满意度，以及子女的孤独感与生活满意度作为效标，与时间 1 测量的 PBA 进行相关分析。采用时间 2 测量的工作倦怠、父母的宜人性和神经质，以及子女的反社会行为作为同时效标，与时间 2 测量的养育倦怠进行相关分析，以检验 PBA 的效标效度。最后，为了检验 PBA 的预测效度，研究结合了时间 1 与时间 2 的数据，以时间 1 测量的养育倦怠为自变量，时间 2 测量的工作倦怠、子女的反社会行为为因变量，进行回归分析。上述分析均使用 R 3.6.1 for Windows 软件进行分析。

四 研究结果

（一）数据分析

在检验 PBA 的结构之前，所有包含缺失值的问卷都被排除在分析之外。剔除该部分数据的主要原因在于这些问卷中存在规律性作答现象，或者大部分是空白的。进一步地，为了检验删除这些缺失值会不会对研究结论造成影响，本研究对删除的样本和保留的样本进行了差异性检验。Welch 检验结果表明，在剔除样本与保留样本之间，子女的年龄不存在显著性差异（$t = 0.44$，$df = 266.19$，$p = 0.66$），子女的性别不存在显著性差异（$t = 0.28$，$df = 402.86$，$p = 0.78$），父母的性别不存在显著性差异（父亲样本 $t = 0.60$，$df = 1.00$，$p = 0.66$；母亲样本 $t = 0.08$，$df = 6.01$，$p = 0.94$）。上述结果表明，剔除缺失值的样本后，对本研究结果不存在显著影响。

（二）基于时间 1 所收集数据的因子分析与相关分析

为了确保因子分析能有足够的样本量，我们对样本进行了合并，并对 3 个样本（父亲样本、母亲样本以及合并后的样本）分别进行了因子分析。在时间 1，共有样本 989 人，符合 Hinkin（1998）提出的量表开发的标准（150 人以上）。基于 Roskam 等（2018）的研究，我们按照其研究中的因子结构进行了验证性因子分析。将 23 个项目负荷到其原先所代表的 4 个因子上，并使 4 个因子相关，结果表明，模型拟合度并不理想（$\chi^2 = 1906.53$，$df = 231$，$p < 0.001$，CFI = 0.547，RMSEA = 0.143，SRMR = 0.315）。进一步地，我们又尝试构建了一个高阶验证性因子分析模型——二阶因子为养育倦怠，一阶因子为养育倦怠的 4 个因子——其拟合指数也不理想。这些结果表明，原 PBA 的 4 因子结构可能不能在中国样本中得到重现。基于此，为了探索 PBA 量表在中国样本中的因子结果，我们重新进行了探索性因子分析。

为了确定中文版 PBA 应有几个因子，我们采用平行分析（parallel analysis）及最小平均偏相关（Minimum Average Partial，MAP）方法对 23 个项目进行了检验。结果表明，两种方法都建议两个因子。对 23 个项目进行探索性因子分析（最大似然法、最优斜交法），两个项目（为了照看子女，我经常睡眠不足；我的全部心力都用在照顾孩子上了）的因子负荷量低于 0.4。将这两个项目删除，进一步对 21 个项目采用平行分析和 MAP 方法进行检验。平行分析结果推荐双因子结构，而 MAP 方法推荐单因子结构。平行分析可能会过多地推测因子数量，而MAP则会过少地推测因子数量，当二者推荐因子数一致时，结果相对稳健，当推荐因子数不一致时，则可以从平行分析推荐的因子数开始尝试因子分析，逐渐减少因子数，直至因子分析结构可以解释；或者从MAP方法所推荐的因子数尝试因子分析，逐渐增加因子数，直至因子分析结构可以解释（Hori，2005）。当设定为2因子时（最大似然法与最优斜交法），只有3个项目负荷到了第2个因子上，其余所有项目都在第1个因子上。鉴于最优斜交法容易导致后面因子上项目过少（Hori，2005），我们又采用最小残差法进行了同样的分析，结果与最大似然法一致。由于2因子结构解释起来较为困难，研究采用单因子结构。当设定为1个因子时，所有项目的因子负荷量均在0.400以上。该因子的Cronbach's α为0.938，符合Nunnaly（1978）的标准。进一步地，该单因子结构在单独的父亲样本或母亲样本中仍然得到支持。因子分析结果如表2.1所示。

表2.1　PBA的探索性因子分析结果（最大似然和最优斜交法）

项目	父母样本	父亲样本	母亲样本
	α=0.938	α=0.916	α=0.927
	ω=0.938	ω=0.916	ω=0.927
15. 我真的不知道该如何养育孩子了	0.486	0.490	0.508
1. 为了扮演好父母的角色，我已经累得筋疲力尽了	0.587	0.563	0.616
6. 我一丁点照顾孩子的力气都没有了	0.670	0.642	0.714
10. 我觉得对我的孩子来说，我不再像以前一样是一个好家长了	0.675	0.675	0.682
16. 我再也忍受不了家长这个身份了	0.715	0.745	0.721
18. 我不想再一次承担父母的角色了	0.688	0.747	0.710
8. 有时我觉得自己在很机械地照顾孩子	0.557	0.607	0.561
2. 作为父母我感觉到身心俱疲	0.661	0.641	0.708
4. 早上醒来，想到又要照顾孩子一整天，我就感到累极了（即使我还没有面对我的孩子）	0.685	0.731	0.706
20. 我并不享受和我的孩子共度的时光	0.612	0.692	0.618
19. 我觉得自己不能很好地履行家长的职责	0.784	0.813	0.798
11. 我觉得自己不再像以前一样是个好家长了	0.754	0.743	0.788
21. 我只做“应该”为孩子做的事，但不会做更多的事了	0.494	0.545	0.491
17. 我再也不能当好一个家长了	0.659	0.681	0.696
12. 我觉得自己是一个不称职的家长，并为此感到羞愧	0.658	0.660	0.670

续表

项目	父母样本	父亲样本	母亲样本
	$\alpha=0.938$	$\alpha=0.916$	$\alpha=0.927$
	$\omega=0.938$	$\omega=0.916$	$\omega=0.927$
13. 我再也不为自己是孩子的家长而感到自豪了	0.650	0.703	0.674
14. 和孩子在一起时，我感觉就失去了自我	0.641	0.674	0.641
23. 家长这个角色对我来说就好像游戏中的“生存模式”一样	0.725	0.709	0.750
5. 一想到我需要为孩子做的那些事，我就很头疼	0.682	0.751	0.668
22. 除了平常的照看活动（开车接送、就寝、吃饭）之外，我再也无法为我的孩子付出更多了	0.623	0.637	0.666
9. 我处于一种父母角色幸存边缘的状态	0.580	0.599	0.623

注：表中左侧数值为 Roskam 等（2018）原量表中的项目编号，第 3 题与第 7 题被删除。

为检验中文版 PBA 的效标效度，研究对养育倦怠与相关效标进行了相关分析。既有研究指出，养育倦怠的分布不遵循正态分布（Mikolajczak et al., 2018b）。因此，本研究也对数据的分布进行了检验。与既有研究一致，研究发现 PBA 得分并不遵循正态分布，因此，本研究对 PBA 得分进行了指数转换（转换后 PBA 在父亲样本中的偏度为 1.35，峰度为 1.60；在母亲样本中的偏度为 1.01，峰度为 0.52；在结合父母亲样本中的偏度为 1.16，峰度为 0.93）。相关分析结果表明，无论是针对原始数据，还是针对转换后的数据，PBA 与效标间的相关系数并无实质性变化，因此，我们在研究中报告了原始数据的相关系数。

相关分析的结果如表 2.2 所示。父亲的养育倦怠与他们自身的情感耗竭（$r=0.39$, $p<0.01$）、人格解体（$r=0.31$, $p<0.01$）以及成就感降低（$r=0.23$, $p<0.01$）显著正相关，与婚姻满意度显著负相关（$r=-0.40$, $p<0.01$）。相似地，母亲的养育倦怠与她们自身的情感耗竭（$r=0.41$, $p<0.01$）、人格解体（$r=0.23$, $p<0.01$）显著正相关，与婚姻满意度显著负相关（$r=-0.31$, $p<0.01$）。但是，母亲的养育倦怠与其自身的成就感降低相关系数并未达到显著水平（$r=-0.06$, $p>0.05$）。同时，母亲的养育倦怠与子女的孤独感显著正相关（$r=0.17$, $p<0.01$），而父亲的养育倦怠与子女的孤独感的相关性不显著（$r=0.07$, $p>0.05$）。父母双方的养育倦怠与子女的生活满意度显著负相关（父亲 $r=-0.16$, $p<0.01$；母亲 $r=-0.27$, $p<0.01$）。整体而言，中文版 PBA 显示出较好的效度。

表 2.2　时间 1 所收集数据的描述性统计与相关矩阵

变量	M	SD	1	2	3	4	5	6	7	8	9	10	11
1	1.75	0.82											
2	2.94	1.38	0.39**										
3	2.35	1.2	0.31**	0.56**									
4	3.37	1.41	0.23**	0.18**	0.18**								
5	3.91	0.79	-0.40**	-0.39**	-0.27**	-0.1							
6	1.94	0.91	0.49**	0.35**	0.21**	0.07	-0.22**						
7	3.02	1.38	0.29**	0.48**	0.29**	0.08	-0.24**	0.41**					
8	2.21	1.21	0.23**	0.24**	0.43**	0.17**	-0.21**	0.23**	0.45**				
9	3.47	1.4	0	0.03	-0.05	0.15**	0.08	-0.06	0.07	-0.03			
10	3.71	0.9	-0.25**	-0.29**	-0.33**	-0.04	0.51**	-0.31**	-0.30**	-0.21**	0.19**		
11	1.84	0.52	0.07	0.12*	0.08	0.01	-0.17**	0.17**	0.09	0.09	-0.05	-0.20**	
12	4.87	1.03	-0.16**	-0.21**	-0.18**	-0.01	0.25**	-0.27**	-0.15**	-0.12*	0.12*	0.24**	-0.67**

注：1 = 父亲养育倦怠，2 = 父亲情感耗竭，3 = 父亲人格解体，4 = 父亲成就感降低，5 = 父亲婚姻满意度，6 = 母亲养育倦怠，7 = 母亲情感耗竭，8 = 母亲人格解体，9 = 母亲成就感降低，10 = 母亲婚姻满意度，11 = 子女孤独感，12 = 子女生活满意度，* $p < 0.05$，** $p < 0.01$。

（三）基于时间 2 所收集数据的因子分析与相关分析

为了更进一步检验中文版 PBA 的信度和效度，本研究基于时间 2 所收集的数据进行了验证性因子分析。与上述策略一致，为保证足够的样本量进行因子分析，研究首先对父母样本进行了合并，其后在总样本、父亲样本和母亲样本 3 个样本中分别进行了因子分析。当将 21 个项目强制负荷到 1 个因子上时，模型显示出较好的拟合度（$\chi^2 = 1106.181$，$df = 166$，$p < 0.001$，CFA = 0.902，RMSEA = 0.095，SRMR = 0.050）。同时，该因子的 Cronbach's α 为 0.952，将父亲样本与母亲样本分开时，父亲样本的 Cronbach's α 为 0.956，母亲样本的 Cronbach's α 为 0.952，进一步支持了该量表的单因子结构。验证性因子分析的结果如表 2.3 所示。

表 2.3　PBA 的验证性因子分析结果

项目	父母样本	父亲样本	母亲样本
	α = 0.952	α = 0.956	α = 0.952
	ω = 0.952	ω = 0.956	ω = 0.953
15. 我真的不知道该如何养育孩子了	0.489	0.392	0.528
1. 为了扮演好父母的角色，我已经累得筋疲力尽了	0.592	0.606	0.615
6. 我一丁点照顾孩子的力气都没有了	0.719	0.776	0.708
10. 我觉得对我的孩子来说，我不再像以前一样是一个好家长了	0.644	0.671	0.683
16. 我再也忍受不了家长这个身份了	0.767	0.822	0.773
18. 我不想再一次承担父母的角色了	0.729	0.749	0.728
8. 有时我觉得自己在很机械地照顾孩子	0.678	0.551	0.696
2. 作为父母我感觉到身心俱疲	0.770	0.754	0.743
4. 早上醒来，想到又要照顾孩子一整天，我就感到累极了（即使我还没有面对我的孩子）	0.768	0.795	0.695
20. 我并不享受和我的孩子共度的时光	0.654	0.785	0.570
19. 我觉得自己不能很好地履行家长的职责	0.714	0.538	0.856
11. 我觉得自己不再像以前一样是个好家长了	0.785	0.774	0.773
21. 我只做“应该”为孩子做的事，但不会做更多的事了	0.558	0.656	0.531
17. 我再也不能当好一个家长了	0.778	0.873	0.765
12. 我觉得自己是一个不称职的家长，并为此感到羞愧	0.730	0.618	0.761
13. 我再也不为自己是孩子的家长而感到自豪了	0.751	0.766	0.797
14. 和孩子在一起时，我感觉就失去了自我	0.728	0.810	0.755

续表

项目	父母样本	父亲样本	母亲样本
	α =0.952	α =0.956	α =0.952
	ω =0.952	ω =0.956	ω =0.953
23. 家长这个角色对我来说就好像游戏中的“生存模式”一样	0.738	0.631	0.765
5. 一想到我需要为孩子做的那些事，我就很头疼	0.804	0.838	0.768
22. 除了平常的照看活动（开车接送、就寝、吃饭）之外，我再也无法为我的孩子付出更多了	0.686	0.694	0.736
9. 我处于一种父母角色幸存边缘的状态	0.663	0.609	0.689

为了检验中文版 PBA 在因子结构上的性别不变性，本研究构建了多群组验证性因子分析模型。在该模型中，强制将 21 个项目负荷到 1 个因子上，并设定了 3 个数据样本（总样本、父亲样本和母亲样本）以及 4 个模型（自由估计模型、负荷量相等模型、协方差相等模型以及残差相等模型），共估计 12 个模型。结果表明，自由估计模型与负荷量相等模型在模型层面未显示出显著差异［χ^2（20）=15.26，$p=0.76$］，表明 3 个样本间的因子负荷量没有显著差异。自由估计模型与协方差相等模型之间也不存在显著差异［χ^2（42）=32.39，$p=0.86$］，表明 3 个样本间的因子间相关也不存在显著差异。而自由估计模型与残差相等模型之间存在显著差异。但由于残差相等模型过于严苛，且在 Roskam 等（2021）针对 21 种语言 42 个国家的跨文化研究中，仅有少数国家的数据结果支持了残差相等模型，其余大部分国家样本支持了负荷量相等或协方差相等模型。综上，本研究认为中文版 PBA 在结构上具有良好的性别不变性。

为检验中文版 PBA 的效标效度，本研究对 PBA 与相关效标进行了相关分析，结果如表 2.4 所示。父亲的养育倦怠与其自身情感耗竭（$r=0.45$，$p<0.01$）、人格解体（$r=0.52$，$p<0.01$）、神经质（$r=0.44$，$p<0.01$）显著正相关，与其宜人性显著负相关（$r=-0.50$，$p<0.01$）。相似地，母亲的养育倦怠与其自身的情感耗竭（$r=0.36$，$p<0.01$）、人格解体（$r=0.47$，$p<0.01$）以及神经质（$r=0.40$，$p<0.01$）显著正相关，与其宜人性（$r=-0.36$，$p<0.01$）显著负相关。母亲的养育倦怠与子女反社会行为显著正相关（$r=0.15$，$p<0.01$）。整体而言，这些结果表明中文版 PBA 具有良好的效标效度。

表 2.4　基于时间 2 所收集数据的描述性统计及相关分析

变量	M	SD	1	2	3	4	5	6	7	8	9	10	11	12
1	2.01	0.97												
2	4.67	1.02	-0.50**											
3	2.64	0.97	0.44**	-0.81**										
4	3.00	1.31	0.45**	-0.22**	0.28**									
5	2.55	1.33	0.52**	-0.37**	0.32**	0.61**								
6	3.54	1.44	-0.09	0.29**	-0.21**	0.20**	-0.09							
7	2.08	0.99	0.47**	-0.38**	0.36**	0.19**	0.23**	-0.11						
8	4.78	1.01	-0.35**	0.53*	-0.47**	-0.24**	-0.28**	0.14*	-0.36**					
9	2.67	0.98	0.28**	-0.41**	0.45**	0.25**	0.22**	-0.11	0.40**	-0.74**				
10	3.07	1.29	0.33**	-0.20**	0.25**	0.38**	0.24**	-0.01	0.36**	-0.22**	0.35**			
11	2.34	1.25	0.38**	-0.38**	0.33**	0.31**	0.43**	-0.08	0.47**	-0.37**	0.28**	0.46**		
12	3.61	1.46	-0.02	0.15*	-0.16*	-0.03	-0.08	0.31**	-0.13*	0.21**	-0.17**	0.22**	-0.04	
13	1.86	0.30	0.01	0.09	-0.03	0.12*	0.01	0.07	0.15*	0.00	0.05	0.09	0.02	0.05

注：1 = 父亲养育倦怠，2 = 父亲宜人性，3 = 父亲神经质，4 = 父亲情感耗竭，5 = 父亲人格解体，6 = 父亲成就感降低，7 = 母亲养育倦怠，8 = 母亲宜人性，9 = 母亲神经质，10 = 母亲情感耗竭，11 = 母亲人格解体，12 = 母亲成就感降低，13 = 子女反社会行为，* $p < 0.05$，** $p < 0.01$。

（四）基于合并时间1和时间2所收集数据的相关分析

为了检验中文版PBA的预测效度，本研究将时间1与时间2所收集的数据进行匹配。对养育倦怠（测量于时间1与时间2）、工作倦怠（测量于时间1与时间2）、子女反社会行为（测量于时间2）进行相关分析，结果如表2.5所示。父亲在时间1上的养育倦怠与其自身时间2上的情感耗竭（$r=0.32$，$p<0.01$）、人格解体（$r=0.27$，$p<0.01$）显著正相关。母亲时间1上的养育倦怠与其自身时间2上的情感耗竭（$r=0.26$，$p<0.01$）、人格解体（$r=0.24$，$p<0.01$）显著正相关。相应地，父亲在时间1上的情感耗竭（$r=0.30$，$p<0.01$）、人格解体（$r=0.15$，$p<0.05$）与其自身在时间2上的养育倦怠显著正相关。母亲在时间1上的情感耗竭（$r=0.29$，$p<0.01$）、人格解体（$r=0.20$，$p<0.01$）以及成就感降低（$r=0.14$，$p<0.05$）与其自身在时间2上的养育倦怠显著正相关。时间1上的父亲、母亲的养育倦怠与时间2上的子女反社会行为显著正相关（父亲养育倦怠$r=0.14$，$p<0.05$；母亲养育倦怠$r=0.12$，$p<0.05$）。

为了给中文版PBA的预测效度提供更多的支持性证据，本研究进一步以时间1的父母PBA为自变量，时间2的情感耗竭、人格解体为因变量，以父母年龄为控制变量进行回归分析。结果表明，父亲的养育倦怠可以正向预测情感耗竭（$b=0.32$，$p<0.01$；$\Delta R^2=0.10$）与人格解体（$b=0.27$，$p<0.01$；$\Delta R^2=0.07$）。相似地，母亲养育倦怠可以正向预测情感耗竭（$b=0.26$，$p<0.01$；$\Delta R^2=0.06$）与人格解体（$b=0.24$，$p<0.01$；$\Delta R^2=0.06$）。当父母的养育倦怠同时作为自变量时，其对于子女的反社会行为的主效应虽不显著，但其交互作用显著（$b=0.20$，$p<0.01$；$\Delta R^2=0.03$）。简单斜率检验的结果如图2.1所示，当父亲养育倦怠处于较高水平时，子女的反社会行为会随着母亲的养育倦怠水平的升高而升高；而当父亲养育倦怠处于较低水平时，子女的反社会行为不会随着母亲的养育倦怠水平的升高而变化。

五　讨论

本研究旨在翻译并修订一个具有较好信度和效度的养育倦怠测量工具，根据Roskam等（2018）的研究，本研究通过两次以家庭为单位的数据收集，翻译了PBA量表，并检验了其信度、结构效度、同时效度以及预测效度。

表 2.5　基于时间 1 和时间 2 所收集数据的相关分析结果

		①	②	③	④	⑤	⑥	⑦	⑧	⑨	⑩	⑪	⑫	⑬	⑭	⑮	⑯
①	T1FPBA																
②	T1FEE	0.40**															
③	T1FDE	0.33**	0.57**														
④	T1FRPC	0.10	-0.06	0.04													
⑤	T1MPBA	0.44**	0.36**	0.24**	0.02												
⑥	T1MEE	0.28**	0.47**	0.33**	0.12*	0.41**											
⑦	T1MDE	0.22**	0.24**	0.43**	0.15**	0.20**	0.46**										
⑧	T1MRPC	0.04	0.00	0.04	0.32**	0.08	-0.04	0.03									
⑨	T2FPBA	0.27**	0.30**	0.15*	0.08	0.14*	0.19**	0.26**	0.00								
⑩	T2FEE	0.32**	0.36**	0.30**	0.13*	0.19**	0.19**	0.22**	0.05	0.46**							
⑪	T2FDE	0.27**	0.34**	0.35**	0.11	0.18**	0.14*	0.18**	0.07	0.38**	0.60**						
⑫	T2FRPC	0.05	0.09	0.07	0.19**	0.08	0.09	0.02	0.12	0.06	-0.20**	0.10					
⑬	T2MPBA	0.13	0.17**	0.12	-0.01	0.41**	0.29**	0.20**	0.14*	0.43**	0.27**	0.23**	0.10				
⑭	T2MEE	0.23**	0.26**	0.16**	0.05	0.26**	0.34**	0.17**	0.06	0.42**	0.40**	0.27**	0.01	0.37**			
⑮	T2MDE	0.15*	0.21**	0.24**	0.11	0.24**	0.21**	0.30**	0.10	0.34**	0.31**	0.45**	0.09	0.44**	0.48**		
⑯	T2MRPC	-0.02	-0.02	0.11	0.31**	0.05	0.01	0.11*	0.26**	-0.06	0.01	0.09	0.31**	0.08	-0.24**	0.02	
⑰	T2SASB	0.14*	0.14**	0.07	-0.00	0.12*	0.13*	0.08	0.01	0.10	0.12*	0.00	-0.12*	0.17**	0.08	0.02	-0.04

注：T：时间点；F：父亲；M：母亲；PBA：养育倦怠；EE：情感耗竭；DE：人格解体；RPC：成就感降低；SASB：子女反社会行为。

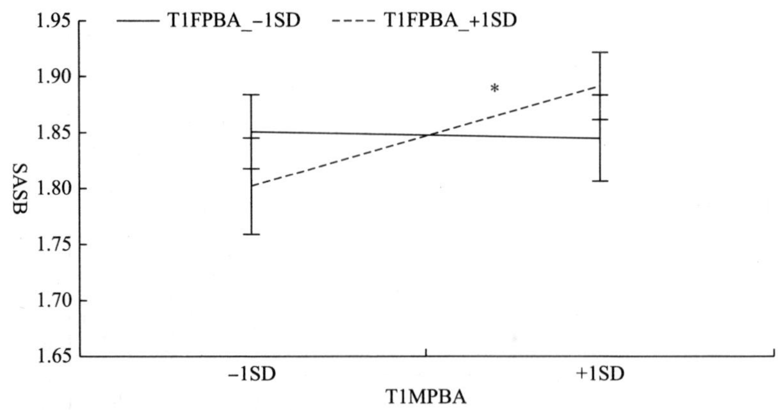

图 2.1 父亲与母亲时间 1 上的 PBA 对于时间 2 子女反社会行为的交互作用

说明：此图中，SASB 表示子女反社会行为，T1MPBA 表示时间 1 母亲养育倦息，T1FPBA 表示时间 1 父亲养育倦息。

研究结果为中文版 PBA 提供了初步的信度和效度的证据。

研究结果表明，中文版 PBA 显示出与既有研究（Roskam et al.，2018）不同的因子结构——既有研究中，是一个 4 因子的结构，包括与父母角色相关的极度耗竭感、与子女的情感疏远、与过去自己的相比认为自己不再是一个好父母和对父母角色的厌倦。Roskam 等（2018）的研究显示，原始版本 PBA 的 4 个因子高度相关（相关系数在 0.66～0.79），而在本研究中，4 个因子的相关系数达到 0.70～0.82。此外，Roskam 等（2018）的研究，采用了直交旋转（varimax 旋转）的方法来旋转因子轴，该方法假设不同因子间的相关性为 0，一定程度上可能会低估因子间的相关性，因此因子间的实际相关系数可能会高于所报告的数值。基于此，在原始量表中，就存在 4 个因子能够合并成 3 个甚至更少的可能性。

在本研究中，探索性因子分析和验证性因子分析的结果都支持了一个单因子结构，且该结构在父亲样本、母亲样本以及合并样本 3 个样本中都得到了支持。进一步地，多群组验证性因子分析结果支持了单因子结构。Cronbach's α 系数以及 McDonald's ω 支持了中文版 PBA 具有较高的信度。造成因子差异可能的原因，其一是在 4 个因子内部具有高度的一致性，显示出测量上的高相关系数；因此 4 个因子可能能够合并成 1 个因子。其二是文化差异导致了本研究结果。相较于西方文化，中国与其他东亚文化国家具有相对整合性的认知倾向（Nisbett et al.，2001）。因此，中国的父母可能会从一个更加整合的角度去认识养育倦怠。与此相对，美国等西方国家文化的个体更加具有分析性的思维倾向（Nisbett et al.，2001）。因此，他们可能更倾向于将养育倦怠认识为几个独立的维度。未来研究需要进一步澄清，造成本研究与既有研究结果差异的原因，究竟是来自4个因子内在的高度一致性，还是来源于文化差异。进一步而言，如果该原因是由文化差异所导致的，那么，未来研究可能还需要像Roskam等（2018）一样，从归纳的角度重新编制中文版养育倦怠量表。

关于中文版PBA的效标效度，与既有研究一致（Roskam et al.，2017；Le Vigouroux et al.，2017），在本研究中的两个时间点上，养育倦怠都与工作倦怠显著正向相关。在时间2收集的养育倦怠与宜人性显著负相关，与神经质显著正相关。这些与既有研究一致的结果为养育倦怠的效标效度提供了进一步的支持。同时，养育倦怠还和子女的生活满意度显著负相关，与子女的反社会行为显著正相关。这些结果不仅为养育倦怠的效标效度提供了进一步的支持，还为未来关于养育倦怠不良后果研究提供了初步的思路和实证支持，即子女作为养育的对象，其健康成长是检验养育质量的最佳标准之一。因此，养育倦怠是否会对子女健康成长和健全人格发展产生不良影响，是未来研究的重要方向之一。

关于养育倦怠的预测效度，养育倦怠与其效标的相关性在不同时间点测量仍然显著。养育倦怠与工作倦怠呈现双向相关，未来研究可以进一步探究养育倦怠与工作倦怠之间的联系与区别，探索倦怠在不同领域（家庭、工作）之间的溢出效应。进一步而言，时间1上父母亲的养育倦怠对时间2上子女的反社会行为具有显著的交互作用。当父亲与母亲都表现出较高水平的倦怠时，子女会展示出更多的反社会行为。然而，养育倦怠与成就感降低的相关并未达到显著水平，该结果可能是因为成就感降低并不是工作倦怠的核心组成部分。一些研究表明，与情感耗竭和人格解体相比，成就感降低与另外两个因子的相关性相对较低，其与工作倦怠的相关性也不同（李永鑫等，2005）。总体而言，中文版PBA呈现出了较高的预测效度。

在时间1上，父亲与母亲的养育倦怠都与子女的生活满意度显著正相关。此外，时间1上母亲的养育倦怠与子女在时间1上的孤独感、时间2上的反社会行为显著正相关，而父亲的养育倦怠与之的相关性则不显著。这些结果一方面进一步支持了中文版PBA的同时效度与预测效度，另一方面支持了母亲在养育活动中可能扮演着更重要的角色（Starrels，1994），其对于子女的影响更为重要的言论。未来研究要结合家庭系统理论，在养育倦怠研究中，除了不能忽视父亲养育倦怠的影响之外，还要重点探讨母亲的养育倦怠。

六　研究局限与未来研究展望

本研究虽然在一定程度上增强了我们对于养育倦怠的理解，但仍有一些局限值得我们注意。首先，为了确保能够在两个时间点上，以家庭为单位收集到足够的数据，我们的样本局限于八年级学生及其家长。因此，样本来源相对集中。然而，父母养育倦怠的发生并不局限于八年级学生家长。养育倦怠可能发生在养育的各个阶段（Roskam et al.，2017；Roskam et al.，2018）。因此，未来研究应采用更加宽泛的样本，在从婴儿到青少年甚至成人的父母样本中检验中文版 PBA 的信度及效度。其次，本研究的主要目的是翻译并修订中文版 PBA，并检验该测量工具的信度和效度。具体而言，研究讨论了中文版 PBA 的结构效度、同时效度和预测效度。因此，未来的研究应使用该量表进行一系列的实证研究，以在中国背景下检验养育倦怠的前因和后果。最后，虽然养育倦怠通常与工作倦怠相关，但是二者究竟是否为两个可区分的概念，以及二者的影响方向及因果关系尚不明确。未来的研究可以使用时间滞后设计，详细而深入地探讨养育倦怠及工作倦怠之间的关系。

总体而言，本研究为 PBA 中文版的信度和效度提供了初步证据，并为测量中国父母的养育倦怠提供了有效工具。

第二节　简式养育倦怠量表的制定

一　引言与问题提出

在实际的测量和评估工作中，单因子 21 个项目 PBA 量表的项目仍然偏多，在一定程度上影响了被试者参与评估的积极性。相关文献表明，针对类似问题，芬兰学者在 PBA 的基础上修订了一个 5 个项目的养育倦怠简式量表（Aunola et al.，2021）。中学生正处于青春期，身心发展处于快速变化阶段，这对于父母的养育行为提出了更高的要求。一旦亲子沟通不畅，亲子冲突频繁出现，就可能会导致父母养育压力的出现。如果养育压力长期不能得到有效缓解与应对，就会进一步导致父母养育倦怠的发生。基于此，中学生父母是较为理想的养育倦怠研究样本。本研究在中文版 PBA 的基础上，以中学生家长为研究对象进行两次调查，以修订一个简式量表，为养育倦怠的评估提供科学便捷的测量工具。第 1 次调查中，本研究采用在既有研究中常用作养育倦怠的效标的父母亲工作倦怠以及在既有研究中已被证明与养育倦怠有显著相关的宜人性、神经质作为效标，对简式养育倦怠量表的效度进行考察。第 2 次调查中，在采用父母亲工作倦怠作为效标变量的基础上，进一步采用了婚姻倦怠作为效标。基于资源保存理论，在个体资源有限的情况下，如果缺乏应对婚姻问题的资源，其一定程度上也会缺乏面对养育问题的资源，因此养育倦怠与婚姻倦怠也应存在一定程度的相关性。

二 研究方法

（一）研究对象

样本估算：对于因子分析，父亲有效样本为 390 人，母亲有效样本为 337 人，符合 Hinkin's 关于量表开发的标准（大于 150 人）。为检验相关分析样本量是否充足，采用 Gpower 3.1 软件进行 Posthoc 统计功效检验（effect size = 0.15，α = 0.05），结果显示 power = 0.999，表明样本量充足。

第 1 次调查：以中国中部某城市某中学八年级学生父母为研究对象，以家庭为单位进行父母配对数据收集。问卷内容包括父母的养育倦怠、工作倦怠、宜人性以及神经质。问卷在课堂上由代理班主任发放给学生，学生将密封的问卷带回家后，由父母分别独立完成问卷填写并进行密封。学生负责将密封后的问卷带回学校，返回给调查人员。问卷共发放给 614 个家庭，在剔除存在缺失性回答或规律性作答的问卷后，最终获得有效问卷父亲 360 份，母亲 337 份。父亲平均年龄为 41.9（SD = 4.18）岁，母亲平均年龄为 40.9（SD = 4.08）岁，学生平均年龄为 13.9（SD = 0.63）岁。

第 2 次调查：间隔 1 个月，对研究 1 的样本进行追踪调查。问卷内容包括父母的养育倦怠、工作倦怠以及婚姻倦怠。最终获得有效问卷父亲 296 份，母亲 344 份。

在两次数据中，部分样本仅完成了其中一次回答。在对数据进行匹配后，得到完整回答两次问卷的父母样本 443 份（父亲样本 200 份，母亲样本 243 份），对该部分样本进行重测信度检验。

（二）测量工具

（1）养育倦怠

养育倦怠量表采用 Cheng 等（2020）所修订的中文版 PBA 进行测量，该量表共包括 1 个因子 21 个项目，采用 Likert 7 点计分量表对这些项目进行评分，从 1（从不）至 7（每天）。父亲与母亲根据项目中所叙述的情景与自身状况是否符合来作答，得分越高表明倦怠水平越高。本研究第 1 次调查中，父亲样本的 Cronbach's α 系数为 0.96，母亲样本的 Cronbach's α 系数为 0.95；第 2 次调查中，父亲样本的 Cronbach's α 系数为 0.98，母亲样本的 Cronbach's α 系数为 0.98。

（2）中文版养育倦怠简式量表

选取中文版 PBA 因子分析结果中（Cheng et al.，2020）父母样本因子负荷量均位居前 10 的 7 个项目，构成简式养育倦怠量表中文版（the Chinese Short Version of Parental Burnout Assessment，S-PBA），计分方式与 PBA 相同。

（3）工作倦怠

工作倦怠采用中文版工作倦怠量表（李永鑫，2003）进行测量，该量表包括 3 个因子 15 个项目，采用 Likert 7 点计分量表对这些项目进行评分，从 1（完全不符合）至 7（完全符合）。父母针对自身情况作答，得分越高代表倦怠水平越高。鉴于既有研究，如 Cheng 等（2020）的研究中，成就感降低维度与其他维度的内涵以及与其他变量的关系显示出不同结果，本研究只选取情感耗竭与人格解体两个维度。本研究第 1 次调查中，父亲样本情感耗竭、人格解体维度的 Cronbach's α 系数分别为 0.77、0.81，母亲样本两个维度的 Cronbach's α 系数分别为 0.73、0.77；第 2 次调查中，父亲样本两个维度的 Cronbach's α 系数分别为 0.80、0.86，母亲样本两个维度的 Cronbach's α 系数分别为 0.81、0.85。

（4）父母的宜人性和神经质

父母的宜人性和神经质采用简式中文形容词大五人格量表（罗杰、戴晓阳，2015）中的宜人性与神经质两个因子，共 10 个项目（例如，猜疑的—信任的；焦虑的—镇静的）。采用双极形容词 6 级评分，从 1（完全接近左边）至 6（完全接近右边）。得分越高表示宜人性及神经质越高。本研究中父亲样本宜人性、神经质的 Cronbach's α 系数分别为 0.86、0.83，母亲样本的 Cronbach's α 系数分别为 0.83、0.76。

（5）抑郁

抑郁采用张明园等（1987）所修订的抑郁自评量表进行测评，该量表包括 20 个项目，采用 Likert 4 点计分量表对这些项目进行评分，从 1（没有）至 4（一直有）。得分越高表示抑郁倾向越高。本研究中该量表的 Cronbach's α 系数为 0.84。

（6）婚姻倦怠

婚姻倦怠采用李永鑫和吴瑞霞（2009）修订的婚姻倦怠问卷进行测量，该量表包括 21 个项目，采用 Likert 4 点计分量表对这些项目进行评分，1（从不）至 4（总是），得分越高代表倦怠倾向越高。本研究中父亲样本的 Cronbach's α 系数为 0.93，母亲样本的 Cronbach's α 系数为 0.91。

三　统计方法

采用 SPSS 22.0 对数据进行处理和统计分析。首先，针对 S-PBA 在父亲样本与母亲样本中的第 1 次调查数据进行探索性因子分析，采用 Pearson 相关分析检验效标效度，采用 Cronbach's α 系数与 McDonald's ω 系数检验量表信度；其次，针对 S-PBA 在父亲样本与母亲样本中的第 2 次调查数据进行验证性因子分析，采用 Pearson 相关分析检验效标效度，采用 Cronbach's α 系数与 McDonald's ω 系数检验内部一致性信度，采用两次数据的相关系数进行重测信度检验；最后，采用 χ^2 检验对 S-PBA 与 PBA 在两次调查中父母养育倦怠的检出率进行比较，考察预测效度。

四　研究结果

（一）基于时间 1 所收集数据的因子分析与相关分析

对父亲样本进行探索性因子分析。采用特征根标准（Kaiser, 1960），结果显示特征根大于 1 的因子数为 1 个。同时，碎石图在 1 个因子处也表现出明显拐点。1 个因子能够解释父亲样本所有项目变异的 65.72%。采用最大似然法以及最优斜交法进行因子分析，结果显示所有项目的因子负荷量均在 0.60 以上。同样，对母亲样本的探索性因子分析显示，1 个因子能够解释母亲样本所有项目变异的 65.13%，所有项目的因子负荷量均在 0.70 以上。在父亲样本中，Cronbach's α 系数为 0.91，McDonald's ω 系数为 0.91。在母亲样本中，Cronbach's α 系数为 0.91，McDonald's ω 系数为 0.91。因子分析结果如表 2.6 所示。

表 2.6　各项目在父母样本中的因子负荷

项目	负荷	
	父亲	母亲
	($n=360$)	($n=337$)
1. 我再也忍受不了家长这个身份了	0.85	0.77
2. 我不想再一次承担父母的角色了	0.81	0.76
3. 早上醒来，想到又要照顾孩子一整天，我就感到累极了（即使我还没有面对我的孩子）	0.84	0.74
4. 我感觉我没法胜任家长的角色	0.62	0.85
5. 我觉得自己不再像以前一样是个好家长了	0.79	0.80
6. 我再也不能当好一个家长了	0.81	0.73
7. 我想像过去一样向孩子们表达我对他们的爱，但感觉有心无力	0.68	0.72

为检验 S-PBA 的效标效度，本研究将 S-PBA 与各效标进行相关分析，结果如表 2.7 所示。相关分析表明，父母 PBA 得分与 S-PBA 得分之间有着较强的相关性（父亲 $r=0.97$，$p<0.01$；母亲 $r=0.96$，$p<0.01$）。父母 S-PBA 得分与父母情感耗竭（父亲 $r=0.43$，$p<0.01$；母亲 $r=0.37$，$p<0.01$）、人格解体（父亲 $r=0.49$，$p<0.01$；母亲 $r=0.49$，$p<0.01$）、宜人性（父亲 $r=-0.43$，$p<0.01$；母亲 $r=-0.35$，$p<0.01$）以及神经质（父亲 $r=0.36$，$p<0.01$；母亲 $r=0.35$，$p<0.01$）得分的相关性均有统计学意义。

（二）基于时间 2 所收集数据的因子分析与相关分析

对父亲样本进行验证性因子分析。将 7 个项目指定负荷在同一因子下，模型显示出可接受的拟合指数（$\chi^2=65.51$，$df=10$，$p<0.01$，NFI $=0.971$，CFI $=0.975$，RMSEA $=0.094$）。因子分析结果显示（见表 2.8），所有项目的因子负荷量均在 0.80 及以上。对母亲样本的验证性因子分析显示，模型拟合指数可接受（$\chi^2=52.9$，$df=10$，$p<0.01$，NFI $=0.977$，CFI $=0.981$，RMSEA $=0.083$），所有项目的因子负荷量均在 0.80 及以上。父亲样本的 Cronbach's α 系数为 0.95，McDonald's ω 系数为 0.95；母亲样本的 Cronbach's α 系数为 0.94，McDonald's ω 系数为 0.94。因子分析结果如表 2.8 所示。

表 2.7　第 1 次调查父母样本各变量的描述性统计和相关分析

变量	M	SD	1	2	3	4	5	6	7	8	9	10	11
1	1.9	1.2	1										
2	2.1	1.1	0.97**	1									
3	3.0	1.3	0.43**	0.45**	1								
4	2.6	1.3	0.49**	0.52**	0.61**	1							
5	4.6	1.1	-0.43**	-0.50**	-0.22**	-0.37**	1						
6	2.7	1.0	0.36**	0.44**	0.28**	0.32**	-0.81**	1					
7	1.9	1.2	0.49**	0.53**	0.22**	0.27**	-0.40**	0.36**	1				
8	2.0	1.1	0.43**	0.46**	0.19**	0.23**	-0.38**	0.36**	0.96**	1			
9	3.1	1.3	0.31**	0.33**	0.38**	0.24**	-0.20**	0.25**	0.37**	.36**	1		
10	2.4	1.3	0.35**	0.38**	0.31**	0.43**	-0.38**	0.33**	0.49**	.47**	0.46**	1	
11	4.8	1.0	-0.26**	-0.35**	-0.24**	-0.28**	0.53**	-0.47**	-0.35**	-.36**	-0.22**	-0.37**	1
12	2.7	1.0	0.21**	0.28**	0.25**	0.22**	-0.41**	0.45**	0.35**	.40**	0.35**	0.28**	-0.74**

注：1 = 父亲 S-PBA 得分，2 = 父亲 PBA 得分，3 = 父亲情感耗竭，4 = 父亲人格解体，5 = 父亲宜人性，6 = 父亲神经质，7 = 母亲 S-PBA 得分，8 = 母亲 PBA 得分，9 = 母亲情感耗竭，10 = 母亲人格解体，11 = 母亲宜人性，12 = 母亲神经质，** $p < 0.01$。

表 2.8　各项目在父母样本中的因子负荷

项目	负荷	
	父亲	母亲
	（$n=296$）	（$n=344$）
1. 我再也忍受不了家长这个身份了	0.89	0.84
2. 我不想再一次承担父母的角色了	0.80	0.84
3. 早上醒来，想到又要照顾孩子一整天，我就感到累极了（即使我还没有面对我的孩子）	0.82	0.81
4. 我感觉我没法胜任家长的角色	0.86	0.89
5. 我觉得自己不再像以前一样是个好家长了	0.82	0.91
6. 我再也不能当好一个家长了	0.89	0.90
7. 我想像过去一样向孩子们表达我对他们的爱，但感觉有心无力	0.80	0.80

为检验 S-PBA 的效标效度，本研究将 S-PBA 与各效标进行相关分析，结果如表 2.9 所示。相关分析表明，父母 PBA 得分与 S-PBA 得分之间有着较强的相关性（父亲 $r=0.98$，$p<0.01$；母亲 $r=0.98$，$p<0.01$）。父母 S-PBA 得分与父母情感耗竭（父亲 $r=0.41$，$p<0.01$；母亲 $r=0.46$，$p<0.01$）、人格解体（父亲 $r=0.53$，$p<0.01$；母亲 $r=0.54$，$p<0.01$）、婚姻倦怠（父亲 $r=0.55$，$p<0.01$；母亲 $r=0.61$，$p<0.01$）得分的相关性均有统计学意义。

表 2.9　第 2 次调查父母样本各变量的描述性统计和相关分析

变量	M	SD	1	2	3	4	5	6	7	8	9
1	1.9	1.2									
2	1.9	1.3	0.98**								
3	3.0	1.4	0.41**	0.41**							
4	2.5	1.5	0.53**	0.52**	0.64**						
5	2.9	1.2	0.55**	0.54**	0.50**	0.51**					
6	1.9	1.2	0.59**	0.59**	0.38**	0.51**	0.52**				
7	1.9	1.2	0.60**	0.62**	0.41**	0.48**	0.53**	0.98**			
8	3.1	1.4	0.27**	0.30**	0.53**	0.35**	0.41**	0.46**	0.48**		
9	2.3	1.4	0.34**	0.37**	0.41**	0.57**	0.47**	0.54**	0.55**	0.62**	
10	2.8	1.0	0.40**	0.41**	0.43**	0.44**	0.66**	0.61**	0.62**	0.63**	0.62**

注：1 = 父亲 S-PBA 得分，2 = 父亲 PBA 得分，3 = 父亲情感耗竭，4 = 父亲人格解体，5 = 父亲婚姻倦怠，6 = 母亲 S-PBA 得分，7 = 母亲 PBA 得分，8 = 母亲情感耗竭，9 = 母亲人格解体，10 = 母亲婚姻倦怠，** $p<0.01$。

（三）基于时间1和时间2收集数据的重测信度检验及检出率分析

将两次数据进行匹配，并对能够匹配的样本进行重测信度计算，结果表明，父亲（$n=200$）两次测量的相关系数为0.79，母亲（$n=243$）两次测量的相关系数为0.88。以上结果表明S-PBA具有良好的重测信度。

进一步，对两次数据的S-PBA与原始量表PBA对养育倦怠发病的检出率进行比较。依据Roskam等（2017，2018）的观点，个体得分在平均值1.5个标准差之上，可被认定为具有较高的养育倦怠风险。在第1次调查中，依据PBA计算所得的父亲样本的临界值为3.79，样本中得分高于3.79的父亲共有46人，父亲养育倦怠的发生率为11.79%；依据S-PBA计算所得的父亲样本的临界值为3.63，样本中得分高于3.63的父亲共有42人，父亲养育倦怠的发生率为10.77%，两种测量的父亲养育倦怠发生率差异无统计学意义（$\chi^2=0.21$，$df=1$，$p=0.65$）。依据PBA计算所得的母亲样本的临界值为3.54，样本中得分高于3.54的母亲共有37人，母亲养育倦怠的发生率为10.98%；依据S-PBA计算所得的母亲样本的临界值为3.69，样本中得分高于3.69的母亲共有47人，母亲养育倦怠的发生率为13.95%，两种测量的母亲养育倦怠发生率差异无统计学意义（$\chi^2=1.36$，$df=1$，$p=0.24$）。

在第2次调查中，依据PBA计算所得的父亲样本的临界值为3.71，样本中得分高于3.71的父亲共有36人，父亲养育倦怠的发生率为12.16%；依据S-PBA计算所得的父亲样本的临界值为3.74，样本中得分高于3.74的父亲共有38人，父亲养育倦怠的发生率为12.83%，两种测量的父亲养育倦怠发生率差异无统计学意义（$\chi^2=0.62$，$df=1$，$p=0.80$）。依据PBA计算所得的母亲样本的临界值为3.69，样本中得分高于3.69的母亲共有37人，母亲养育倦怠的发生率为10.76%；依据S-PBA计算所得的母亲样本的临界值为3.71，样本中得分高于3.71的母亲共有38人，母亲养育倦怠的发生率为11.05%，两种测量的母亲养育倦怠发生率差异无统计学意义（$\chi^2=0.02$，$df=1$，$p=0.90$）。

五　讨论

虽然我国学者对于养育倦怠的研究才刚刚起步（程华斌等，2020），但鉴于我国作为世界第一人口大国，我国人口占世界人口近1/5比例的这一社会事实，针对养育倦怠这一主题开展研究，无论是从提高家长养育质量，促进家庭稳定和谐，还是从青少年健康成长的角度来看，都具有非常重要的理论与实践意义。本研究通过两次以家庭为单元的数据收集，初步形成了简式养育倦怠量表，并检验了其信度与效度，其结果能够为我国的养育倦怠研究和评估提供简短易行的测量工具。

研究者在最初编制养育倦怠量表的因子分析中得到了 4 个因子，分别是“与父母角色相关的情绪耗竭”、“与过去的自己相比成就感降低”、“对父母角色的厌倦”以及“与子女的情感疏远”（Cheng et al.，2020），各维度的 Cronbach' α 系数在 0.77 ~ 0.94。本研究虽然是依据因子负荷的高低来进行简式量表项目的遴选的，但通过与原量表项目的因子分布对比发现，本研究所选取的 7 个项目分别来源于原量表的 4 个不同因子，因而也能够较全面地覆盖原量表的主要内容。进一步而言，探索性因子分析与验证性因子分析的结果都支持了 S-PBA 的单因子结构，并在父亲和母亲样本中都分别得到了支持，一定程度上显示出该量表结构上的稳健性，表明该量表具有较好的结构效度。在两次回收的数据中，父亲样本与母亲样本的内部一致性系数都在 0.90 以上，表明该量表具有较好的信度。同时，对于完整回答两次问卷的父母样本进行重测信度检验，父母样本的重测信度均在 0.70 以上，表明该量表具有良好的重测信度。基于已有研究的结果（Roskam et al.，2018；Mikolajczak et al.，2019；Cheng et al.，2020；Mikolajczak et al.，2018；Le Vigouroux et al.，2017），本研究选取工作倦怠、宜人性、神经质以及婚姻倦怠作为效标，进而对S-PBA的效标效度进行考察。结果表明，S-PBA 与上述效标变量之间均显著相关，为 S-PBA 的效度提供了支持。进一步而言，S-PBA 与 PBA 之间存在高度相关性，两者在检出率方面也未显示出显著差异，在具体高养育倦怠者个案的检出上具有高度一致性。基于此，在以后的学术研究和实践评估中，可以考虑将 S-PBA 作为 PBA 的有益补充，特别是在需要快速检测与评估的背景下，可优先选择 S-PBA 作为养育倦怠的测量工具。

六　研究局限与未来研究展望

虽然本研究为养育倦怠提供了一个简短易行的测量工具，但仍存在一些局限值得注意。首先，本研究样本为来自中部某城市的中学生父母，不仅在地域上有所局限，而且考虑到养育倦怠的发生并不局限于青少年的父母群体中这一事实，本样本在年龄结构上存在不足，因此，未来研究应放眼更大的样本容量和更宽泛的样本分布。其次，本研究将工作倦怠等变量作为 S-PBA 的效标，仅在相关层面进行了分析。而人格变量、工作倦怠以及婚姻倦怠与养育倦怠之间的内在因果关系还需要进一步的研究来进行考察。最后，本研究仅将养育倦怠与个体内的变量的相关性进行了检验。然而，依据家庭系统理论，父亲与母亲的交互可能会导致养育倦怠在双方的传染效应，甚至是不同领域的倦怠之间也会互相影响。如处于工作倦怠中的父亲回到家中，由于情感资源的枯竭，无法为子女的照看提供更多的资源，就会进一步加剧母亲对于养育领域的投入。因此，未来研究可以将养育倦怠放入家庭系统中，对其产生和影响进行更加全面的探讨。

总体而言，S-PBA 为养育倦怠的快速测量和以预防为导向的干预研究提供了一个简短易行的测量工具。

第三章　养育倦怠与工作倦怠关系研究

养育倦怠早期发展于工作倦怠，二者在概念与测量方式上有一定的相似性，但是又不属于同一领域（工作倦怠发生在工作领域，而养育倦怠发生在养育领域），它们之间的关系如同两条同根同源的河流，各自流淌又相互交错。随着对养育倦怠研究的深入，关于二者之间的关系也产生了更多疑问。例如，养育倦怠能否作为一个独立的概念？其与工作倦怠在多大程度上能够区别开来？二者的关系是怎样的？国外学者已经关注到这些问题，并通过实证研究来考察养育倦怠与工作倦怠的不同之处（Mikolajczak et al.，2019），值得注意的是，此项研究局限于西方国家的样本，所得结果不利于推广到其他国家。从第二章中，我们发现中国样本和西方国家的样本在养育倦怠的因子结构上存在较大差别（Cheng et al.，2020），以此类推，在养育倦怠与工作倦怠的关系上，中西方不同的样本是否同样会呈现出差异性？这一问题仍然值得深入探讨，本章将通过两项相关研究对此疑问进行解答。首先，我们借鉴 Mikolajczak 等（2019）的研究成果，开展国内养育倦怠与工作倦怠的关系研究，并进一步构建结构方程模型探讨二者的影响方向。其次，选取中国双职工家庭样本，构建主客体互倚模型，以考察养育倦怠对工作倦怠的影响以及工作－家庭冲突的中介作用。

第一节　养育倦怠与工作倦怠的关系

依据前两章的内容，我们不难发现养育倦怠和工作倦怠的概念和测量存在的一些相似之处。首先，养育倦怠的部分定义来源于工作倦怠的概念，如

Mikolajcak 等（2018）对于养育倦怠概念的描述，“就像工作倦怠是由于长期暴露于工作压力所导致的一样，养育倦怠指的是由于长期暴露在养育压力下的一组特殊的症状”。其次，在测量上，养育倦怠的早期研究也直接使用了现有的工作倦怠量表，如 MBI（Maslach & Jackson，1981），并将“服务对象”进行了更改，用以评估父母的养育倦怠（Pelsma，1989）。此外，在进行养育倦怠的量表编制与开发的过程中，工作倦怠也是最常用的效标之一，导致二者总是出现在同一研究中（Roskam et al.，2017；Kawamoto et al.，2018）。

需要说明的是，尽管两种倦怠总是出现在同一研究中，但二者在概念和测量上各自有其特殊的部分（工作倦怠与工作相关，而养育倦怠与养育相关）。国外学者已经注意到了这两个概念的区别，如 Roskam 等（2018）在其编制量表的过程中所论述的，父母不能对其子女“去人格化”，因此工作倦怠的人格解体这一因子可能不适用于养育领域。此外，Mikolajczak 等（2019）通过两个研究系统检验了养育倦怠和工作倦怠的区别。在 Mikolajczak 等（2019）的研究 1 中，他们检验了养育倦怠与工作倦怠在因子结构上的区分。具体而言，该研究构建了一个二阶的验证性因子分析模型，在一阶上有 6 个因子，分别是来自 PBI 与 MBI 的情感耗竭、人格解体和成就感降低，在二阶上有 2 个因子，分别是养育倦怠与工作倦怠。该模型与以下几个备选模型进行了拟合度的对比。第一个备选模型是二阶因子模型，包括 1 个二阶因子（倦怠）和 6 个一阶因子。第二个备选模型是二阶因子模型，包括 1 个二阶因子（倦怠）和 3 个一阶因子（情感耗竭、人格解体和成就感降低）。结果表明，一阶 6 因子和二阶 2 因子模型的拟合度最好。该模型支持了养育倦怠与工作倦怠属于两个不同因子。Mikolajczak 等（2019）的研究 2 的结果显示养育倦怠对养育领域相关变量的预测力更强（如养育满意度），而工作倦怠对工作领域的相关变量预测力更强（如工作满意度），养育倦怠和工作倦怠对于无特别指向的变量（如逃避和自杀意愿）具有同样的预测力，结果进一步支持了养育倦怠与工作倦怠概念的区别性。

上述结果在一定程度上提高了我们对于养育倦怠的认知，帮助我们有效区分养育倦怠与工作倦怠，但仍有一些问题值得进一步探讨。首先，Mikolajczak 等（2019）的研究样本主要来源于西方国家，一定程度上限制了其结论的推广。中国家庭中的内部结构和对于家庭的认知与西方大不相同。例如，“大家庭”的存在，即一个家庭内三代同堂在中国很普遍，而这种现象在西方国家相对少见。此外，中国人更加强调家庭和睦，父母更加倾向于将养育子女视为自己的责任和工作。因此，在中国，养育倦怠的程度和影响都可能与西方国家呈现出不同。因而有必要在不同文化背景下探讨养育倦怠的结构及结果。其次，父母与工作倦怠之间关系的方向尚不明确。换言之，究竟是在养育中感到倦怠的父母更容易出现工作倦怠，还是工作倦怠的父母没有足够的资源来照顾他们的孩子，所以更容易产生养育倦怠？

基于此，本研究的目的在于通过两次调查，探讨养育倦怠与工作倦怠之间的关系。首先，调查一旨在使用不同的文化样本，检验能否重复 Mikolajczak 等（2019）的研究结果。为养育倦怠的概念与测量在中国样本中能够区别于工作倦怠提供更多的实证支持。具体而言，本研究试图检验这两种类型的倦怠是否属于不同的因子结构。此外，我们还考察这两种类型的倦怠是否可以预测不同领域的结果变量。其次，调查二尝试在中国文化背景下，探讨养育倦怠与工作倦怠之间的关系方向。通过多波段研究设计，在 3 个时间点上分别对父母的养育倦怠与工作倦怠数据进行收集，构建交叉滞后模型以检验二者的因果关系。

在中国，“男主外，女主内”的传统观念已经存在了几千年，养育子女似乎已经成了母亲义不容辞的责任，因而养育倦怠应该主要发生于母亲群体中。然而，在过去几十年中，随着社会经济的快速发展，传统价值观受到了极大的冲击，越来越多的女性走向工作岗位（张建平，2010），而男性对养育活动的投入也逐渐增加（邹盛奇等，2016）。在此背景下，母亲是否会同时经历养育倦怠与工作倦怠？养育倦怠会不会也发生于父亲样本？在父亲和母亲样本中，养育倦怠与工作倦怠的关系是否一致？为了进一步澄清这些问题，本研究将父亲与母亲样本分开，分别考察养育倦怠与工作倦怠在结构上的区别以及影响关系的方向。

一　调查一：养育倦怠与工作倦怠概念及测量区分

（一）引言与问题提出

调查一拟在 Mikolajczak 等（2019）研究的基础上，分别利用父母样本检验养育倦怠和工作倦怠的因子差异性。如果养育倦怠的概念能够区别于工作倦怠，那么它们在因子分析中应该会负荷在不同的因子上。此外，本研究试图进一步考察养育倦怠和工作倦怠对于养育相关领域、无特定领域以及工作相关领域的结果变量的预测作用。如果养育倦怠能够和工作倦怠区别开来，那么养育倦怠和工作倦怠对于不同的结果变量的预测作用也会不同。

本研究中，涉及工作满意度、抑郁以及子女焦虑3个因变量。首先，工作满意度是一个与工作相关的因变量，且已有大量研究证明它是工作倦怠的结果变量（Lizano & Barak，2015），因此，选择此变量作为工作相关的结果变量。其次，在既有研究中，抑郁可以同时被养育倦怠和工作倦怠预测（Kawamoto et al.，2018）。最后，以往研究并没有从子女健康成长角度出发，直接检验养育倦怠与子女的结果变量关系的研究（Cheng et al.，2020），因此，研究预期提供养育倦怠与子女焦虑的关系的直接证据。有研究指出，养育倦怠可以显著增加父母对于子女的忽视和暴力行为（Mikolajczak et al.，2018a，2019），而父母的养育行为则与子女的情绪和问题行为高度相关（肖长根，2007）。因此，父母亲的忽视、暴力行为，就有可能会导致子女的焦虑增加。基于此，本研究选择子女焦虑作为养育领域相关的结果变量。

养育倦怠量表（Roskam et al.，2018）因其良好的信度和效度被认为是养育倦怠的黄金测量工具（Aunola et al.，2021）。与该量表的4因子结构不同的是，在中文版PBA中，4个因子具有高度的相关性，因而被合并成1个因子（Cheng et al.，2020）。Mikolajczak等（2019）指出，为了检验养育倦怠与工作倦怠的区别，需要使用具有良好信度和效度且结构上相似的测量工具，在具有相同重要程度但却不同的领域内检验倦怠。中文版工作倦怠量表（李永鑫，2003）包括3个维度，即情感耗竭、人格解体以及成就感降低。而Schaufeli（2017）指出情感耗竭作为工作倦怠的核心症状，不依赖于情境（context-free）、不局限于特定领域或文化背景。情感耗竭是工作倦怠中最具有代表性的因子。因此，鉴于中文版PBA是一个单因子结构，本研究采用情感耗竭来代表工作倦怠，使二者在测量上具有一致性，来检验养育倦怠与工作倦怠的区别。

（二）研究方法

（1）研究对象

调查一以中国中部某中学的八年级学生及其家长为研究对象。调查人员在课堂上将装有3份问卷（1份学生问卷和2份家长问卷）的信封发放给学生。家长问卷包括养育倦怠问卷、工作倦怠问卷、工作满意度及抑郁问卷，并要求学生回答焦虑问卷。告知学生调查是关于家庭关系的研究，完全自愿决定是否参与研究，不参加不会给他们带来任何的损失，他们可以在任何时候中止问卷作答。随后，要求学生将问卷带回家中，由自己和父母分别单独完成后，将问卷密封带回学校。

最终，共有605名学生、458名父亲以及531名母亲完成了问卷填写。学生问卷包括312名男孩和293名女孩，平均年龄为13.9（SD=0.63）岁，父亲样本平均年龄为41.9（SD=4.18）岁，母亲样本为40.9（SD=4.09）岁。为了保证样本能够同时经历养育倦怠与工作倦怠，因此剔除了没有工作的样本数据。

（2）研究工具

养育倦怠：养育倦怠采用中文版养育倦怠量表（Cheng et al.，2020）进行评估。本研究中，父亲样本的Cronbach's α系数为0.92（ω=0.92），母亲样本的Cronbach's α系数为0.93（ω=0.93）。

情感耗竭：情感耗竭采用中文版工作倦怠量表（李永鑫，2003）中的情感耗竭分量表进行评估。该量表共包括5个项目（例如，我觉得我的工作很累），采用Likert 7点计分量表对这些项目进行评分，从1（完全不符合）至7（完全符合）。父母针对自身情况作答，得分越高代表倦怠水平越高。本研究中，父亲样本的Cronbach's α系数为0.77（ω=0.78），母亲样本的Cronbach's α系数为0.74（ω=0.75）。

抑郁：抑郁采用抑郁自评量表（刘贤臣等，1994）进行评估。该量表包括20个项目（例如，我觉得闷闷不乐，情绪低沉），采用Likert 4点计分量表对项目进行评分，从1（没有或很少时间有）至4（绝大部分或全部时间有），得分越高表示抑郁程度越高。本研究中，父亲样本的Cronbach's α系数为0.76（ω=0.75），母亲样本的Cronbach's α系数为0.76（ω=0.76）。

工作满意度：工作满意度采用工作满意度问卷（Schriesheim & Tsui，1980）进行评估。该量表包括6个项目（例如，我对单位内的提升机会非常满意），采用Likert 5点计分量表对这些项目进行评分，从1（非常不符合）至5（非常符合），得分越高表示满意程度越高。本研究中，父亲样本的Cronbach's α系数为0.90（ω=0.90），母亲样本的Cronbach's α系数为0.88（ω=0.88）。

子女焦虑：子女焦虑采用中文版焦虑自评量表（王征宇、迟玉芬，1984）进行评估。该量表包括20个项目（例如，我觉得比平常容易紧张和着急），采用Likert 4点计分量表对这些项目进行评分，从1（非常不符合）至4（非常符合），得分越高表示焦虑程度越高。本研究中，焦虑的Cronbach's α系数为0.77（$\omega=0.77$）。

人口统计学变量：调查参加者还被要求回答子女的性别、年龄以及父母的年龄、职业等人口统计学变量。

（三）统计方法

本研究中，采用R 3.6.1 for Windows软件与AMOS 23.0进行数据分析。首先，采用探索性因子分析与验证性因子分析检验养育倦怠与工作倦怠是否能够负荷到不同的因子。其次，采用相关分析方法初步检验养育倦怠和工作倦怠与不同领域的结果变量的相关性。最后，采用结构方程模型对上述关系进行进一步的检验。

（四）研究结果

（1）数据预处理

在进行探索性因子分析之前，部分问卷大部分是空白的，应属于非完全随机缺失。因此，所有包含缺失值的数据被移除在分析之外。进一步地，为了检验删除这些数据是否会对本研究结论产生影响，研究针对保留的样本和删除的样本进行了Welch检验。结果表明，在子女年龄（$t=-0.44$，$df=266.19$，$p=0.66$）、性别（$t=0.28$，$df=402.86$，$p=0.78$）以及父母年龄（父亲$t=0.60$，$df=1.00$，$p=0.66$；母亲$t=-0.08$，$df=6.01$，$p=0.94$）上，两组均未显示出显著差异。上述结果表明，删除缺失值数据并不会对本研究结论产生显著影响。

研究中所使用变量的描述性统计和相关矩阵如表3.1所示。鉴于在养育活动中，性别因素对养育分工有很大的影响，本研究进一步对所使用变量在父母样本中进行了Welch检验。结果表明，父母在工作倦怠（$t=-0.72$，$df=775.55$，$p=0.48$）、抑郁（$t=-1.05$，$df=798.12$，$p=0.29$）以及工作满意度（$t=-1.73$，$df=874.55$，$p=0.09$）上无显著差异。但是，在养育倦怠水平上，父亲样本和母亲样本表现出显著差异（$t=-2.40$，$df=843.77$，$p=0.02$），母亲样本表现出更高水平的养育倦怠。

进一步地，研究检验了父母样本在养育倦怠结构上的性别不变性。研究指定了两个样本（父亲样本和母亲样本）以及3个模型（包括自由估计模型、因子负荷量相等模型、限制协方差相等模型），共6个模型进行计算。结果表明，自由估计模型和因子负荷量相等模型［$\Delta\chi^2$（20）=29.94，p = 0.08］、自由估计模型和限制协方差相等模型［$\Delta\chi^2$（21）=30.14，p =0.09］之间并未显示出显著差异。上述结果表明，在父母样本之间，养育倦怠的因子负荷量以及因子间相关性无显著差异。养育倦怠在父亲样本和母亲样本中具有测量不变性。

表3.1 调查一中各变量的描述性统计和相关分析

变量	M	SD	1	2	3	4	5	6	7	8
1	1.6	0.9								
2	1.9	0.4	0.39**							
3	3.6	1.0	-0.11*	-0.29**						
4	1.8	1.0	0.49**	0.16**	-0.02					
5	1.9	0.4	0.29**	0.43**	-0.11*	0.43**				
6	3.7	0.9	-0.05	-0.15**	0.34**	-0.20**	-0.28**			
7	1.5	0.5	-0.05	-0.01	0.05	-0.08	-0.03	0.01		
8	14.0	0.8	-0.01	0.05	0.09	0.02	0.02	-0.03	-0.07	
9	1.9	0.5	0.22**	0.18**	-0.01	0.14**	0.16**	-0.04	0.08	0.08

注：1=父亲养育倦怠，2=父亲抑郁，3=父亲工作满意度，4=母亲养育倦怠，5=母亲抑郁，6=母亲工作满意度，7=子女性别，8=子女年龄，9=子女焦虑，* $p<0.05$，** $p<0.01$。

（2）养育倦怠与工作倦怠的因子结构区别性

对父亲样本的养育倦怠与工作倦怠进行探索性因子分析，采用平行分析和最小平均偏相关方法，对养育倦怠的21个项目和工作倦怠的5个项目进行因子数量的计算。两种方法都建议2因子结构，表明2因子结构是较为稳健的结果。采用最大似然法和oblimin旋转进行因子分析，第一个因子上负荷了21个养育倦怠项目，第二个因子上负荷了5个工作倦怠的项目。对母亲样本进行同样分析，采用平行分析和最小平均偏相关方法，对养育倦怠的21个项目和工作倦怠的5个项目进行因子数量的计算。平行分析建议采用3因子模型，而MAP方法建议采用2因子模型。当设定为3因子时，采用最大似然法和oblimin旋转进行因子分析，一个项目（和孩子在一起时，我感觉就失去了自我）因为负荷量低于0.40而被删除。养育倦怠的21个项目被分成了两个高度相关的因子（$r=0.72$）。另外的5个工作倦怠的项目负荷在第三个因子上。当设定为2因子时，采用最大似然法和oblimin旋转进行因子分析，第一个因子上负荷了21个养育倦怠项目，第二个因子上负荷了5个工作倦怠的项目。上述结果基本支持了养育倦怠与工作倦怠分属于不同的因子，它们是不同的概念这一观点。因子分析的结果如表3.2所示。

表3.2　父亲样本与母亲样本的养育倦怠与工作倦怠的因子负荷量

项目	父亲样本			母亲样本		
	Factor1	Factor2	h2	Factor1	Factor2	h2
PBA1	0.408	0.236	0.292	0.444	0.144	0.272
PBA2	0.520	0.185	0.374	0.531	0.203	0.415
PBA3	0.645	-0.028	0.404	0.699	0.062	0.529
PBA4	0.656	0.047	0.454	0.689	0.048	0.504
PBA5	0.775	-0.073	0.565	0.756	-0.060	0.537
PBA6	0.792	-0.147	0.566	0.798	-0.162	0.554
PBA7	0.602	0.006	0.365	0.465	0.199	0.334
PBA8	0.606	0.096	0.418	0.656	0.152	0.538
PBA9	0.621	0.003	0.388	0.603	0.226	0.529
PBA10	0.694	-0.006	0.479	0.632	0.010	0.404
PBA11	0.793	0.024	0.642	0.806	0.027	0.668
PBA12	0.703	0.109	0.562	0.802	-0.005	0.641
PBA13	0.604	-0.092	0.333	0.492	-0.034	0.229
PBA14	0.689	-0.022	0.465	0.737	-0.042	0.519
PBA15	0.605	0.163	0.463	0.639	0.065	0.448
PBA16	0.707	-0.021	0.489	0.766	-0.147	0.513
PBA17	0.713	-0.118	0.461	0.648	-0.010	0.415
PBA18	0.688	0.071	0.514	0.731	0.047	0.566
PBA19	0.663	0.038	0.459	0.652	0.051	0.456
PBA20	0.662	-0.005	0.435	0.716	-0.082	0.470
PBA21	0.606	-0.009	0.364	0.678	-0.067	0.426
EE1	0.015	0.594	0.359	0.067	0.563	0.353
EE2	0.073	0.503	0.284	0.073	0.468	0.253
EE3	0.018	0.764	0.595	-0.087	0.855	0.675

续表

项目	父亲样本			母亲样本		
	Factor1	Factor2	h2	Factor1	Factor2	h2
EE4	-0.089	0.456	0.187	-0.056	0.699	0.458
EE5	0.160	0.529	0.366	0.104	0.471	0.274

注：PBA 为养育倦怠，EE 为情感耗竭。

为给养育倦怠和工作倦怠的区分性提供更多的实证支持，研究进一步进行了验证性因子分析。在原始样本中随机抽取一批数据，将养育倦怠与工作倦怠的项目分别负荷到不同因子上，模型显示出可接受的拟合度（父亲样本 $\chi^2=1056.89$，$df=283$，$p<0.01$，CFI $=0.90$，RMSEA $=0.07$，SRMR $=0.05$；母亲样本 $\chi^2=828.75$，$df=28$，$p<0.01$，CFI $=0.93$，RMSEA $=0.06$，SRMR $=0.05$）。上述研究进一步支持了养育倦怠与工作倦怠分属于不同因子，二者是不同的概念这一观点。

（3）养育倦怠与工作倦怠对于不同领域结果变量的预测

为检验养育倦怠与工作倦怠对于不同领域结果变量的预测效应，研究进一步采用结构方程模型对相关分析的结果进行检验。以父亲的养育倦怠、情感耗竭为自变量，以工作满意度、抑郁以及子女焦虑为因变量构建结构方程模型。当在模型中设置所有路径时，一些路径并不显著。因此这些路径被删除，最终模型结果如图 3.1 与图 3.2 所示（采用最大似然法进行计算）。

模型显示出较好的拟合度（$\chi^2=21.26$，$df=5$，$p<0.05$，CFI $=0.92$，RMSEA $=0.07$）。结果表明，父亲的养育倦怠显著预测子女的焦虑（$\beta=0.23$，$p<0.01$）以及自身的抑郁（$\beta=0.31$，$p<0.01$）。父亲的情感耗竭显著预测自己的抑郁（$\beta=0.27$，$p<0.01$）以及工作满意度（$\beta=-0.27$，$p<0.01$）。上述结果基本支持了研究假设。对母亲样本进行同样分析，模型同样表现出较好的拟合度（$\chi^2=24.62$，$df=5$，$p<0.001$，CFI $=0.919$，RMSEA $=0.080$）。母亲的养育倦怠显著预测子女焦虑（$\beta=0.13$，$p<0.01$）以及她们自己的抑郁（$\beta=0.35$，$p<0.01$）。同时，母亲的情感耗竭显著预测自身的抑郁（$\beta=0.25$，$p<0.01$）以及工作满意度（$\beta=-0.28$，$p<0.01$）。

（五）讨论

由于社会经济的迅速变化，养育环境及养育方式相较于传统方式都发生了许多变化。为了保证子女的健康、安全以及养育目标的实现，相较于过

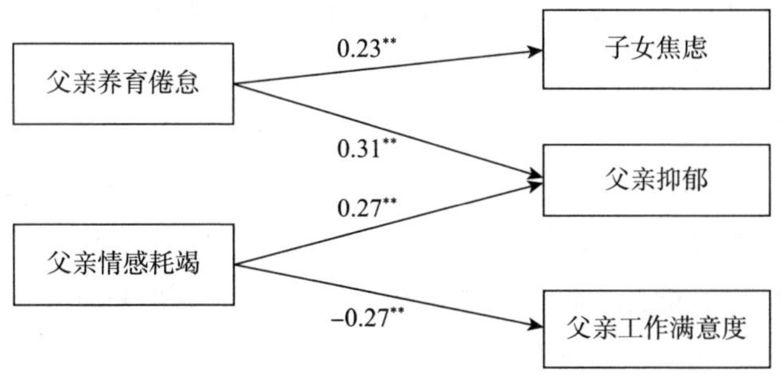

图 3.1　父亲样本结构方程模型结果

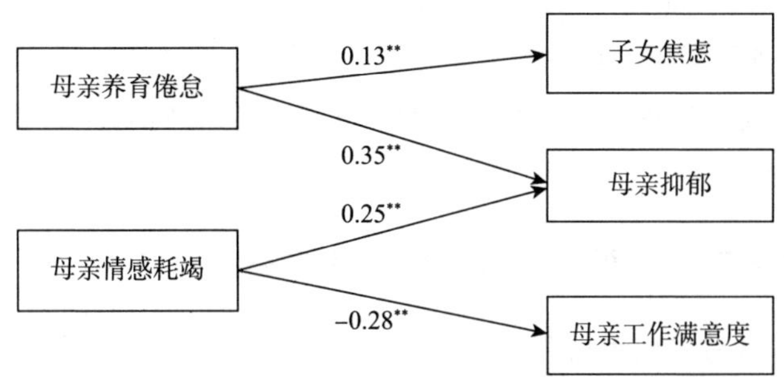

图 3.2　母亲样本结构方程模型结果

去，父母可能会经历更多的养育压力。虽然养育倦怠这一主题在近年来已得到广泛关注，然而养育倦怠是不是一个独立的概念与结构仍然值得进一步探讨。在调查一中，研究使用单因子结构的养育倦怠和工作倦怠测量工具，检验了二者的区别。具体而言，研究检验了养育倦怠及工作倦怠因子负荷的不同以及对不同结果变量的预测效应。结果基本支持了我们的预期。

第一，与既有研究相同（Roskam et al. , 2018），养育倦怠在父亲样本和母亲样本上的结构一致。但两个样本在养育倦怠的水平上却表现出显著差异，母亲的养育倦怠水平显著高于父亲的养育倦怠水平。结果表明，尽管"男主外，女主内"的传统观念已经在逐渐发生变化，但是母亲在家庭中仍然不得不承担更多的养育工作，因而表现出更高水平的养育倦怠。进一步而言，母亲的工作倦怠与父亲的工作倦怠水平未表现出显著差异。随着越来越多的母亲投入全职工作，她们可能会同时遭受养育倦怠与工作倦怠的风险。因此，鉴于母亲在倦怠上的风险更高，研究者需要更多地关注母亲的身心健康。

第二，探索性因子分析和验证性因子分析的结果同时表明，在父亲与母亲样本中，养育倦怠与工作倦怠分别负荷在两个不同的因子上，该结果支持了养育倦怠与工作倦怠是两个不同的概念，在不同的情境下会有不同的具体呈现的观点（Bakker et al.，2000）。然而，与既有研究不一致的是，在母亲样本中，养育倦怠的21个项目分成了两个因子，因此，21个项目的PBA量表的单因子结构可能并不稳健。未来研究应关注进一步修订养育倦怠的测量工具，持续提升测量信度和效度。

第三，与既有研究结果一致，养育倦怠和工作倦怠能够同时预测抑郁（Kawamoto et al.，2018）。此外，养育倦怠对子女焦虑的预测效应更为显著，而情感耗竭则更能预测工作满意度。上述结果不仅支持了Mikolajczak等（2019）的研究，还进一步为养育倦怠和工作倦怠之间的区别提供了来自中国样本的证据。

二 调查二：养育倦怠与工作倦怠的关系方向

（一）引言与问题提出

调查一考察了养育倦怠与工作倦怠之间在因子结构和概念上的区别。然而，上述结果并不能表明二者是同时发生的。依据工作和家庭领域的溢出与补偿理论（Staines，1980）以及资源守恒理论（Hobfoll，1989），当个体没有足够的资源来满足家庭（工作）需求时，可能会导致其缺乏资源来满足工作（家庭）需求。因此，研究需要进一步讨论养育倦怠与工作倦怠的关系，以确定它们如何相互影响。基于此，调查二在3个时间点进行收据收集，采用纵向研究设计，构建交叉滞后模型，以推断养育倦怠与工作倦怠的关系方向。

（二）研究方法

对调查一中的研究对象进行了数据追踪，分别在调查一结束之后的1个月和2个月后对父母进行了关于养育倦怠和情绪耗竭的测量。与此前调查一致，所有包含缺失值的数据被排除。此外，由于一些研究对象只完成了其中一次或两次调查，未能在3个时间点上完全匹配，因此他们的数据也被剔除。共有109名父亲和144名母亲完成了所有问卷的填写。其中，父亲的平均年龄为41.6（SD = 4.00）岁，母亲的平均年龄为40.4（SD = 3.98）岁。养育倦怠和情感耗竭的测量方法与调查一相同。养育倦怠在第1、第2和第

3 次的测量上，父亲样本的 Cronbach's α 系数分别为 0.92、0.96 和 0.98，母亲样本的 Cronbach's α 系数分别为 0.93、0.95 和 0.98。情感耗竭在 3 次测量上，父亲样本的 Cronbach's α 系数分别为 0.77、0.77 和 0.80，母亲样本的 Cronbach's α 系数分别为 0.74、0.76 和 0.81。

（三）统计方法

采用 SPSS 23.0 和 AMOS 23.0 进行数据分析。研究首先采用描述性统计和相关分析，初步探讨养育倦怠与工作倦怠的关系。其次采用交叉滞后模型对二者的关系进行进一步检验。

（四）研究结果

由于有效回收率较低，在进行数据分析之前，研究对剔除组和保留组的人口统计学变量进行了 Welch 检验。结果表明，剔除组和保留组之间在年龄上未显示出显著差异（父亲 $t = 0.95$，$df = 210.74$，$p = 0.35$；母亲 $t = 1.77$，$df = 319.74$，$p = 0.08$）。该结果表明，剔除包含缺失值的数据不会对研究结果产生显著影响。研究所使用变量的描述性统计信息和相关分析结果在父亲样本与母亲样本分别如表 3.3 与表 3.4 所示。

表 3.3　调查二中父亲样本的描述性统计和相关分析结果

变量	M	SD	1	2	3	4	5	6	7
1	41.92	4.39	1.00						
2	1.75	0.82	-0.01	1.00					
3	2.95	1.38	0.00	0.40**	1.00				
4	2.01	0.97	-0.15*	0.27**	0.30**	1.00			
5	3.00	1.31	-0.06	0.32**	0.36**	0.46**	1.00		
6	1.88	1.23	-0.03	0.32**	0.15*	0.36**	0.24**	1.00	
7	3.00	1.44	-0.02	0.29**	0.36**	0.30**	0.40**	0.42**	1.00

注：1 = 年龄，2 = T1 养育倦怠，3 = T1 情感耗竭，4 = T2 养育倦怠，5 = T2 情感耗竭，6 = T3 养育倦怠，7 = T3 情感耗竭，* $p < 0.05$，** $p < 0.01$，下同。

表 3.4　调查二中母亲样本的描述性统计和相关分析结果

变量	M	SD	1	2	3	4	5	6	7
1	40.84	4.13	1.00						
2	1.94	0.91	0.13*	1.00					

续表

变量	M	SD	1	2	3	4	5	6	7
3	3.02	1.38	-0.06	0.41**	1.00				
4	2.08	0.99	0.12*	0.41**	0.29**	1.00			
5	3.07	1.29	-0.01	0.26**	0.34**	0.37**	1.00		
6	1.93	1.24	0.03	0.39**	0.19**	0.40**	0.15*	1.00	
7	3.05	1.46	-0.01	0.26**	0.32**	0.34**	0.35**	0.49**	1.00

为了推断养育倦怠与工作倦怠之间关系的影响方向，本研究进一步采用交叉滞后模型进行检验。父亲样本的结果如图 3.3 所示。该模型显示出可接受的拟合水平（$\chi^2 = 19.98$，$df = 4$，$p < 0.01$，CFI = 0.94，RMSEA = 0.08）。父亲在时间 1 上的养育倦怠与时间 2 上的情感耗竭显著正相关（$\beta = 0.19$，$p < 0.01$），时间 2 上的养育倦怠与时间 3 上的情感耗竭显著正相关（$\beta = 0.16$，$p < 0.05$）。此外，时间 1 上的情感耗竭与时间 2 上的养育倦怠显著正相关（$\beta = 0.27$，$p < 0.01$）。然而，时间 2 上的情感耗竭与时间 3 上的养育倦怠的关系并未达到显著水平（$\beta = 0.08$，$p > 0.05$）。整体而言，前一时间点的养育倦怠对后一时间点的工作倦怠表现出稳定的影响，而未发现相反的关系，父亲的养育倦怠对他们的工作倦怠显示出一致的影响。

对母亲样本的回答进行了相同的分析，结果如图 3.4 所示。该模型显示出可接受的拟合水平（$\chi^2 = 26.20$，$df = 4$，$p < 0.01$，CFI = 0.94，RMSEA = 0.099）。母亲在时间 1 上的养育倦怠与时间 2 上的情感耗竭显著正相关（$\beta = 0.16$，$p < 0.01$）。时间 2 上的养育倦怠与时间 3 上的情感耗竭显著正相关（$\beta = 0.24$，$p < 0.01$）。此外，时间 1 上的情感耗竭与时间 2 上的养育倦怠显著正相关（$\beta = 0.15$，$p < 0.01$）。然而，时间 2 上的情感耗竭与时间 3 上的养育倦怠的关系并未达到显著水平（$\beta = 0.00$，$p > 0.05$）。

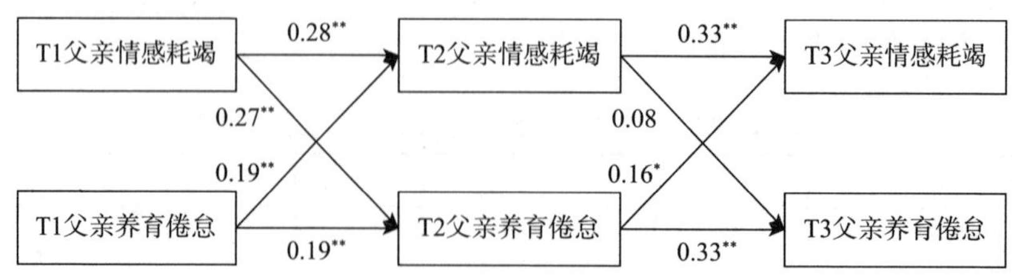

图 3.3　调查二中父亲样本养育倦怠和情感耗竭的关系

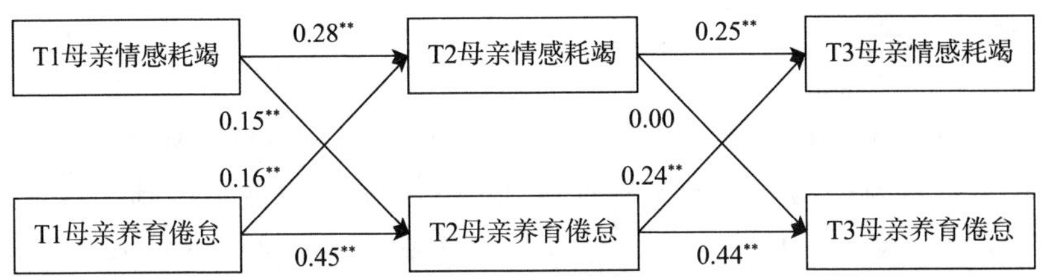

图 3.4　调查二中母亲样本养育倦怠和情感耗竭的关系

（五）讨论

调查一的结果表明，养育倦怠与工作倦怠是两个不同的结构和概念。然而，二者的因果关系仍有待进一步检验。在既有工作家庭关系的研究中，大多数聚焦于工作对于家庭领域的影响。例如，工作－家庭冲突（Netemeyer et al.，1996）和工作－家庭增益（Greenhaus & Powell，2006）等。而最近，家庭对于工作领域的影响也逐渐得到研究者的关注。例如，有研究者指出家庭－工作冲突的存在。依据资源保存理论（Conservation of Resources Theory，COR；Hobfoll，1989）以及溢出效应（家庭－工作的溢出效应或工作－家庭的溢出效应；Kinnunen et al.，2006），当父母在养育工作上消耗过多的资源时，他们可能会没有足够的资源去面对工作中的压力，进而产生工作倦怠。与此相反，如果父母在工作中已经感受到了情感资源的耗竭，他们可能也不会有足够的资源去应对养育过程中所面对的压力。

基于此，调查二试图解答养育倦怠与工作倦怠的影响方向。通过交叉滞后模型，研究初步探索出养育倦怠与工作倦怠的因果关系。整体而言，在父亲样本与母亲样本中，前一时间点的养育倦怠对后一时间点的工作倦怠都有着较为稳健而持续的影响。这表明在倦怠中，家庭向工作溢出的效应要强于工作向家庭溢出的效应。换言之，如果父母没有足够的资源去面对家庭中的各项要求，那么就会影响到他们的工作。这样的效应可能是源于中国传统观念“修身、齐家、治国、平天下”的影响。这意味着个体如果想在事业上取得较大的成功，首先就要提升自身的修养，其次要管理好自己的家庭，最后才能治理好国家（获得事业上的成功）。因此，中国人可能更加强调自身性格修养的基础性，且更加重视家庭对于工作的作用。然而，这种影响是否可以在其他儒家文化国家（如日本和韩国）或西方国家重现，还需要未来的研究进行进一步讨论。

三　总讨论

研究旨在探讨养育倦怠与工作倦怠之间的关系。调查一研究了养育倦怠与工作倦怠在因子结构上的区别性以及对于不同结果变量的预测效应。此外，还利用交叉滞后模型探讨了父母养育倦怠与工作倦怠之间关系的方向。整体而言，结果支持了我们的假设。具体而言，在调查一中，养育倦怠与工作倦怠负荷在两个因子上，该结构在父亲和母亲的两个样本中都得到了支持。此外，养育倦怠与工作倦怠都可以预测父母自身的抑郁。养育倦怠对子女焦虑的预测效应更大，而工作倦怠对工作满意度的预测效应更大。这些结果为养育倦怠与工作倦怠在概念上的区分提供了更多的实证支持。在调查二中，养育倦怠对工作倦怠的预测作用要强于相反的方向。该结果在父亲、母亲样本中都得到了支持。

近年来，养育倦怠这一主题受到了学者和实践者的广泛关注，研究也取得了较大的进展。然而，针对该主题的研究大多集中在西方国家（Roskam et al.，2017；Sorkkila & Aunola，2020）。其他一些地区已经注意到这一现象，并开始对其进行研究（Kawamoto et al.，2018；Furutani et al.，2020）。然而，总体而言，养育倦怠这一主题在东方及其他文化中的研究数量是远远不足的。本研究的意义之一就是为养育倦怠研究提供来自中国样本的支撑，以丰富该主题在东方文化中的发展。这不仅为养育倦怠与工作倦怠在概念上与测量上的区分提供了新的证据，而且还发现 PBA 的因子结构可能会存在不同。在最初法语与英语版本中，养育倦怠的测量使用了四因子结构（Roskam et al.，2018），在中文版本中，养育倦怠的测量为单因子结构（Cheng et al.，2020），然而，在本研究中，养育倦怠的单因子结构在母亲样本中仍然不够稳健。未来研究需要继续关注养育倦怠的测量工具的提升，提升养育倦怠在中国样本中的信度与效度；或者采用归纳的方法，通过访谈的方法重新编制养育倦怠的测量工具。基于此，未来研究还可以比较东西方文化中养育倦怠内容与水平上的异同，从而为各国降低养育倦怠、提高育儿质量提供理论依据和干预指导。

既有研究中主要关注到母亲的养育倦怠，大多数样本都是母亲。即使有些研究同时关注到了父亲和母亲，其中母亲样本依然占到绝大多数（Le Vigouroux et al.，2017；Sorkkila & Aunola，2020）。因此，较少有研究关注到父亲样本的养育倦怠问题，以及父亲和母亲样本的养育倦怠之间的差异（Roskam et al.，2017）。基于此，本研究以家庭为单位进行数据收集，将样本分为父亲和母亲。研究结果支持了父亲和母亲的倦怠水平不同（Roskam et al.，2017）的结果，还发现了父亲和母亲之间的因子结构也可能存在差异。鉴于中国社会经济的快速发展以及由此带来的育儿观念的变化，越来越多的男性开始投入育儿活动和家务劳动中（邹盛奇等，2016），因此也面临着养育倦怠的风险。未来的研究应更多地关注父亲的养育角色，并提供进一步的实证研究证据，以检验养育倦怠的测量是否在性别上存在差异，以期为养育倦怠的识别和以预防为目的的干预提供便捷的工具。

以往研究大多从父母和家庭的角度研究养育倦怠。作为成年人活动的两个重要领域，工作和家庭是密切相关的。随着社会的发展和移动设备的普及，工作与家庭的相互影响程度也逐步提升。事实上，工作与家庭之间的关系已经吸引了诸多学者的关注，并且在工业与组织心理学中对工作-家庭冲突、工作-家庭平衡和工作-家庭增益进行了大量研究（Michel et al.，2011）。本研究基于工业与组织心理学中的溢出和补偿理论（Staines，1980）以及资源守恒理论（Hobfoll，1989），在家庭领域之外，同样关注到了工作领域，以初步探索养育倦怠与工作倦怠之间关系影响的方向。由于养育倦怠是与家庭相关的变量，而工作倦怠是与工作相关的变量，本研究还在发展心理学与工业和组织心理学之间架起了一座桥梁，从而拓宽工作和家庭的研究范围。未来研究可以考虑在双职工家庭中，进一步检验夫妻之间的养育倦怠与工作倦怠，是否会产生领域之间的溢出效应或夫妻之间的交叉效应。一种可能的结果是，在工作中倦怠的父母可能会将家庭当作避风港，在养育活动中投入更多的资源，从而降低养育倦怠水平。而另一种可能的结果则是，在工作中倦怠的父母情感上已经枯竭，没有更多的资源投入家庭和养育活动中，进而加剧其养育倦怠。

四　研究局限和未来研究展望

首先，为了确保能对家庭单位的样本进行追踪数据的收集，研究 2 的样本仅包括一所中学的八年级学生及其家长。样本在年龄和地区上相对较为集中，这在一定程度上限制了研究结论的外部效度和普遍性。正如 Roskam 等（2017，2018）所指出的，养育倦怠的发生可能不限于学龄儿童及青少年的父母。因此，未来的研究应该从更广泛的领域中取样，以涵盖更大的年龄范围。

其次，虽然本研究采用匿名调查，但仍依赖于参与者自我报告的方法，这可能会导致参与者因为社会期望而使结论产生偏差。尤其是在中国，传统的家庭价值观强调养育子女是父母义不容辞的义务，鼓励对子女无条件的爱（Shu，2017）。因此，一些父母可能会对报告消极的育儿经历感到惭愧，并可能会导致他们无法真实地回答与养育倦怠相关的问题。这可能是调查二中流失率较高的原因之一。未来的研究应选择更加合适的措施和更加严格的控制，并考虑从不同来源收集数据。例如，父母的倦怠水平由其配偶进行评估等。

第二节　养育倦怠与工作倦怠在双职工家庭中的关系探索

一　引言与问题提出

倦怠的概念从工作领域扩展到其他领域，如婚姻（婚姻倦怠；Pines，1987）和养育（养育倦怠；Pelsma，1989），然而，较少有研究探讨不同类型的倦怠之间的关系。在既有文献中，仅有 Pines 等（2011）和 Dacey（2019）探讨了婚姻倦怠与工作倦怠之间的关系。在本章的研究 1 中，也从养育倦怠和工作倦怠区分的角度，探讨了二者在概念及结构上的差异，并试图揭示二者的关系。养育倦怠是发生在家庭领域的重要变量，有必要将其还原到家庭系统之中，进一步检验养育倦怠与工作倦怠之间的关系。有研究指出，父母的养育活动长期以来被视为实现养育目标的手段（Mikolajczak & Roskam，2020）。父母可能会更加强调自己的养育角色而非其他角色。因此，他们在家庭领域中的经历可能会影响他们在工作场所的经历，而父母在养育活动中所经历的压力和倦怠症状也可能会影响他们的工作压力和倦怠情况（Wang et al.，2021）。然而，目前为止，尚未有研究关注养育倦怠对工作倦怠的影响及其作用机制。因此，本研究的目的在于探讨养育倦怠对工作倦怠的影响，以及工作－家庭冲突的中介作用。

（一）养育倦怠对工作倦怠的溢出效应

正如前文所述，养育倦怠的概念和测量都源于工作倦怠，且二者通常同时存在。依据本章研究 1 的结果，工作和父母的倦怠项目分属于不同的因子，且工作倦怠对工作场所的变量有更显著的预测效应，而养育倦怠对家庭领域的结果变量具有更强的预测效应。进一步地，调查一通过多波段设计（multi-wave design）和交叉滞后模型探索了工作与父母倦怠之间的因果关系。同时，上述研究结果还发现了父母的养育倦怠对工作倦怠的预测作用强于工作倦怠对养育倦怠的影响，且该结果在父亲和母亲样本中都得到了支持。

在双职工家庭中，丈夫和妻子有可能同时面临养育倦怠和工作倦怠的困扰。Naerde 等（2000）指出，同时需要工作和育儿的母亲整体面临着更高水平的压力、焦虑和抑郁。依据资源保护理论（Conservation of Resources，COR），个体所拥有的资源是有限的，且个体倾向于保护、维持自身所拥有的资源并寻找新的资源补充。而个体在遭受资源损失威胁、资源出现实际损失、无法获得新资源的时候就会产生压力反应（Hobfoll，1989）。在养育领域，当个体所拥有的养育资源和养育压力长期处于不平衡的状况时，就会产生养育倦怠（Mikolajczak & Roskam，2018）。换言之，养育倦怠的发生意味着个体已经在遭遇资源的不足和枯竭。在这种情况下，他们在工作中可供自身调配和使用的资源就更加不足，基于此，养育倦怠可能会对工作倦怠产生直接的溢出效应。

同时，人们也越来越意识到家庭的重要性。根据世界价值观调查（WVS），在年轻人中，工作的重要性显著降低（Lukeš et al.，2019；Twenge & Kasser，2013）。此外，认为家庭重要的人数从 1990 年的 62% 增加到 2013 年的 85.7%。因此，与此前研究的结果一致（Wang et al.，2021），提出研究假设 1：父母的养育倦怠与工作倦怠呈正相关。

（二）工作－家庭冲突的中介作用

依据工作－家庭资源模型（ten Brummelhuis & Bakker，2012），由于个体的资源有限，精疲力竭的个体会难以在工作和家庭领域分配资源，以同时满足家庭和工作的要求。研究人员指出，和工作相关的压力可能会通过影响个体及其家人（或重要他人）的情绪与身体上的互动，进而影响其家庭生活（Hall et al.，2010）。与此相对，家庭中的压力也会导致工作压力，如与配偶争吵可能会导致工作中的争吵，与子女的争吵可能会导致家庭和工作中的负担过重等后果（Bolger et al.，1989）。在工作－家庭关系领域，最常见的变量之一就是工作－家庭冲突，它连接了家庭和生活两个重要的领域。例如，Ko 和 Hwang（2021）指出，工作要求与父亲的养育投入显著负相关，工作－家庭冲突在其中发挥中介作用。此外，通过纵向设计，Kayaalp 等（2021）的研究结果表明照顾者的负担与心理健康之间显著负相关，个体工作－家庭冲突在其中发挥中介作用。因此，在双职工家庭中，养育倦怠水平越高的夫妇可能会经历越高水平的工作－家庭冲突。而个体此时就需要投入更多的资源来解决冲突和恢复平衡，进而导致资源消耗的增加。个体在工作场所中可以利用的资源就更加匮乏，从而加剧工作倦怠的症状。因此，养育倦怠与工作倦怠之间的关系可能会被工作－家庭冲突所中介。故提出研究假设 2：工作－家庭冲突中介养育倦怠与工作倦怠之间的关系。

（三）配偶之间的交互作用

本研究还考察了配偶之间的交互效应。在双职工家庭中，父亲和母亲都需要同时承担工作和养育子女的责任。根据家庭系统理论（Cook & Kenny, 2005），父母的倦怠可能不仅发生于个体层面，还会通过家庭系统对其他家庭成员产生影响。同时，个体的养育倦怠水平不仅受其自身的影响，也受其配偶的影响，他们的养育倦怠程度密切相关（Cheng et al.，2020）。同时，养育倦怠的后果也可能会转移到他们的配偶身上（Nelson et al.，2009）。依据 COR 理论，精疲力竭的个体可能会感到自己的情感资源枯竭，他们没有更多的资源来投入家庭活动中。因此，他们的配偶必须为家庭负担投入更多的资源，导致更多的工作－家庭冲突和工作倦怠。基于此，结合假设 2，提出假设 3：父母一方的养育倦怠与另一方的工作倦怠显著正相关，且这种关系被其自身和其配偶的工作－家庭冲突所中介。

本研究旨在探究双职工家庭中的养育倦怠与工作倦怠的关系，拟采用主客体互倚模型（Actor-Partner Interdependence Model：APIM；Ledermann et al.，2011）来进行检验。APIM 可以在一个模型中实现同时检验主体效应（个体的养育倦怠影响其自身工作倦怠的溢出效应）和客体效应（个体的养育倦怠影响其配偶工作倦怠的交互效应），以及工作－家庭冲突的中介效应。

（四）研究目的及设计

综上所述，本研究旨在探讨养育倦怠对工作倦怠的溢出效应以及配偶之间的交互效应。研究以家庭为单位，采用时间滞后设计，分别在 3 个时间点进行数据收集，以养育倦怠为自变量（在时间 1 收集）、工作－家庭冲突为中介变量（在时间2收集）、工作倦怠为因变量（在时间3收集）。研究框架如图3.5所示。此外，中学生正处于青春期，其身体迅速发育，然而心理发展却有限，这种身体和心理发展之间的不平衡使青少年容易面临各种心理危机（林崇德，2018），进而更容易引发亲子之间的冲突，导致父母的养育倦怠。因此，青少年的父母可能面临更高的养育倦怠风险，中学生家长也是研究父母养育倦怠的理想样本。

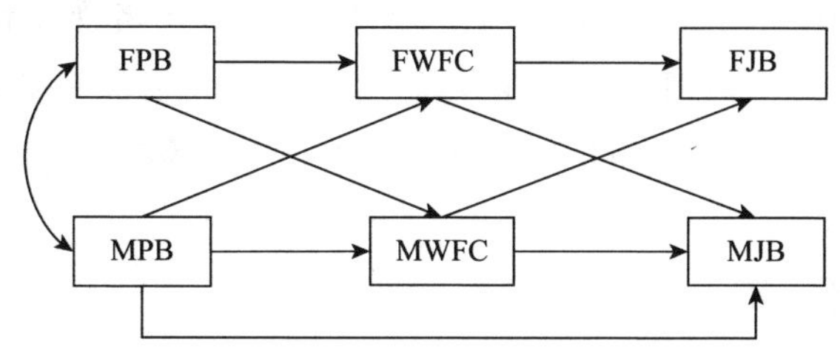

图3.5 研究框架

说明：FPB，父亲养育倦怠；MPB，母亲养育倦怠；FWFC，父亲工作－家庭冲突；MWFC，母亲工作－家庭冲突；FJB，父亲工作倦怠；MJB，母亲工作倦怠。

二 研究方法

（一）研究对象

为计算假设模型所需的最小样本量，本研究采用基于MacCallum等（1996）提出的模型拟合的最小样本量方法（Preacher & Coffman，2006）。将显著性水平（α）设定为0.05，自由度设定为4，期望检验力（power）设定为0.80，虚无假设RMSEA设定为0，备择假设RMSEA设定为0.10。结果表明，进行假设模型需要300个样本。

研究以中学生家长为调查对象。分别于2019年6月、7月和9月，在3个不同的时间点向学生发放两份问卷（针对父亲和母亲）。考虑到一些学生可能会中途转学、转班或者辍学，家长们被要求填写他们孩子的名字以确保3次数据能够匹配。要求学生将问卷（密封在信封中）带回家，交给父母。参与者必须签署知情同意书，并被告知调查的目的是研究家庭关系，自愿参与调查，不参与调查不会造成任何损失，也可以随时停止回答。在完成问卷后，要求他们将问卷密封在信封中，并将其交给学生，学生将问卷返回给调查人员。

共有398名父亲和450名母亲完成了第一轮调查，339名父亲和368名母亲完成了第二轮调查，271名父亲和303名母亲完成了第三轮调查。由于研究3侧重于双职工家庭，夫妻之中任何一方没有工作（包括在家工作或个体户）的都被剔除。此外，部分参与者没能完成全部的3次调查，也被排除在外。最终，共有103对父母完成了问卷调查。父亲的平均年龄为41.20（SD=4.00）岁，母亲的平均年龄为40.22（SD=3.91）岁。在父亲样本中，53名受教育水平为高中（含中专）以下，47名拥有学士（含高专）学位，3名拥有研究生及以上学历；公司员工37名（35.9%），公务员21名（20.4%），教师19名（18.4%）。在母亲样本中，55名受教育水平为高中（含中专）以下，47名拥有学士（含高专）学位，1名拥有研究生及以上学历；31名（30.1%）为公司员工，25名（24.3%）为教师，20名（19.4%）为医生或护士。

（二）测量工具

（1）养育倦怠

养育倦怠量表采用Cheng等（2020）所修订的中文版PBA进行测量，该量表共包括1个因子21个项目，采用Likert 7点计分量表对这些项目进行评分，从1（从不）至7（每天）。父亲与母亲根据项目中所叙述的情景与自身状况是否符合来作答，得分越高代表倦怠水平越高。本研究中，父亲样本的Cronbach's α系数为0.94（ω=0.94），母亲样本的Cronbach's α系数为0.94（ω=0.94）。

（2）工作-家庭冲突

工作-家庭冲突采用中文版工作-家庭冲突问卷（李永鑫、李艺敏，2014）进行测量，该量表是在Netemeyer等（1996）编制的英文版工作-家庭冲突问卷的基础上翻译而成的，具有良好的信度与效度。该量表包括10个项目（例如，我的工作干扰了我的家庭生活），采用Likert 4点计分量表对这些项目进行评分，从1（完全不同意）至4（完全同意）。得分越高代表工作-家庭冲突的水平越高。在本研究中，父亲样本的Cronbach's α系数为0.85（ω=0.85），母亲样本的Cronbach's α系数为0.87（ω=0.87）。

（3）情感耗竭

情感耗竭采用中文版工作倦怠量表（李永鑫，2003）中的情感耗竭分量表。该量表包括5个项目（例如，我觉得我的工作很累），采用Likert 7点计分量表对这些项目进行评分，从1（完全不符合）至7（完全符合）。父母针对自身情况作答，得分越高代表倦怠水平越高。本研究中，父亲样本的

Cronbach's α 系数为 0.81（ω = 0.81），母亲样本的 Cronbach's α 系数为 0.82（ω = 0.82）。

（4）人口统计学变量

调查参与者还被要求回答年龄、职业、受教育水平，以及其子女的年龄和性别等人口统计学变量。

三 统计方法

本研究采用 SPSS 23.0 和 AMOS 23.0 对数据进行分析。第一，采用 Welch 检验对保留的数据及剔除的数据进行差异检验。第二，在父亲样本和母亲样本之间对所有测量变量进行独立样本 t 检验。第三，采用描述性统计分析与相关分析，对父母倦怠、工作 - 家庭冲突和工作倦怠之间的关系进行初步检验。第四，构建 APIM，对双职工家庭中夫妻双方的养育倦怠及工作倦怠进行分析，进一步检验假设模型。采用 Bootstraping 分析（non-parametric bootstraping）进行抽样，$n = 5000$；采用 Bias-corrected bootstraping 进行 95% 置信区间的计算。鉴于研究存在较高流失率，研究对模型进行了检验力检验。第五，研究采用多群组结构方程模型进一步对上述结果进行检验，并检验该模型在父母之间的差异。

四 研究结果

（一）数据预处理

鉴于部分调查参与者没有工作（包括在家工作或个体工商户），而部分参与者也未能完成全部 3 次数据调查，因此，先对数据进行了缺失值分析。大多数包含缺失值的问卷是空白的，数据缺失类型属于非完全随机缺失，因此，对部分数据进行了删除。为检验删除缺失数据是否会对研究结果产生影响，研究对保留的数据和删除的数据进行了 Welch 检验。结果表明，保留组和删除组在子女年龄（$t = -0.35$，$df = 213.07$，$p = 0.73$）、子女性别（$t = -0.36$，$df = 145.15$，$p = 0.72$）、父母自身年龄（父亲 $t = 1.32$，$df = 164.46$，$p = 0.19$；母亲 $t = -1.29$，$df = 154.98$，$p = 0.20$）、父母受教育水平（父亲 $t = 1.44$，$df = 159.41$，$p = 0.15$；母亲 $t = 0.39$，$df = 241.05$，$p = 0.70$）上均未显示出显著差异。此外，采用贝叶斯方法进行数据填补，创建了一个完整数据集（鉴于缺失值较多，创建了原始数据 10 倍的数据集）。研究结果表明，剔除缺失数据的分析结果和填补后数据的分析结果在模型拟合度、回归系数、中介效应上没有显著差异。上述结果表明，删除有缺失值的数据对研究3的结果未造成显著影响。

进一步对数据的分布进行检验，养育倦怠得分并没有显示出正态分布（父亲样本，偏度 = 2.65，峰度 = 9.31；母亲样本，偏度 = 2.09，峰度 = 5.67）。与既有研究一致（Mikolajczak & Roskam，2018），对养育倦怠得分进行对数转化，转化后的样本更趋近于正态分布（父亲样本，偏度 = 1.19，峰度 = 1.60；母亲样本，偏度 = 0.85，峰度 = 0.51）。对转化后的得分进行相关分析，转化后的分数与原始得分的结果不存在显著差异。因此研究仍为上文原始数据的结果。

（二）描述性统计与相关分析

描述性统计和相关分析结果如表3.5所示。在中国，性别角色在养育、工作中的分工仍存在一定差异，因此，采用独立样本t检验对父亲和母亲样本之间的养育倦怠、工作－家庭冲突以及工作倦怠的差异进行分析。结果表明，父亲样本和母亲样本的养育倦怠水平存在显著差异（$t = -3.08$，$df = 324$，$p = 0.02$，$d = -0.17$），母亲养育倦怠水平（M = 1.79，SD = 0.96）高于父亲（M = 1.64，SD = 0.87），父亲样本和母亲样本的工作－家庭冲突水平存在显著差异（$t = 2.07$，$df = 264$，$p = 0.04$，$d = 0.14$）；父亲的工作－家庭冲突水平（M = 2.08，SD = 0.69）高于母亲（M = 2.00，SD = 0.65）。然而，父亲样本和母亲样本在工作倦怠上不存在显著差异（$t = -1.14$，$df = 239$，$p = 0.25$，$d = -0.07$）。统计分析结果表明，人口统计学变量与工作倦怠之间不存在显著相关性，鉴于控制太多变量会降低整体分析的检验力（Becker，2005），后续分析将排除此类人口统计学变量。

表3.5　各变量的描述性统计和相关分析结果

变量	M	SD	1	2	3	4	5	6	7	8	9
1	1.49	0.50									
2	13.83	0.79	-0.07								
3	41.99	4.38	-0.02	0.00							
4	40.88	4.13	0.03	0.00	0.84**						
5	1.64	0.87	-0.05	0.00	0.01	0.03					

续表

变量	M	SD	1	2	3	4	5	6	7	8	9
6	1.79	0.96	-0.07	0.02	0.08	0.13**	0.49**				
7	2.08	0.69	-0.13*	0.04	-0.05	-0.09	0.23**	0.12+			
8	2.00	0.65	-0.03	0.03	-0.01	-0.01	0.12+	0.19**	0.41**		
9	3.00	1.43	-0.08	0.06	-0.04	-0.08	0.20**	0.31**	0.21**	0.36**	
10	3.04	1.45	-0.14*	0.09	-0.02	-0.01	0.13+	0.29**	0.14+	0.29**	0.53**

注：1 = 子女性别，2 = 子女年龄，3 = 父亲年龄，4 = 母亲年龄，5 = 父亲养育倦怠，6 = 母亲养育倦怠，7 = 父亲工作 - 家庭冲突，8 = 母亲工作 - 家庭冲突，9 = 父亲工作倦怠，10 = 母亲工作倦怠，$^{+}p<0.1$，$^{*}p<0.05$，$^{**}p<0.01$。

（三）主客体互倚模型分析

根据 Kenny 和 Ledermann（2010）以及 Ledermann 等（2011）推荐的分析策略，以养育倦怠为自变量、工作 - 家庭冲突为中介变量、工作倦怠为因变量构建主客体互倚模型。第一，构建模型各变量之间的路径（可分辨的饱和模型），结果如表 3.6 所示。第二，限制父亲与母亲的主体效应与客体效应一致，以检验数据的不可区分性。结果表明，限制模型与饱和模型之间的拟合度存在显著差异（$\Delta\chi^2=45.45$，$\Delta df=6$，$p<0.001$），表明本研究中数据类型为可分辨成对数据（distinguishable dyads; Kenny & Ledermann, 2010）。第三，为检验客体效应与主体效应的比值，我们计算了模型中的 k 参数及其置信区间。鉴于模型中所有路径的标准化参数均大于 0.10（Kenny & Ledermann, 2010），我们在模型中增加了 6 个潜在变量计算 6 个 k 值（见图 3.6）。结果表明，k_{a1}（$P_{a1}\to$FWFC）= -0.29，95% 置信区间为［-0.79，0.17］，表明父亲样本中养育倦怠对工作 - 家庭冲突的主体效应大于客体效应；k_{a2}（$P_{a2}\to$MWFC）=2.46，95% 置信区间为［0.75，16.57］，表明母亲样本中养育倦怠对工作 - 家庭冲突的客体效应大于主体效应，客体效应约为主体效应的 2.5 倍；k_{b1}（$P_{b1}\to$FJB）= -0.28，95% 置信区间为［0.14，0.42］，表明父亲样本在工作倦怠上，主体效应大于客体效应；k_{b2}（$P_{b2}\to$MJB）=0.06，95% 置信区间为［-0.12，0.23］，表明母亲样本在工作倦怠上，主体效应大于客体效应；k_{c1}（$P_{c1}\to$FJB）=0.12，95% 置信区间为［-0.02，0.27］，表明父亲样本在工作倦怠上，主体效应大于客体效应；k_{c2}（$P_{c2}\to$MJB）=0.07，95% 置信区间为［-0.10，0.24］，这表明母亲样本在工作倦怠上，主体效应大于客体效应。

表 3.6　饱和模型中的效应值

路径	效应值	SE	*p*	标准化效应值
FWFC←FPB	0.310	0.064	<0.001	0.286
MWFC←MPB	0.092	0.041	0.025	0.131
MWFC←FPB	0.226	0.057	<0.001	0.232
FWFC←MPB	-0.090	0.046	0.050	-0.116
FJB←FWFC	0.229	0.115	0.045	0.103
FJB←FPB	0.757	0.129	<0.001	0.312
MJB←MWFC	0.626	0.140	<0.001	0.262
MJB←MPB	0.179	0.098	0.068	0.107
MJB←FPB	0.155	0.140	0.267	0.067
FJB←MPB	0.213	0.090	0.018	0.122
MJB←FWFC	0.137	0.125	0.272	0.064
FJB←MWFC	0.684	0.129	<0.001	0.275

注：FPB：父亲养育倦怠；MPB：母亲养育倦怠；FWFC：父亲工作-家庭冲突；MWFC：母亲工作-家庭冲突；FJB：父亲工作倦怠；MJB：母亲工作倦怠。

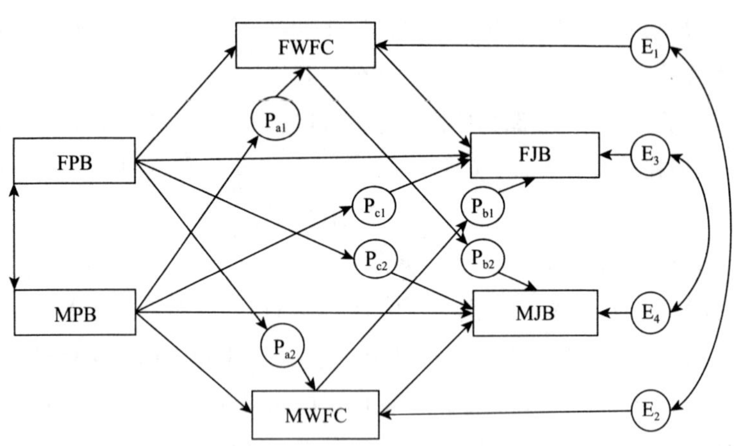

图 3.6　主客体互倚中介模型示意

说明：FPB：父亲养育倦怠；MPB：母亲养育倦怠；FWFC：父亲工作-家庭冲突；MWFC：母亲工作-家庭冲突；FJB：父亲工作倦怠；MJB：母亲工作倦怠。

为了简化模型，我们在模型中删除了不显著的路径，结果如图 3.7 所示。为了检验模型的检验力，研究进行了事后检验力分析（Preacher & Coffman, 2006)，结果表明该模型具有中等检验力（power = 0.33）。父亲的养育倦怠与其自身的工作倦怠（$\beta = 0.14$, $p < 0.01$）和工作－家庭冲突（$\beta = 0.24$, $p < 0.01$）显著正相关。父亲的工作－家庭冲突与其自身工作倦怠显著正相关（$\beta = 0.13$, $p < 0.01$）。此外，父亲的养育倦怠与工作倦怠之间的关系，被父亲的工作－家庭冲突所中介（中介效应 = 0.10, SE = 0.07, $p < 0.05$, 95% 的置信区间为［0.004, 0.283］）。此外，母亲的养育倦怠与其自身工作倦怠（$\beta = 0.22$, $p < 0.01$）和工作－家庭冲突（$\beta = 0.15$, $p < 0.01$）显著正相关。母亲的工作－家庭冲突与其自身工作倦怠显著正相关（$\beta = 0.16$, $p < 0.01$）。母亲的养育倦怠与工作倦怠之间的关系，被其自身的工作－家庭冲突所中介（中介效应 = 0.07, SE = 0.05, $p < 0.05$, 95% 的置信区间为［0.002, 0.245］）。此外，在夫妻之间的交叉作用方面，父亲的养育倦怠与母亲的工作－家庭冲突显著正相关（$\beta = 0.10$, $p < 0.01$）。父亲的养育倦怠与母亲的工作倦怠之间的关系被母亲的工作－家庭冲突所中介（中介效应 = 0.12, SE = 0.09, $p < 0.05$, 95% 的置信区间为［0.001, 0.366］）。母亲的养育倦怠与父亲的工作倦怠显著正相关（$\beta = 0.25$, $p < 0.01$）。

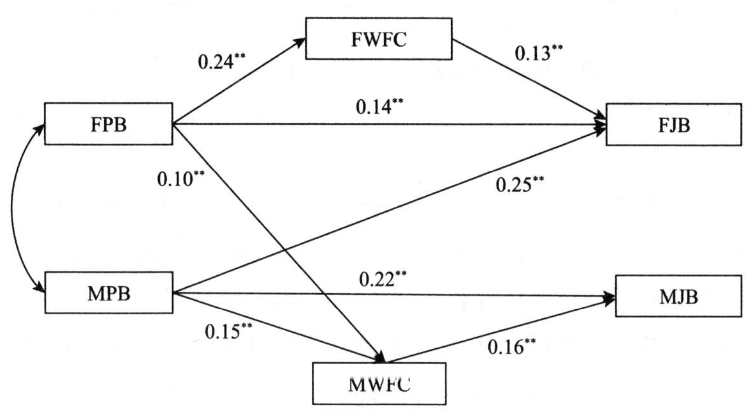

图 3.7　主客体互倚模型结果

说明：父亲工作－家庭冲突和母亲工作－家庭冲突，父亲工作倦怠和母亲工作倦怠的残差相关未呈现在图中。$\chi^2 = 67.38$, $df = 4$, $p < 0.001$, GFI = 0.996, CFI = 0.989, RMSEA = 0.053, SRMR = 0.02。

（四）补充分析

由于主客体互倚模型的检验力相对较低，为了检验研究结果的稳健性，本书又构建了多群组结构方程模型。以养育倦怠为自变量、工作－家庭冲突为中介变量、工作倦怠为因变量构建模型，以性别为分组变量进行分组，以检验父亲/母亲对自身的影响（主体效应）；当3个变量来自同一参与者时，结果如图3.8所示。结果表明，多群组结构方程模型与主客体互倚模型中的主体效应呈现出相同模式，即父亲与母亲的养育倦怠与其自身工作倦怠（总样本$\beta = 0.23$，$p < 0.01$；父亲样本$\beta = 0.27$，$p < 0.01$；母亲样本$\beta = 0.21$，$p < 0.01$）显著正相关。父亲与母亲的养育倦怠与其自身工作－家庭冲突（总样本$\beta = 0.20$，$p < 0.01$；父亲样本$\beta = 0.23$，$p < 0.01$；母亲样本$\beta = 0.18$，$p < 0.01$）显著正相关。工作－家庭冲突与其自身工作倦怠（总样本$\beta = 0.21$，$p < 0.01$；父亲样本$\beta = 0.16$，$p < 0.05$；母亲样本$\beta = 0.25$，$p < 0.01$）显著正相关。此外，在不同样本之间，模型中的路径系数不存在显著差异（PB→JB：$t = 0.96$，$p = 0.34$；PB→WFC：$t = 0.97$，$p = 0.33$；WFC→JB：$t = -1.11$，$p = 0.27$）。

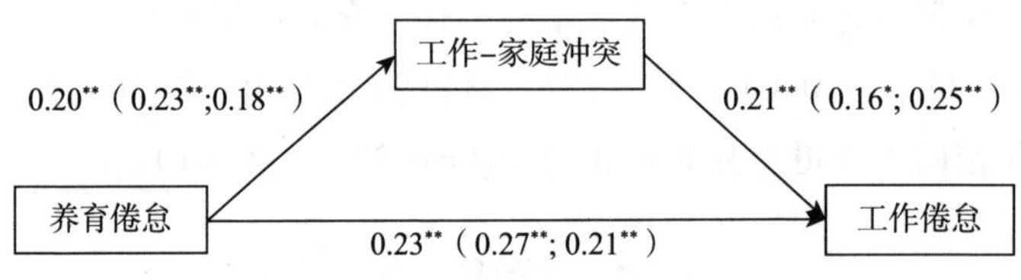

图3.8　多群组结构方程模型结果（性别内）

说明：括号外的数字表示总样本的结果（$n = 355$），括号内的数字分别表示父亲（$n = 160$）和母亲（$n = 195$）的结果。

随后，研究继续检验了父亲/母亲的养育倦怠对其配偶的影响。具体而言，工作－家庭冲突和工作倦怠的调查对象是养育倦怠调查对象的配偶。多群组结构方程模型与主客体互倚模型中的客体效应呈现出相同模式。其中，母亲的养育倦怠与父亲的工作倦怠显著正相关（$\beta = 0.31$，$p < 0.01$）。父亲的养育倦怠与母亲的工作－家庭冲突的相关达到边缘显著水平（$\beta = 0.14$，$p < 0.10$）。此外，在不同样本之间，模型的路径系数不存在显著差异（PB→JB：$t = -1.29$，$p = 0.20$；PB→WFC：$t = 1.45$，$p = 0.15$；WFC→JB：$t = 0.47$，$p = 0.64$）。

五　讨论

在工业和组织心理学的文献中，相较于工作领域对家庭领域的影响，关于家庭领域对工作领域影响的研究数量相对较少。有研究表明，家庭领域对工作领域的影响可能比工作领域对家庭领域的影响更大（Wang et al. , 2021）。尤其在中国文化中，人们可能会比其他人更强调自己的家庭角色。有研究指出，婚姻的最终功能是保证家族的延续和传承宗族血统的文化任务（Lu & Lin, 1998），这表明父母可能更重视他们的后代及自身养育后代的责任（Liu & Wu, 2018）。因此，相较于其他角色（如员工、配偶等），他们可能更加强调自己的养育角色，而他们在养育中的体验可能会对他们的工作产生重要影响。本研究以主客体互倚模型为技术基础，同时检验了发生于不同领域的倦怠之间的溢出效应以及配偶之间的交互效应，考察了父母养育倦怠对工作倦怠的影响以及工作 - 家庭冲突的中介作用。整体而言，结果支持了假设模型。

首先，与既有研究一致（Roskam & Mikolajczak, 2020），母亲的养育倦怠水平高于父亲。这表明在中国，虽然越来越多的父亲投入更多的资源，且更多地参与到育儿活动中，但母亲仍然是养育活动的主要承担者，比父亲对于育儿活动的投入更多（张建平，2010）。因此，母亲在与孩子的互动中可能会感受到更多的压力和倦怠。其次，夫妻之间的工作倦怠水平没有显著差异。这些结果表明，在双职工家庭中，母亲可能在家庭和工作两个领域经历更高程度的双重倦怠。

模型分析表明，父亲样本和母亲样本中都存在养育倦怠对工作倦怠的主体效应。一些研究已经关注到了工作压力可以对其他相关领域产生跨领域的影响，例如，Dacey（2019）指出，工作中的倦怠感会导致人际关系中的倦怠感。而 Hall 等（2010）指出，工作压力可以通过与家人或重要其他人的交互，对他们的家庭生活产生消极影响。然而，与之相对的是，较少有研究考察家庭相关压力对工作领域的影响（Aryee, 1992; Hammer & Zimmerman, 2011）。而本研究的结果为倦怠在不同领域之间的溢出效应提供了一个新的证据。具体而言，本研究考察了养育倦怠对工作倦怠的直接影响。该结果为“工作是为了生活”提供了实证支持，即工作是获得物质资源和满足文化需求的一种手段，而工作倦怠在一定程度上可能源于生活中资源的缺乏。未来的研究可以从一个全面的角度来探索倦怠在不同领域之间的溢出效应，如家庭领域的婚姻倦怠和养育倦怠、工作领域的工作倦怠和儿童发展领域的学业倦怠之间的关系。

模型分析结果表明，个体内部的主体效应显著。即养育倦怠与其自身的工作倦怠的关系被其自身的工作-家庭冲突所中介。在工作-家庭冲突模型中（Carlson et al.，2000），来自工作和家庭的需求是不相容的，参与其中一个领域的角色会导致履行另一个角色的职责变得更加困难。Bolger等（1989）指出，夫妻可以将工作中的压力带回家。因此，在双职工家庭，争吵更多地发生在家里，而不是工作中。此外，Meeussen和Van Laar（2018）的研究结果表明，工作-家庭冲突是联系家庭因素和工作场所的桥梁之一。现有研究表明，工作倦怠可能通过工作-家庭冲突影响家庭体验（Carlson et al.，2000），而本研究的结果表明相反的关系依然成立，即父母在家庭中经历的养育倦怠也可能通过工作-家庭冲突影响工作倦怠。然而，这些结果是否只能在中国样本中得到支持，该结论能否在其他文化中得到复制，还需要研究的进一步探索。

在模型分析中，部分配偶之间的客体效应也成立。例如，父亲的养育倦怠对母亲的工作-家庭冲突的效应，以及母亲的养育倦怠对父亲的工作倦怠的效应。此外，母亲的工作-家庭冲突在父亲的养育倦怠与母亲的工作倦怠之间存在显著的中介效应。简言之，在双职工家庭中，养育倦怠会直接或间接影响配偶的工作倦怠。在既有研究中，有结果表明工作倦怠存在丈夫到妻子的交叉效应（Bakker et al.，2005）。而本研究结果表明，在家庭领域，妻子和丈夫的养育倦怠对其配偶的工作倦怠的影响同样重要。对此结果的一种解释是，父亲对于养育活动的参与相对较少（张建平，2010）。当父亲在养育的过程中感受到情感资源被过度消耗或精疲力竭时，他可以选择暂时退出养育活动。这在一定程度上增加了母亲对于养育活动的投入，进而导致母亲对于工作资源分配的不足。因此，父亲的养育倦怠可能会引发母亲的工作-家庭冲突。相反，母亲对家庭角色的重视程度较高，而对工作角色的重视程度较低（Cinamon & Rich，2002），当母亲在养育的过程中感受到情感资源被过度消耗或精疲力竭时，她可能会因为自身母亲的身份不会选择退出养育活动，从而依旧将自身的养育角色或其他家务作为自己的主要责任，并继续承担育儿责任。因此，父亲的家务劳动和工作-家庭冲突水平并不会增加。然而，在家庭中，父亲可以很容易地察觉到母亲的情绪变化、活动变化或其他情感痛苦（Bakker et al.，2005）。因此，母亲的养育倦怠也可能会直接传染给父亲，对父亲的养育倦怠产生溢出效应，对父亲的工作倦怠产生交叉效应。未来研究需要进一步探讨这一假设是否能够得到支持。

六 理论和实践意义

本研究在以下几点对于理论和实践都具有一定的贡献价值。第一，倦怠是一种情境绑定的现象？还是情境无关的现象？这一争论出现于倦怠研究产生之初（Maslach et al.，2001）。而本研究的结论为倦怠是一种与环境无关的现象提供了新的实证支持，表明倦怠可能发生在人们认为重要的所有领域（Pines & Aronson，1988）。进一步研究探讨了不同情境下的倦怠关系，在一定程度上丰富了倦怠研究的内涵与外延。第二，虽然已有研究探讨了工作倦怠对其他生活领域影响的溢出效应，仅有两项研究探讨工作倦怠与夫妻倦怠之间的关系（Dacey，2019；Pines et al.，2011）。因此，本研究在养育倦怠和工作倦怠之间架起了一座桥梁，增加了我们对养育倦怠后果和工作倦怠前因的认识。第三，本研究同时探讨了倦怠主题下家庭领域对工作领域的溢出效应和工作夫妻的交叉效应。鉴于既有的研究主要集中在工作倦怠对其他生活领域的溢出效应（Burke & Greenglass，2001）以及丈夫的工作倦怠对妻子的交叉效应（Bakker et al.，2005），本研究的结果不仅支持了家庭对工作领域的影响，还发现在家庭中妻子对丈夫的影响也很重要，夫妻之间的养育倦怠与工作倦怠的关系通过工作－家庭冲突联系在一起。

从实践的角度来看，本研究的结果表明，来自家庭和工作场所的负面经验是密切相关和不可分割的。倦怠症状可能从一个领域转移，并直接或间接影响其他领域。在处理家庭或工作问题时，个人或组织应着眼于更广阔的视角，并注意家庭和工作领域的平衡，以避免两者之间的冲突。

七 研究局限和未来研究展望

虽然本研究的结果在一定程度上能够提高对养育倦怠的理解，但本研究仍有一些局限值得注意。首先，本研究的样本仅为中学生家长。虽然中学生家长是研究养育倦怠的理想样本，但养育倦怠可能不仅仅发生在中学生家长中。因此，未来的研究应该从更广泛的样本中收集数据，包括不同年龄儿童和青少年的父母。其次，本研究采用了时间滞后设计而未能采用多波段设计。这在一定程度上限制了我们控制前一次相同变量的影响。此外，由于7月和8月是暑假，因此3次数据收取的间隔并不等距，数据收集的不平衡时间段也可能会使研究结果产生一定的偏差。未来的研究应采用更严格的设计，收集每个时间段的所有变量，以保证本研究结果的稳健性。再次，由于研究并没有将问卷直接分发给双职工家庭，而是将问卷发放给学生，由学生将问卷带回。因此，数据包含了一些非双职工家庭的数据，一定程度上增加了数据的流失率。鉴于删除的问卷较多，我们将缺失数据的人口统计学信息与保留数据进行比较，然后对缺失数据进行插补，并对结果进行比较。此外，研究还进行了补充分析，通过多群组结构方程模型的方式检验假设模型，多重手段的结果一致显示研究结果相对稳健。然而，未来的研究仍然需要采取更加严格的设计，以确保更大的样本并减少缺失值的产生。最后，与既有研究结果（Wang et al.，2021）一致，本研究讨论了养育倦怠对工作倦怠的影响。然而，工作和家庭是两个不可分割的领域，养育倦怠和工作倦怠可能会相互产生双向的负面螺旋影响。这两种类型的倦怠之间的关系需要进一步澄清和检验。

第四章　养育倦怠与学前儿童心理发展

养育倦怠作为养育过程中的负性情绪体验，对父母、子女及家庭造成严重的消极影响（程华斌等，2021）。此前研究表明，养育倦怠可能会引发父母的抑郁焦虑、物质成瘾、睡眠障碍及夫妻冲突（Kawamoto et al.，2018；Mikolajczak et al.，2018a；Van Bakel et al.，2018），还可能导致父母对子女的忽视和暴力行为（Mikolajczak et al.，2018b），影响家庭和谐稳定。基于养育活动互动的本质，子女可能是养育倦怠最大的受害者，因此关于养育倦怠的研究也应该落脚到子女的健康成长与身心发展质量上。而婴幼儿对父母的需求最多，需要父母大量的情感交流和陪伴，同时，该时期也是个体生理、心理各方面能力的快速发展期，父母更应该为子女提供良好的生活环境和家庭教育。但是，陷入倦怠的父母为减少情感资源消耗，会尽可能地减少与子女的交流和互动行为，只为子女提供最基本的养育保障（Roskam et al.，2018），从而导致子女的交流愿望难以得到满足，心理需求难以得到积极回应（王玮等，2022），进而可能影响到幼儿身心健康的发展。本章着眼于幼儿入园适应、问题行为与推理能力 3 个方面，分别以学前儿童及其父母、教师为主要研究对象，探讨父母养育倦怠对学前儿童心理发展的负面影响，以期引起父母“科学育儿”的思考，降低养育倦怠水平，为养育倦怠的未来研究提供理论和实践借鉴。

第一节　养育倦怠与幼儿入园适应

一　引言与问题提出

（一）养育倦怠与幼儿入园适应

“适应”一词在心理学上有不同的解释。朱智贤（1989）认为，“适应”属于生物学名词，是有机体为增加生存机会而做出的身体及行为上的改变。陶沙（2000）表示，适应就是个体为使其本身的心理和行为更加适应环境和其自身发展需求，通过自身调节做出反应，而使个体与环境达成平衡的过程。冯喜珍等（2001）认为，入园适应是指幼儿正式从家庭迈入社会的适应性行为过程。本研究的入园适应指的是幼儿初次从家庭这一受保护的环境进入幼儿园这一陌生的大环境中，逐渐从心理和行为上自我调整，最终完全接纳幼儿园这一环境的过程（林兰、高珠峰，2020）。

根据入园适应的定义可知，入园适应是幼儿离开家庭、走向集体的适应性活动，常见的入园适应问题主要体现在自我照顾（如不能独立进食、穿脱衣服、午睡）、人际交往（如抵触新认识的同伴、不会与老师同伴表示亲近）、入园情绪（如哭闹、不愿意上幼儿园）等方面（范秀娟，2001）。养育子女是一项复杂琐碎且长期承受压力的活动，当父母经历养育倦怠时，往往不愿付出更多时间和精力培养孩子良好的生活习惯和生存技能，可能导致幼儿自理能力、情绪管理及社会交往能力较差，不利于幼儿适应幼儿园生活。基于此，本研究做出以下假设。

假设 1：父母养育倦怠对幼儿入园适应情况具有显著的负向预测作用。

（二）父亲参与教养的调节作用

目前，学界对父亲参与教养还没有统一的定义，对于这一概念，学者们的表述各有不同。父亲参与教养的维度划分最早是由 Lamb（1986）提出的，分为投入（engagement）、可得（accessibility）和责任（responsibility）3 个维度，随后 Dollahite（2003）在 Lamb（1986）的基础上将父亲参与教养扩展到情感职责、娱乐职责、精神性职责、服务性职责、指导性职责、发展性职责、伦理道德职责 7 个维度。国内学者对父亲参与教养这一概念也有不同的界定。李萌（2015）认为，父亲参与教养包括直接参与和间接参与两个部分，直接参与有幼儿日常护理、幼儿学习活动指导、参加幼儿园集体活动、帮助孩子融入集体、妥善化解孩子的情绪和行为问题；间接参与有提供物质保障、支持幼儿母亲的教育、主动参与家庭活动。徐东和李璐（2019）认为，父亲参与教养指身体、感情和心理上的参与，涉及家庭和学校日常生活的关心、对孩子的教育以及对孩子未来发展的培养多个方面。综上，父亲参与教养就是指在子女成长过程中，父亲对孩子履行亲职教育的一切活动。

King 等（1995）指出，在一个家庭中，来自配偶的支持是最直接、最有效的支持资源。Karatepe 和 Kilic（2007）也在研究中发现来自配偶的支持与员工的健康状况、工作满意度和职业成功呈显著正相关。那么在养育活动中，来自配偶的支持是否也是如此重要呢？由于女性特殊的生理结构和传统文化的影响，我国社会基本达成共识：母亲是子女养育工作的主要承担者（李晓巍、魏晓宇，2017）。然而，养育子女是夫妻双方的共同责任，当父亲承担起自己的养育责任，与母亲一同抚养子女时，不仅有利于夫妻关系的稳定和家庭关系的和谐，还能给子女提供健康稳定的成长环境。研究表明，夫妻保持良好的共同养育能够使养育压力大大降低，因而相对不易产生养育倦怠（Gillis & Roskam，2020），稳定的伴侣关系也是养育倦怠的保护因素之一（Lindström et al.，2011）。

此外，李阳阳（2017）在以学前儿童及其父亲为样本的研究中发现，父亲参与教养及其各维度（互动性、可及性和责任性）与子女的自理能力均呈显著正相关。沈智豪等（2014）的研究结果也表明，父亲参与教养程度与幼儿情绪表达的即时性和幼儿安全感呈显著正相关。李晓巍和魏晓宇（2017）通过研究发现，父亲参与教养程度与幼儿社会能力呈显著正相关，且父亲参与教养程度可以直接预测幼儿社会能力。综上，可做出以下假设。

假设 2：父亲参与教养在母亲养育倦怠和幼儿入园适应之间起调节作用。

（三）隔代教养的调节作用

隔代教养又称祖辈教养，祖辈（祖父母或外祖父母）为教养主体，孙辈为教养对象。教养是一个比较全面的概念，既包括照顾幼儿的衣食住行，对幼儿的关心爱护，又包括为幼儿德智体美劳全面发展所进行的教育活动。在家庭功能系统中，祖辈关系与亲子关系相互依托，当父母因工作等原因无法看管陪伴孩子时，幼儿的教育责任则可以由父母和祖辈共同承担（蒋启梦、周楠，2020），此时隔代教养作为补充形式，与亲子教养一同构成完整的家庭教育体系（段飞艳、李静，2012）。

目前，学者们对隔代教养这一概念的界定仍存在争议。郭筱琳（2014）在其研究中明确了隔代教养的时间要求，认为祖辈需独立养育或与父辈共同养育幼儿半年以上才算是隔代教养。李晴霞（2001）认为隔代教养是指幼儿的照看和教育任务主要由祖父母承担的现象。刘梦祺（2020）认为隔代教养是指幼儿与祖辈生活在一起，祖辈承担主要甚至全部养育责任。而在隔代教养过程中存在两种情况，当幼儿祖辈与父辈养育意见一致时，隔代教养对于幼儿父母是一种有效的帮助，与此相对应的则是父辈与祖辈由于育儿观念的不同而在养育方面存在观点差异（谭恒，2017），这就是本书关注的隔代教养分歧。

基于我国国情和传统文化背景，很多老人愿意帮助子女照看幼儿，一来为子女分担压力，让他们专心工作；二来通过照顾孙辈获得满足感（沈卫华，2001）。这种祖辈帮助照看孙辈的现象也叫隔代教养。顾芬芬（2005）把隔代教养分成四种类型：民主理解、严厉惩罚、过分监督和过度关注。其中民主理解是隔代教养的理想状态，但现实中可能较难实现。另外，从年轻父母的角度来说，隔代教养既是来自家庭的支持资源，也是产生养育分歧的潜在因素，当祖辈与年轻父母的教育理念发生冲突，产生较大隔代教养分歧时，这种祖辈参与教养就不利于家庭关系和夫妻关系的和睦，还可能会导致父母养育倦怠程度加深，此外，还可能因祖辈溺爱孩子等原因导致孩子任性自私、养成不好的生活习惯，引起幼儿入园适应困难。由此，本研究做出以下假设。

假设3：隔代教养分歧在父母养育倦怠和幼儿入园适应之间起调节作用。

二　研究方法

（一）研究对象

采用问卷调查法进行配对数据的收集，每个儿童的问卷都包括3份，父亲问卷、母亲问卷、教师问卷为一组完整数据。由园方以班级为单位提供健康状况良好且由父母共同抚养的儿童名单，由施测人员随机勾选，确定各个班级的施测名单，每个班级有2～3位教师，所选择儿童的数量是负责该班级教师数量的5倍（为保证问卷质量，每位老师填写5名儿童的幼儿入园适应问卷，且须确保老师熟悉各个幼儿的行为表现）。教师进行正式评定之前，每个班级抽选 2～3 名幼儿由老师进行预评定，并与教师进行沟通，确保评定规则同质化，保证教师评价标准一致。施测人员事先以个人为单位将父母问卷用档案袋密封装订并编码，由教师装入幼儿书包带回家中，让其父母填写，父亲填写一般情况问卷、养育倦怠评估量表、父亲参与教养问卷，母亲填写一般情况问卷、养育倦怠评估量表，填写完后装回档案袋，第二天由幼儿带回幼儿园，后由施测人员以一组三份的方式按编码顺序回收。为避免幼儿父母的自我选择偏见，在问卷中未提及"养育倦怠"，而使用"养育体验"一词进行调查。另外，为提高问卷答案真实性及问卷回收率，调查在征得幼儿父母知情同意后匿名进行。本研究对 6 家幼儿园 31 个小班进行调查，发放并回收了 367 组问卷，在匹配数据时，教师、父亲、母亲有一方存在缺失值就予以舍弃剔除，最终匹配完整的数据共 258 组。

（二）测量工具

（1）养育倦怠评估量表

采用程华斌（2020）修订的养育倦怠评估量表（Parental Burnout Assessment，PBA），此量表为单维度问卷，共 21 个项目，由幼儿父母填写。该量表采用 Likert 7 点量表计分（1～7），1 为"从不"，7 为"每天"，得分越高，表示其感知到的养育倦怠水平越高。典型项目举例："为扮演好父母的角色，我感到筋疲力尽"；"我觉得对我的孩子来说，我不再像以前一样是个好家长了"；"我并不享受和我的孩子共度的时光"；"除了必需的照看活动（开车接送、就寝、吃饭）之外，我再也无法为我的孩子付出更多了"。在本研究中，父亲问卷的 Cronbach's α 系数为 0.95，母亲问卷的 Cronbach's α 系数为 0.91。

（2）幼儿入园适应问卷

采用吴海霞（2009）编制的幼儿入园适应问卷，包括生活料理、学习活动、情绪稳定、遵守规则、人际关系 5 个维度，共 38 个项目，由教师评定，每位教师评价 5 名幼儿。该问卷采用 Likert 5 点量表计分（1～5），1 为"从不"，5 为"总是"，部分项目反向计分（题序为 6、11、14、19、24、29、32、35），得分越高，表示入园适应情况越好；相反地，得分越低，表示入园适应越困难。典型项目举例："进餐顺利"；"对老师的问话积极响应"；"在幼儿园里情绪稳定，不会随时哭泣"；"不在教室里跑来跑去"；"友好对待同伴，不打人"。该问卷在本研究中的 Cronbach's α 系数为 0.85。

（3）父亲参与教养问卷

采用尹霞云等（2012）修订的父亲参与教养问卷（Inventory of Father Involvement，IFI），由父亲自评。此问卷共26个项目，包括4个维度，分别是日常照顾、鼓励与表扬、管教约束、支持与规划。该量表采用 Likert 7 点量表计分（0～6），0为“非常差”，6为“非常好”，分数越高，表示父亲参与幼儿教养的程度越高。典型项目举例：“鼓励孩子完成家庭作业”；“给孩子母亲以鼓励和情感支持”；“满足孩子的基本物质需要”；“告诉孩子你爱他”。该问卷在本研究中的 Cronbach's α 系数为0.97。

（4）隔代教养分歧

本研究的隔代教养分歧采用的是一般情况问卷中的单个项目，由父母回答，项目表述为“您认为您与祖辈在养育方式和教育理念等方面存在多大程度的养育分歧”，采用 Likert 7 点量表计分（1～7），1为“完全不一致”，7为“完全一致”，分数越高，表示父辈与祖辈的隔代教养分歧越小。

（5）一般情况问卷

一般人口统计学变量统计，如幼儿性别及年龄、父母年龄、家庭结构、隔代教养分歧等。

三　统计方法

使用 SPSS 22.0 软件对数据进行初步整理分析，后发现本研究数据呈现巢形结构［父亲养育倦怠的 ICC（1）$=0.053>0.05$，ICC（2）$=0.310>0.1$，DE $=1.388$，$p>0.05$，母亲养育倦怠的 ICC（1）$=0.068>0.05$，ICC（2）$=0.368>0.1$，DE $=1.500$，$p<0.05$，幼儿入园适应 ICC（1）$=0.348>0.05$，ICC（2）$=0.797>0.1$，DE $=3.542$，$p<0.005$］（杨建锋、王重鸣，2008），带有明显嵌套特点，涉及个体和班级两个层面，因此本研究选用 HLM 6.08 软件对数据进行多水平模型分析。

四　研究结果

（一）共同方法偏差检验

本研究数据均由被试幼儿的父母及老师自我报告，因而可能存在共同方法偏差，虽在填写问卷前已向家长和老师声明匿名调查且信息保密，数据回收后仍决定进行 Harman 单因子检验。将本研究涉及的所有项目全部投入进行探索性因子分析，结果表明，第一公因子的方差解释率为 22.91%，低于 40% 的临界标准，可以认为该研究不存在严重的共同方法偏差。

(二) 各变量间的相关分析

为检验各变量间是否存在显著相关性，本研究对父亲养育倦怠、母亲养育倦怠、幼儿入园适应、父亲参与教养、隔代教养分歧 5 个变量进行多水平和单水平相关分析，结果如表 4.1 所示。从个体层面来说，父亲养育倦怠与母亲养育倦怠（$r=0.55$，$p<0.01$）存在显著正相关，与父亲参与教养（$r=-0.45$，$p<0.01$）存在显著负相关；母亲养育倦怠与幼儿入园适应（$r=-0.19$，$p<0.05$）存在显著负相关，与父亲参与教养（$r=-0.33$，$p<0.01$）存在显著负相关，与隔代教养分歧（$r=-0.18$，$p<0.10$）存在边缘显著相关；父亲参与教养与幼儿入园适应（$r=0.78$，$p<0.05$）存在显著正相关。从组织层面来说，父亲养育倦怠与幼儿入园适应（$r=-0.93$，$p<0.05$）存在显著负相关，母亲养育倦怠与幼儿入园适应（$r=-1.04$，$p<0.05$）存在显著负相关，父亲参与教养与幼儿入园适应（$r=0.14$，$p<0.10$）存在边缘显著正相关。

表 4.1 各变量间的相关分析

变量	M	SD	1	2	3	4	5
1. 父亲养育倦怠	1.49	0.69		0.55**	-0.12	-0.45**	-0.13
2. 母亲养育倦怠	1.49	0.54	0.47		-0.19*	-0.33**	-0.18+
3. 幼儿入园适应	4.29	0.44	-0.93*	-1.04*		0.78*	0
4. 父亲参与教养	4.59	1.03	-0.80	-0.79	0.14+		0.02
5. 隔代教养分歧	3.98	1.18	0	0	-0.13	0	

注：上三角矩阵代表个体层面的相关，下三角矩阵代表班级层面的相关；+ 代表 $p<0.10$，* 代表 $p<0.05$，** 代表 $p<0.01$，*** 代表 $p<0.001$，下同。

(三) HLM 模型与假设的检验

根据本研究的嵌套结构（班级 - 个体）数据，需同时考虑两个层面的变量进行多水平模型的跨层次分析。正式进行 HLM 前，需要先确定养育倦怠这一变量是否适合从个体层面聚合到班级层面，本研究中，父亲养育倦怠的 ICC（1）=0.053 >0.05，ICC（2）=0.310 >0.1，DE =1.388，$p>0.05$，母亲养育倦怠的 ICC（1）=0.068 >0.05，ICC（2）=0.368 >0.1，DE =1.500，$p<0.05$，因此有必要将养育倦怠从个体层面汇总到班级层面进行跨层次

分析。

（1）空模型（null model）检验

在跨层次分析中，需要先确定因变量群体内和群体间是否存在显著变异，第一层与第二层都不加入任何预测变量，即建立入园适应的空模型进行分析，此时模型（Model 1）如下。

$$\text{Level 1 个体层面入园适应}_{ij} = \beta_{oj} + r_{ij}$$

$$\text{Level 2 班级层面 } \beta_{oj} = \gamma_{00} + \mu_{0j}$$

结果如表 4.2 所示，班级内部变异成分 $\sigma^2 = 0.07$，班级间（组间）变异成分显著（$\tau_{00} = 0.07$，$\chi^2 = 67.83$，$df = 27$，$p < 0.001$），数据满足 HLM 跨层次分析的要求，ICC = 0.275 > 0.059，说明在本研究中入园适应有 27.5% 的变异存在于班级之间，适合进行多水平模型跨层次分析。

（2）随机系数回归模型（random coefficient regression model）检验

此模型是在 Model 1 的基础上加入个体层面的预测变量，得到养育倦怠对入园适应的单独影响，即个体层面加入预测变量，第二层不加入任何预测变量，据此个体层面回归模型的斜率及截距得以检验。将父亲养育倦怠和母亲养育倦怠分别代入模型如下。

随机模型 I（Model 2）：

$$\text{Level 1 个体层面入园适应}_{ij} = \beta_{oj} + \beta_{1j}\text{母亲养育倦怠} + r_{ij}$$

$$\text{Level 2 班级层面 } \beta_{oj} = \gamma_{00} + \mu_{0j},\ \beta_{1j} = \gamma_{10} + \mu_{1j}$$

结果如表 4.2 所示，截距 $\gamma_{00} = 4.58$（SE = 0.13，$t = 34.52$，$p < 0.001$），母亲养育倦怠 $\gamma_{10} = -0.20$（SE = 0.08，$t = -2.54$，$p < 0.05$），说明在个体层面上，母亲养育倦怠能够显著负向预测入园适应。将父亲养育倦怠以相同方式代入模型如下。

随机模型 II（Model 3）：

$$\text{Level 1 个体层面入园适应}_{ij} = \beta_{oj} + \beta_{1j}\text{父亲养育倦怠} + r_{ij}$$

$$\text{Level 2 班级层面 } \beta_{oj} = \gamma_{00} + \mu_{0j},\ \beta_{1j} = \gamma_{10} + \mu_{1j}$$

结果显示，截距 $\gamma_{00} = 4.45$（SE = 0.12，$t = 37.312$，$p < 0.001$），父亲养育倦怠 $\gamma_{10} = -0.11$（SE = 0.07，$t = -1.66$，$p > 0.05$），说明在个体层面上，父亲养育倦怠无法显著预测入园适应，因而后续步骤不再考虑父亲养育倦怠。

（3）截距模型（inrercept-as-outcome model）检验

此模型是为了检验在班级层面上，养育倦怠对入园适应的影响，即第一层不加入自变量，第二层加入自变量。由于本研究分别考察了父亲参与教养和隔代教养分歧两个调节变量，因而需要进行两次截距模型检验。模型如下。

截距模型 I（Model 4）：

$$\text{Level 1 个体层面入园适应}_{ij} = \beta_{oj} + r_{ij}$$

$$\text{Level 2 班级层面 } \beta_{oj} = \gamma_{00} + \gamma_{01}\text{母亲养育倦怠} + \gamma_{02}\text{父亲参与教养} + \mu_{0j}$$

结果如表 4.2 所示，截距 $\gamma_{00} = 4.89$（SE = 1.02，$t = 4.81$，$p < 0.001$），母亲养育倦怠 $\gamma_{01} = -0.75$（SE = 0.31，$t = -2.443$，$p < 0.05$），父亲参与教养 $\gamma_{02} = 0.11$（SE = 0.15，$t = 0.71$，$p > 0.05$），说明在班级层面上，母亲养育倦怠能够显著负向预测入园适应。

截距模型 II（Model 5）：

$$\text{Level 1 个体层面入园适应}_{ij} = \beta_{oj} + r_{ij}$$

$$\text{Level 2 班级层面 } \beta_{oj} = \gamma_{00} + \gamma_{01}\text{母亲养育倦怠} + \gamma_{02}\text{隔代教养分歧} + \mu_{0j}$$

结果如表 4.2 所示，截距 $\gamma_{00} = 6.55$（SE = 0.47，$t = 14.01$，$p < 0.001$），母亲养育倦怠 $\gamma_{01} = -0.75$（SE = 0.23，$t = -3.31$，$p < 0.001$），隔代教养分歧 $\gamma_{02} = -0.30$（SE = 0.11，$t = -2.75$，$p < 0.001$），说明在班级层面上，母亲养育倦怠与隔代教养分歧都能够显著负向预测入园适应。

（4）全模型（full model）检验

此模型将个体层面与班级层面进行整合，建立完整模型，分别对个体层面父亲参与教养和隔代教养分歧的调节作用进行检验。模型如下。

全模型 I（Model 6）：

$$\text{Level 1 个体层面入园适应}_{ij} = \beta_{oj} + \beta_{1j}\text{母亲养育倦怠} + \beta_{2j}\text{父亲参与教养} + \beta_{3j}\text{母亲养育倦怠} \times \text{父亲参与教养} + r_{ij}$$

$$\text{Level 2 班级层面 } \beta_{oj} = \gamma_{00} + \gamma_{01}\text{母亲养育倦怠} + \gamma_{02}\text{父亲参与教养} + \mu_{0j},$$

$$\beta_{1j} = \gamma_{10} + \mu_{1j}, \beta_{2j} = \gamma_{20} + \mu_{2j}, \beta_{3j} = \gamma_{30} + \mu_{3j}$$

结果如表 4.2 所示，截距 $\gamma_{00} = 4.72$（SE = 1.01，$t = 4.66$，$p < 0.001$），母亲养育倦怠 $\gamma_{01} = -0.80$（SE = 0.31，$t = -2.60$，$p < 0.05$），父亲参与教养 $\gamma_{02} = 0.15$（SE = 1.15，$t = 1.03$，$p > 0.05$），母亲养育倦怠 $\gamma_{10} = -0.30$（SE = 0.11，$t = -2.81$，$p < 0.001$），父亲参与教养 $\gamma_{20} = -0.03$（SE = 0.05，

$t = -0.61$，$p > 0.05$)，母亲养育倦怠 × 父亲参与教养 $\gamma_{30} = -0.15$（SE = 0.06，$t = -2.62$，$p < 0.05$)，说明个体层面和班级层面的母亲养育倦怠都对入园适应有预测作用，并且父亲参与教养在其中起调节作用。后续简单斜率检验结果表明，在父亲参与教养程度较高的个人条件下，母亲养育倦怠对入园适应的负向预测作用更强。

全模型 II（Model 7）：

$$\text{Level 1 个体层面入园适应}_{ij} = \beta_{oj} + \beta_{1j}\text{母亲养育倦怠} + \beta_{2j}\text{隔代教养分歧} + \beta_{3j}\text{母亲养育倦怠} \times \text{隔代教养分歧} + r_{ij}$$

$$\text{Level 2 班级层面 } \beta_{oj} = \gamma_{00} + \gamma_{01}\text{母亲养育倦怠} + \gamma_{02}\text{隔代教养分歧} + \mu_{0j},$$

$$\beta_{1j} = \gamma_{10} + \mu_{1j}, \beta_{2j} = \gamma_{20} + \mu_{2j}, \beta_{3j} = \gamma_{30} + \mu_{3j}$$

结果如表 4.2 所示，截距 $\gamma_{00} = 6.62$（SE = 0.45，$t = 14.736$，$p < 0.001$)，母亲养育倦怠 $\gamma_{01} = -0.88$（SE = 0.23，$t = -3.887$，$p < 0.001$)，隔代教养分歧 $\gamma_{02} = -0.27$（SE = 0.11，$t = -2.56$，$p < 0.05$)，母亲养育倦怠 $\gamma_{10} = -0.25$（SE = 0.10，$t = -2.51$，$p < 0.05$)，隔代教养分歧 $\gamma_{20} = 0.03$（SE = 0.05，$t = 0.64$，$p > 0.05$)，母亲养育倦怠 × 隔代教养分歧 $\gamma_{30} = 0.11$（SE = 0.05，$t = 2.00$，$p < 0.05$)，说明个体层面和班级层面的母亲养育倦怠都对入园适应有预测作用，并且隔代教养分歧在其中起调节作用。后续简单斜率检验结果表明，在隔代教养分歧较大的条件下，母亲养育倦怠对入园适应的负向预测作用更强。

综上所述，在本研究中，父亲养育倦怠无法显著负向预测幼儿入园适应，母亲养育倦怠能够显著负向预测入园适应，假设 1 部分成立；父亲参与教养和隔代教养分歧都可以在母亲养育倦怠与幼儿入园适应之间起调节作用，假设 2、3 成立。

表 4.2　多水平模型分析结果

模型	空模型	随机模型		截距模型		全模型	
	Model 1	Model 2	Model 3	Model 4	Model 5	Model 6	Model 7
因变量	入园适应	入园适应	入园适应	入园适应	入园适应	入园适应	入园适应
截距 γ_{00}	4.29 ***	4.58 ***	4.45 ***	4.89 ***	6.55 ***	4.72 ***	6.62 ***
Level 1							
父亲养育倦怠 γ_{10}			-0.11				

续表

模型	空模型	随机模型		截距模型		全模型	
	Model 1	Model 2	Model 3	Model 4	Model 5	Model 6	Model 7
因变量	入园适应	入园适应	入园适应	入园适应	入园适应	入园适应	入园适应
母亲养育倦怠 γ_{10}		-0.20*				-0.30***	-0.25*
父亲参与教养 γ_{20}						-0.03	
隔代教养分歧 γ_{20}							0.03
母亲养育倦怠×父亲参与教养 γ_{30}						-0.15*	
母亲养育倦怠×隔代教养分歧 γ_{30}							0.11*
Level 2							
母亲养育倦怠 γ_{01}				-0.75*	-0.75***	-0.80*	-0.88***
父亲参与教养 γ_{02}				0.11		0.15	
隔代教养分歧 γ_{02}					-0.30***		-0.27*

五 讨论

（一）父母养育倦怠对幼儿入园适应的主效应

本研究表明，养育倦怠能够显著负向预测幼儿入园适应情况，父母养育倦怠水平越高，幼儿适应新环境越吃力，幼儿入园适应情况越差。在本研究中，我们将个体层面和班级层面的数据进行整合，进行跨层次分析，结果显示这种影响不仅存在于个体层面，在组织层面上同样成立，班级内幼儿父母的养育倦怠水平越高，幼儿入园适应水平越低。这与以往研究结果有很多共同之处。

幼儿入园适应主要包括生活料理、学习活动、情绪稳定、遵守规则、人际关系5个维度（吴海霞，2009），涉及日常生活、人际交往、入园情绪等方面（范秀娟，2001）。有研究指出，经受养育倦怠折磨的父母往往倾向于忽视子女的日常需求，这种忽视不仅仅指生理需求，还包括鼓励、安慰、引导等情感上的亲子交流（Roskam et al.，2017），更有甚者，还有可能对子女恶语相向，对子女施加言语和行为暴力（Mikolajczak et al.，2018a），因而这些精疲力竭的父母对幼儿的耐心可能仅限于必需的照顾，没有更多精力用于幼儿的教育和培养，在这种环境下，幼儿难以养成良好的生活习惯，还可能会引起心理敏感、安全感缺失等问题，使得幼儿在短时间内难以从家庭生活融入学校生活，导致入园适应困难。

（二）父亲参与教养在父母养育倦怠与幼儿入园适应之间的调节作用

既有研究表明，父亲参与教养对于幼儿的独立自主、情绪稳定、社会交往甚至性格的形成都具有重要影响。例如，父亲参与教养对于幼儿自理能力（李阳阳，2017）和独立性（郭佳乐，2018）的发展具有促进作用。然而，与既有研究不一致的是，本研究结果表明父亲参与教养程度越高，母亲养育倦怠对幼儿入园适应的负向预测作用越强，反之，父亲参与教养程度越低，母亲养育倦怠对幼儿入园适应的负向预测作用越弱（见图 4.1）。

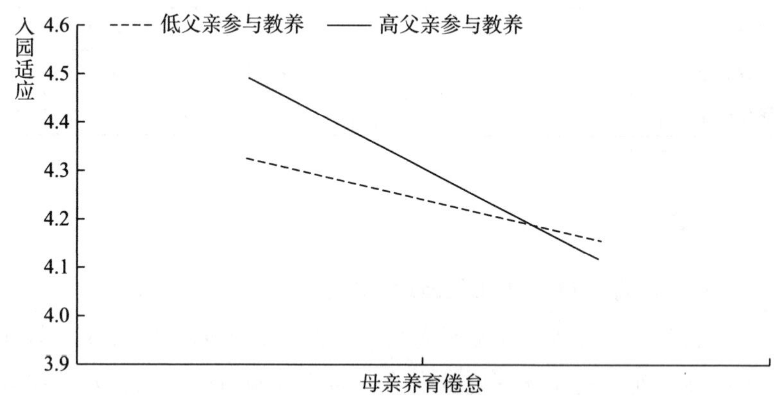

图 4.1　父亲参与教养的调节作用

这样的结果可能是以下几个原因所导致的。第一，在传统角色分配中，母亲通常被期望是主要的养育者。当父亲参与程度增加时，可能导致母亲感受到更多的压力或冲突，因为她可能感觉到自己在家庭角色上受到挑战或不被需要。这种情况可能会加剧母亲的倦怠感，并可能对她与子女的关系产生更多负面影响。第二，如果父亲的参与被母亲感知为评判或批评她的养育方式，而不是作为支持和帮助时，可能会增加母亲的心理负担，加重她的倦怠感，并可能影响她与子女的互动质量。有研究指出，父亲的教养参与会给母亲带来更高水平的压力，而只有当母亲感受到父亲的参与教养是非冲突性时，这种关系才会被逆转（d'Orsi et al.，2023）。在家庭系统中，父亲参与教养的作用可能是复杂的，未来研究需要进一步探索在何种条件下，能够更好地促进父亲参与教养的积极效应，并且降低其消极作用。

（三）隔代教养分歧在父母养育倦怠与幼儿入园适应之间的调节作用

受我国传统文化的影响，大部分老年人愿意选择跟随子女生活，并帮子女照看孙辈，获得分担养育任务的成就感和子孙满堂的幸福感。但由于祖辈与父辈的成长经历、育儿观念等方面的差异，在养育孩子的过程中会不可避免地产生养育分歧，这种分歧可能会导致孩子的父母无法或者难以按照自己的方式教育子女，因而产生额外的养育压力（付瑶，2018），如果长期与祖辈沟通无果并无法解决问题，就会产生不良情绪，可能会导致夫妻争吵，引发家庭矛盾（岳坤，2018），因而产生养育倦怠和婚姻倦怠。而幼儿在这种环境下能够感知到这些争吵和分歧是因自身而起，可能会引起幼儿行为和心理变化，影响其身心健康发展。

虽然以往鲜有直接探讨隔代教养分歧对幼儿入园适应负面影响的研究，但有研究指出，祖辈和父辈之间的养育冲突可能会导致幼儿出现问题行为（王瑞晴，2019；李晓巍等，2016），而养育冲突就是养育分歧的结果，由此看来，养育分歧也有可能导致类似情况的出现。除此之外还有研究发现，隔代教养往往伴随着无微不至的照顾，这可能使得幼儿生活自理能力较差（路阳阳，2018），出现问题行为（王青，2017），导致入园适应困难。而祖辈对孙辈的溺爱也可能导致幼儿养成不正确的生活习惯，又进一步引发家庭教育冲突（阙攀，2011）。本研究的结果与上述结论大致相同。结果显示，隔代教养分歧在母亲养育倦怠和幼儿入园适应之间起调节作用，隔代教养分歧会加强母亲养育倦怠对幼儿入园适应的负面影响（见图 4.2），也就是说，隔代教养分歧越大，养育倦怠对幼儿入园适应的影响就越大，而隔代教养分歧越小，养育倦怠对幼儿入园适应的影响就越小。这可能是因为，当隔代教养分歧较大时，幼儿可能会产生无所适从的感觉，不管是听从父母还是听从祖辈，都会引起另一方的不满，在这种情况下，可能导致幼儿不愿意自发表达自身的想法，并可能由于自己最亲密的人之间矛盾频发而畏惧人际交往，难以与同学、老师建立信任和亲密的关系，或者还有可能导致幼儿认为自己就是家庭的中心，周围所有人都理应照顾自己的感受，从而导致幼儿无法独立、自私、不愿听从他人意见、以自己为中心等，不利于他们的入园适应。

至此，本研究在整个家庭系统中对养育倦怠给幼儿带来的负面影响进行探究，不仅讨论了养育倦怠对幼儿入园适应的影响，还涉及父亲参与教养和隔代教养，启发我们未来针对家庭系统功能与幼儿身心发展进行更深层次的延伸和探索。

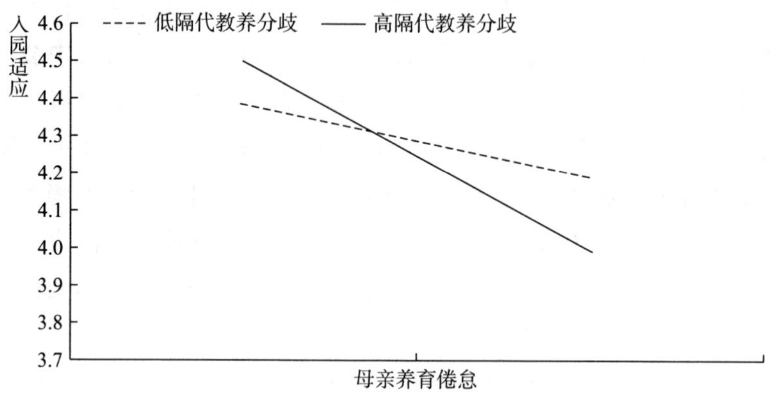

图 4.2　隔代教养分歧的调节作用

六　研究局限与未来研究展望

本研究结合中国特有文化背景对养育倦怠与学前儿童的入园适应进行研究，具有一定的理论和实践意义，虽然所作假设基本得到验证，但对研究过程进行回顾与反思，发现仍有改进和完善的空间。首先，从被试选择来说，本章选取的被试人员是学前儿童及其父母，而养育倦怠是一个长期动态的过程，因此后续研究可以将被试人员选择扩展到婴幼儿至成年各个阶段，着眼于长期发展。其次，从研究方法来说，本研究只运用了问卷测量法，日后可以加入对养育倦怠生理指标的测量，从而对养育倦怠前因变量、结果变量进行综合考察，以期后续通过科学手段实施干预，降低养育倦怠水平。最后，从研究内容来看，父母养育倦怠对子女的影响可能是多方面的。因此，未来研究可以针对不同年龄阶段、不同养育倦怠水平的家庭进行调查，分别对子女的学业水平、社会交往能力、情绪管理能力、领导力等各方面的指标进行收集并加以对比，深入考察养育倦怠对于子女的多方面影响。

第二节　养育倦怠与幼儿问题行为

一　引言与问题提出

（一）养育倦怠与幼儿问题行为

问题行为（problem behavior）这一概念最早由美国学者 Wickman（1928）提出，又称行为问题。林崇德（2003）在心理学大辞典中把问题行为界定为“个体表现出的妨碍其社会适应的异常行为”。Achenbach（1991）认为，问题行为可分为外显和内隐两个方面，且可以作为判断儿童社会适应情况的重要标准。Liu（2004）认同此观点并指出，由于外显问题行为（如捣乱）会直接给人带来麻烦，因而容易得到关注，内隐问题行为（如幼儿焦虑）不会直接妨碍他人因而容易被忽略，而实际上这种内隐问题行为是与幼儿未来的社会适应密切相关的（韩丕国等，2018）。侯莉敏等（2019）表示，问题行为是指那些扰乱他人秩序、影响身心健康，而又普遍存在于幼儿成长过程中的行为情绪问题。总的来说，幼儿问题行为是指所有可能阻碍自身身心健康发展、给周围环境带来困扰的行为，问题行为的消退离不开家长教师的正确引导和干预。

长期经受养育压力给父母带来的倦怠情绪对于婚姻关系、教养行为、亲子互动和幼儿健康发展都具有负面作用。Lindström 等（2011）通过研究指出，保持良好顺畅的沟通、婚姻满意度较高的夫妻养育倦怠水平较低。Mousavi（2019）的研究结果也侧面证实了这一说法，他们发现，那些婚姻满意度较低、共同教养质量较差、日常嘈杂度较高的家庭，养育倦怠都处于较高水平。另外，该研究还发现，养育倦怠不仅会引起夫妻冲突，导致夫妻之间的关系疏离，还可能导致父母对子女的忽视（如让一个三岁的孩子在无人看管的情况下独自睡沙发）和暴力行为（如大声恶语相向甚至是殴打）。事实上，温馨健康的家庭环境对于幼儿的健康成长尤为重要。嘈杂且充满争吵的家庭氛围是导致幼儿问题行为的重要因素（苏林雁等，1991），长期生活在这种环境里会产生焦虑情绪，造成幼儿的不安全感，因而攻击性行为和捣乱违纪也是幼儿对自己的保护（魏燕，2006）。由此，本研究做出以下假设。

假设 1：父母养育倦怠对幼儿问题行为具有显著的正向预测作用。

（二）幼儿自我控制的中介作用

目前，国内外对于自我控制这一概念的界定存在诸多争议，尚未出现公认的、统一的表述。在国外，自我控制用“self-control”较多，也被称为“self-regulation”“effortful control”“ego-control”等。在国内，有时也认为“自我控制”与“自我监控”“自我调节”大致相同。学者们对于自我控制的表述也有着不同的意见，大致有以下几种观点。Kremen 和 Block（1998）把自我控制划分为弹性和控制两个维度，弹性是指个体能够自主调节控制水平来适应外界环境，或者为了获取能量并达成长期目标的能力；控制则是指个体表达自身认知和行为动机的阈限。Calkins 等（2002）认为，自我控制是个体自发调节情绪、转移注意力、改变行为以适应环境要求的过程。我国学者张灵聪（2001）认为自我控制是个体为了应对环境变化进行自主调节，使其个人价值与社会期望相适应的能力。杨丽珠和沈悦（2013）认为，自我控制是个体为实现自身目标，无须监督或敦促也能延迟满足和自发控制行为的能力。本研究倾向于赞同张灵聪（2001）的观点，认为幼儿自我控制是指幼儿在不同环境下做出相应调整，以适应周围环境的能力。

目前，对于幼儿自我控制与问题行为的研究大多集中于学龄儿童，一般认为自我控制是问题行为的重要影响因素，自我控制能力较强的儿童，不良行为较少（Gottfredson & Hirschi，1990），而自我控制能力较弱的儿童则更容易产生情绪障碍和问题行为（Chui & Chan，2015）。郑淑杰等（2008）在以 2 ~5 年级小学生为样本的研究中发现，自我控制与问题行为呈显著负相关，且儿童自我控制能力可以负向预测后期的问题行为。

自我控制形成于孩童早期，自我控制能力的发展很大程度上会受到亲子相处模式、亲子关系、父母教养方式等家庭养育功能的影响（Kremen & Block，1998；Hope et al.，2003）。养育倦怠会引起父母角色的精疲力竭，与子女的情感疏远，因而可能导致父母对子女失去耐心、经常打击子女自信心、疏于照顾或是过分干预子女（Mikolajczak et al.，2018b），这些行为都会引起幼儿的消极情绪，影响幼儿自我控制能力的发展（Chang et al.，2011），当幼儿处于学校这种需要注意言行、遵守纪律的环境中时，则更容易出现问题行为（捣乱、违纪、攻击性行为等）。那么我们可以做出以下假设。

假设 2：幼儿自我控制在父母养育倦怠和幼儿问题行为之间起中介作用。

二　研究方法

（一）研究对象

本研究采用问卷调查法进行配对数据的收集，每个幼儿的问卷都包括3份，父亲问卷、母亲问卷、教师问卷为一组完整数据。由园方以班级为单位提供健康状况良好且由父母共同抚养的儿童名单，由施测人员随机勾选，确定各个班级的施测名单，每个班级有2～3名教师，所选择幼儿的数量是负责该班级教师数量的5倍（为保证问卷质量，每位老师填写5名幼儿的Rutter幼儿行为教师问卷和3～5岁幼儿自我控制教师评定问卷，且须确保老师熟悉各个幼儿的行为表现）。教师进行正式评定之前，每个班级抽选2～3名幼儿由老师进行预评定，并与教师进行沟通，确保评定规则同质化，保证教师评价标准一致。施测人员事先以个人为单位将父母问卷用档案袋密封装订并编码，由教师装入幼儿书包带回家中，让其父母填写，分别包括一般情况问卷和养育倦怠评估量表，填写完后装回档案袋，第二天由幼儿带回幼儿园，后由施测人员以一组三份的方式按编码顺序回收。为避免幼儿父母的自我选择偏见，在问卷中未提及“养育倦怠”，而使用“养育体验”一词进行调查。另外，为提高问卷答案的真实性及问卷回收率，调查在征得幼儿父母知情同意后匿名进行。本研究共对6家幼儿园24个中班进行调查，发放并回收了273组问卷，在匹配数据时，教师、父亲、母亲有一方存在缺失值就予以舍弃剔除，最终匹配完整的数据共254组。

（二）测量工具

（1）养育倦怠评估量表

同研究“养育倦怠与幼儿入园适应”。在本研究中，父亲问卷的Cronbach's α系数为0.94，母亲问卷的Cronbach's α系数也为0.94。

（2）幼儿问题行为的测量

采用Rutter（1967）编制的Rutter幼儿行为教师问卷，共26个项目，由教师评定，每位教师评价5名幼儿。该问卷的内容包括健康（13个项目）和行为（13个项目）两个部分，分别用于评定幼儿的健康状况和问题行为。本量表采用Likert 3点量表计分（1～3），1为“从来没有”，3为“严重或经常出现”，分数越高表示幼儿问题行为越严重。典型项目举例：“言语困难”；“注意力不集中或短暂”。该问卷在本研究中的Cronbach's α系数为0.73。

（3）幼儿自我控制的测量

采用董光恒（2005）编制的“3～5岁幼儿自我控制教师评定问卷”，由教师评定，每位教师评价5名幼儿。该问卷分为自觉性、坚持性、自制力和自我延迟满足4个维度，共22个项目，其中包含两个反向计分项目（题序为17、21）。该量表采用Likert 5点量表计分（1～5），1为“完全不符合”，5为“完全符合”，总分越高，表示该幼儿自我控制水平越高。典型项目举例：“当老师不在时，在游戏中也能遵守游戏规则”；“遇到自己开始做不好的事时，能坚持，直到做好为止”；“当他许诺做自己力所能及的事时，能履行”；“与同伴相处融洽，小朋友愿意跟他玩”。该问卷在本研究中的Cronbach's α系数为0.91。

（4）一般情况问卷

一般人口统计学变量统计，如幼儿性别及年龄、父母年龄、家庭结构等。

三　统计方法

通过计算发现，因变量问题行为ICC（1）=0.073>0.05，ICC（2）=0.025<0.05，$p>0.05$，数据巢形结构不明显，嵌套特点不典型，因此不再使用多水平模型进行分析。使用SPSS 22.0软件进行数据处理、相关分析、Bootstrap检验等。

四　研究结果

（一）共同方法偏差检验

本研究数据均由被试幼儿的父母及老师自我报告，因而可能存在共同方法偏差，虽在填写问卷前已向家长和老师声明匿名调查且信息保密，数据回收后仍决定进行Harman单因子检验。将本研究涉及的所有项目全部投入进行探索性因子分析，结果表明，第一公因子的方差解释率为17.58%，低于40%的临界标准，可以认为该研究不存在严重的共同方法偏差。

（二）各变量间的相关分析

为检验各变量间是否显著相关，本研究对父亲养育倦怠、母亲养育倦怠、幼儿问题行为、幼儿自我控制四个变量进行皮尔逊相关分析，结果如表

4.3 所示。父亲养育倦怠与幼儿问题行为（$r=0.232$，$p<0.01$）存在显著正相关，与幼儿自我控制（$r=-0.272$，$p<0.01$）存在显著负相关；母亲养育倦怠与幼儿问题行为（$r=0.292$，$p<0.01$）存在显著正相关，与幼儿自我控制（$r=-0.291$，$p<0.01$）存在显著负相关；父亲养育倦怠与母亲养育倦怠（$r=0.630$，$p<0.01$）存在显著正相关；幼儿问题行为与幼儿自我控制（$r=-0.530$，$p<0.01$）存在显著负相关。

表 4.3 各变量间的相关分析

变量	M	SD	1	2	3	4
1. 父亲养育倦怠	1.37	0.53	1			
2. 母亲养育倦怠	1.42	0.50	0.630**	1		
3. 幼儿问题行为	1.15	0.13	0.232**	0.292**	1	
4. 幼儿自我控制	3.85	0.66	-0.272**	-0.291**	-0.530**	1

（三）中介模型检验

为验证幼儿自我控制在父母养育倦怠与幼儿问题行为之间的中介作用，我们根据温忠麟等（2004）提出的中介效应检验程序分别投入相关变量，结果如表 4.4、4.5 所示。

表 4.4 幼儿自我控制对母亲养育倦怠和幼儿问题行为的中介模型的检验

变量	幼儿问题行为			幼儿自我控制			幼儿问题行为		
	β	SE	t	β	SE	t	β	SE	t
母亲养育倦怠	0.067	0.016	4.164**	-0.486	0.124	-3.926**	0.046	0.02	2.278**
幼儿自我控制							-0.086	0.012	-7.055**
R^2	0.08			0.085			0.299		
F	17.335**			15.415**			35.148**		

第一步，母亲养育倦怠显著正向预测幼儿问题行为（$\beta=0.067$，$t=4.164$，$p<0.01$），第二步，母亲养育倦怠显著负向预测幼儿自我控制（$\beta=-0.486$，$t=-3.926$，$p<0.01$），第三步，将母亲养育倦怠与幼儿自我控制同时放入回归方程，幼儿自我控制显著负向预测幼儿问题行为（$\beta=-0.086$，$t=-7.055$，$p<0.01$），此时母亲养育倦怠仍能显著预测幼儿问题行为（$\beta=0.046$，$t=2.278$，$p<0.01$），但回归系数 β 从 0.067 下降为 0.046，表明幼

儿自我控制在母亲养育倦怠和幼儿问题行为之间起部分中介作用。

进一步使用Bootstrap方法进行中介效应检验（$n=5000$），同上。运算结果显示，幼儿自我控制中介效应95%置信区间为［-0.110，-0.062］，不包含0，说明幼儿自我控制在母亲养育倦怠和幼儿问题行为之间中介效应显著，中介效应为0.042（SE=0.018），95%置信区间为［0.017，0.088］，不包含0。对幼儿自我控制进行控制后，母亲养育倦怠对幼儿问题行为的直接效应为0.046（$p<0.01$），95%置信区间为［0.006，0.087］，不包含0，表明幼儿自我控制在母亲养育倦怠和幼儿问题行为之间起部分中介作用。

表4.5　幼儿自我控制对父亲养育倦怠和幼儿问题行为的中介模型的检验

变量	幼儿问题行为			幼儿自我控制			幼儿问题行为		
	β	SE	t	β	SE	t	β	SE	t
父亲养育倦怠	0.058	0.018	3.278**	-0.438	0.12	-3.648**	0.037	0.022	1.707
幼儿自我控制							-0.106	0.013	-7.842**
R^2	0.049			0.073			0.317		
F	10.473**			13.311**			38.676**		

第一步，父亲养育倦怠显著正向预测幼儿问题行为（$\beta=0.058$，$t=3.278$，$p<0.01$），第二步，父亲养育倦怠显著负向预测幼儿自我控制（$\beta=-0.438$，$t=-3.648$，$p<0.01$），第三步，将父亲养育倦怠与幼儿自我控制同时放入回归方程，幼儿自我控制显著负向预测幼儿问题行为（$\beta=-0.106$，$t=-7.842$，$p<0.01$），而此时父亲养育倦怠无法显著预测幼儿问题行为（$\beta=0.037$，$t=1.707$，$p>0.05$），因而幼儿自我控制在父亲养育倦怠和幼儿问题行为之间起完全中介作用。

进一步使用Bootstrap方法进行中介效应检验（$n=5000$），采用Hayes（2014）开发的PROCESS插件进行运算。运算结果显示，幼儿自我控制中介效应95%置信区间为［-0.132，-0.079］，不包含0，说明幼儿自我控制在父亲养育倦怠和幼儿问题行为之间中介效应显著，中介效应为0.046（SE=0.018），95%置信区间为［0.021，0.092］，不包含0。对幼儿自我控制进行控制后，父亲养育倦怠对幼儿问题行为的直接效应为0.037（$p<0.01$），95%置信区间为［-0.006，0.080］，包含0，表明幼儿自我控制在父亲养育

倦怠和幼儿问题行为之间起完全中介作用。

综上所述，父母养育倦怠对幼儿问题行为具有显著的正向预测作用，且幼儿自我控制在父母养育倦怠和幼儿问题行为之间起中介作用，因此假设1、2成立。

五 讨论

（一）父母养育倦怠对幼儿问题行为的主效应

幼儿问题行为不是由单一因素引起的，其发生发展都受到生理、心理及社会环境等因素的影响。学前儿童处于对周围环境进行自主探索的时期，因而也是引导其行为观念、培养建立良好习惯的关键期。虽然在此期间，幼儿已经开始进入幼儿园接触学校集体生活，但父母仍是引导、教育及纠正幼儿行为的主要责任人，家庭仍是其成长发展的最主要场所，家长与家庭因素仍是其行为的重要影响因素。

养育倦怠会引发夫妻冲突，导致伴侣关系紧张，影响家庭和谐，进一步来说，这种倦怠情绪还会导致消极的教养方式和态度（Chen et al.，2021；Mousavi，2019；解梦园等，2021）。又有相关研究表明，父母教养方式与家庭气氛会影响幼儿行为，消极的教养态度与幼儿问题行为具有较高的正相关性（Sugawara et al.，1999）。本研究结果与以往研究结论具有一定的一致性，在本研究中，父母养育倦怠能够显著正向预测幼儿问题行为，倦怠水平越高，幼儿问题行为越严重。在积极的教养方式中，父母乐于投入教养资源，即便是向孩子提出较高要求也会给予子女恰到好处的关注、支持、接纳和包容，而在消极的教养方式中，父母对待子女缺乏温暖和支持，难以与子女进行平等交流与沟通，甚至还可能对子女施加言语和身体上的暴力伤害（赵金霞、王美芳，2010）；父母关系和睦、家庭氛围轻松愉悦往往使得孩子保持身心健康，形成良好的行为方式，父母关系紧张、家庭矛盾频发更可能导致幼儿易冲动、易焦虑，出现学习障碍，引发逆反心理，进而出现问题行为（陈福美等，2018）。

（二）幼儿自我控制在父母养育倦怠与幼儿问题行为之间的中介作用

通过查阅文献，我们发现目前还鲜有学者针对幼儿自我控制在养育倦怠与问题行为之间的关系展开研究，但有相关研究提供佐证。在养育和教养过程中，父母会采取不同的教养方式和控制模式，这是幼儿发展自我控制能力的重要影响因素（杨慧芳、刘金花，1997），积极的教养方式能够显著正向预测幼儿自我控制能力（Merrifield & Gamble，2013；Blair et al.，2014），受到消极教养和控制的幼儿自我控制能力明显低于那些受到积极态度和教养方式培养的幼儿（Bowen et al.，1995）。还有研究进一步证实了这个观点，早在1990年，Gottfredson 和 Hirschi 就发现，父母不恰当的教育方式能够显著负向预测幼儿自我控制能力，并且可能导致幼儿出现违法乱纪行为，Bunch 等（2018）进一步研究指出，父母消极的教养方式确实会影响幼儿发展自我控制能力，而自我控制力弱则会引发幼儿问题行为。

本研究发现，幼儿自我控制在养育倦怠与幼儿问题行为之间起中介作用，换句话来说，养育倦怠不仅能够直接影响幼儿问题行为，还可以通过幼儿自我控制间接影响其问题行为，父母的养育倦怠水平越高，幼儿自我控制能力越差，进而越容易引发幼儿问题行为，此结论大致符合研究预期。除此之外，还有研究表明，父母的言语或身体暴力（家暴）会导致幼儿自我控制能力减退，与正常幼儿相比更易出现问题行为（Evans et al.，2012），Hu 等（2018）在以中国幼儿为样本的研究中也发现，幼儿自我控制在父母实施体罚与幼儿的问题行为之间起中介作用。

六　研究局限与未来研究展望

本研究发现，父母养育倦怠不仅能够直接预测幼儿的问题行为，还可以通过自我控制间接作用于幼儿问题行为。研究结果有利于父母注意到养育倦怠的负面影响，减少使用消极教养方式，从而为提高养育质量、促进子女的健康成长建立起理论与实践的基础。需要注意的是，本研究也存在一些不足，首先，本研究采用横断设计，不能从发展的角度探究父母养育倦怠对幼儿问题行为的影响，以后的研究可以采用纵向设计收集数据，增加研究结果的可靠性；其次，个体的身心发展水平在不同的年龄段存在差异，父母所面临的养育问题也有所不同。本研究的对象局限于学前儿童，其结果能否推广到其他年龄阶段的儿童青少年及其父母，还有待于考察。未来的研究可以选取年龄跨度更大的样本，考察儿童青少年发展不同阶段其父母养育倦怠对子女的影响，提升研究结果的可推广性。

第三节 养育倦怠与幼儿推理能力

一 引言与问题提出

（一）养育倦怠与幼儿推理能力

推理能力指个体由一个或几个已知条件推断出新结论的逻辑思维能力，一般包括直接推理能力和间接推理能力（崔亚男，2018）。推理能力对幼儿成长发展具有重要作用，是促进智力和创造力发展的基础因素，对幼儿语言表达和社会交往也具有深刻影响。通过日常学习实践可知，数学活动就是物体与物体间推理与验证的过程。幼儿推理能力是数学能力的重要组成部分，与数学学习密切相关（刘电芝，2006；赵银琴，2019）。其中，排序活动是帮助幼儿理解数学知识、促进智力开发的有效工具，按照规则排序有助于促进幼儿对序列概念的理解、树立区别概念，与幼儿的推理能力的发展联系紧密，对幼儿自由表达思想、增强幼儿思维能力、培养探索精神具有重要意义（李燕，2001）。因此，本研究选取量的排序和事件的排序作为幼儿推理能力的主要指标。

有研究指出，父母积极参与游戏活动对于儿童推理能力的发展具有促进作用。Hall 和 Schaverien（2001）在研究中发现，当父母参与幼儿游戏时（提供支持、与孩子进行交流或者合作完成游戏等），孩子的游戏表现会比单独玩耍时更突出，考虑问题也更全面，这说明父母对孩子的关注和投入对孩子早期逻辑推理能力的发展具有重大意义。Tscholl 和 Lindgren（2016）指出，父母在家庭教育中参与幼儿活动（如在做游戏时对儿童进行解释说明），引导孩子思考问题，有利于幼儿推理能力和情绪调节能力的发展。而正在经历养育倦怠的父母往往采取消极的教养方式，不愿陪伴子女参与游戏，倾向于不管不顾，忽视子女的情感需求（Roskam et al.，2017），可能不利于幼儿推理能力的发展。由此，可以做出以下假设。

假设 1：父母养育倦怠对幼儿推理能力具有显著的负向预测作用。

（二）执行功能的中介作用

执行功能（Executive Function，EF）最早由于对前额叶受损患者的临床治疗而被学者关注，当时认为执行功能与前额叶功能基本相同，但随着研究的不断深入，学者们渐渐发现执行功能并不是单一的功能，而是灵活的、复杂的功能。目前对于执行功能还没有统一的定义，不同学者对于执行功能的阐述也不尽相同。Hughes 和 Ensor（2009）认为，执行功能是一种监测个体目标实施并随环境变化做出相应反应的目标导向性行为。Raver 等（2016）则认为可以将幼儿执行功能看作一种高级认知功能，帮助个体选择、规划和解决问题。我国学者陈天勇等（2003）认为执行功能是一种可以控制与目标无关的所有其他认知活动的元认知过程。周晓林（2004）认为执行功能实质上就是对自身认知过程的协调和控制，使得个体能够有序完成复杂的任务动作。李美华（2006）表示，执行功能有广义和狭义之分，狭义的执行功能单指抑制性控制，而广义的执行功能是指包括元认知、计划、工作记忆、抑制控制等过程在内的一般性控制，使得个体认知系统以更加灵敏的方式实施计划，最终完成目标。结合本书研究对象来说，执行功能是指幼儿控制自身思想行为，根据目标做出反应，从而解决问题、完成任务的过程。

研究发现，父母对子女执行功能发展的作用也是不可忽视的。Landry 等（2002）在比较 3 岁与 6 岁儿童的执行功能的研究中发现，“语言脚手架”（父母对儿童疑惑的问题进行解释说明，对儿童完成任务的鼓励和表扬等）对幼儿执行功能的发展有明显的积极作用，并且母亲的“语言脚手架”对幼儿语言能力的发展具有促进作用。Hughes 和 Ensor（2009）发现，家庭环境混乱、负面的教养方式也会影响幼儿的执行功能发展。家庭环境嘈杂度较高的幼儿更容易出现认知和行为障碍（Evans，2003），而家庭生活安静有序的幼儿则表现出较高的执行功能水平。生活的杂乱无序会削弱儿童的时间观念，影响儿童的行为控制和情绪调节，导致幼儿缺乏组织和规则意识。而当父母养育倦怠水平较高时，父母认为自己为照顾子女已处于超负荷状态，对“父母”这一角色感到厌烦，因此倾向于逃避与子女的情感交流（Mikolajczak et al.，2018a），可能不利于幼儿执行功能的发展。另外，周世杰等（2006）研究发现，儿童的执行功能、认知与加工速度和幼儿的推理能力、心算成绩呈显著正相关。文萍等（2007）也发现，儿童执行功能与其数学能力呈显著正相关，且执行功能对逻辑推理能力、运算能力及空间想象能力都有正向预测作用。综上，可做出以下假设。

假设 2：幼儿执行功能在父母养育倦怠和推理能力之间起中介作用。

二 研究方法

（一）研究对象及施测过程

本研究采用问卷调查法和实验法进行配对数据的收集。

（1）问卷部分

由园方以班级为单位提供大班健康状况良好且由父母共同抚养的儿童名单，施测人员事先以个人为单位将父母问卷用档案袋密封装订并编码，由教师装入幼儿书包带回家中，由父母填写，父亲问卷、母亲问卷为一组完整数据。父母分别填写一份一般情况问卷、养育倦怠评估量表、学龄前儿童执行功能行为评定问卷，填写完后装回档案袋，第二天由幼儿带回幼儿园，后由施测人员以一组两份的方式按编码顺序回收。为避免幼儿父母的自我选择偏见，在问卷中未提及"养育倦怠"，而使用"养育体验"一词进行调查。另外，为提高问卷的答案真实性及问卷回收率，在征求幼儿父母知情同意后进行匿名调查。本研究对 2 家幼儿园 10 个大班进行调查，发放并回收了 283 组父母问卷，回收后对问卷进行核查，父母有一方存在缺失值就予以舍弃剔除，对保留下来的对应幼儿进行实验，最终问卷与实验匹配完整的数据共 162 组。

（2）实验部分

由幼儿园提供一间安静且幼儿相对熟悉的教室，由包括笔者在内的四位心理学硕士研究生做主试，一名主试每次只能对一名幼儿施测，时间大约 20～35 分钟。主试须一边向幼儿出示项目，一边对幼儿的反应进行观察与记录，以随机抽取的方式决定出示各项具体任务的先后顺序。以巧克力为奖励物，鼓励孩子耐心完成实验，过程中不得向幼儿提供任何反馈信息。

（二）测量工具

（1）问卷部分

一般情况问卷：一般人口统计学变量统计，如幼儿性别及年龄、父母年龄、家庭结构等。

养育倦怠评估量表：同研究"养育倦怠与幼儿入园适应""养育倦怠与幼儿问题行为"。在本研究中，父亲问卷的 Cronbach's α 系数为 0.97，母亲问卷的 Cronbach's α 系数也为 0.97。

学龄前儿童执行功能行为评定问卷：Gioia 等（2002）编制了 BRIEF-P

量表，包括3个量表，分别是学前儿童量表、学龄儿童量表和成人量表，本研究只讨论学前儿童量表（父母版）。原量表共有129个项目，经修订，最终形成了包含63个项目的BRIEF-P问卷（Isquith et al.，2004），适用于学龄前儿童，由父母填写问卷，用来测量幼儿执行功能水平。该量表包含5个因子，分别是抑制（inhibit，16个项目）、转换（shift，10个项目）、情感控制（emotional control，10个项目）、工作记忆（working memory，17个项目）、组织计划（plan/organize，10个项目），这5个因子构成了3个维度，其中，抑制和情感控制构成了抑制自我调控指数（Inhibitory Self-Control Index，ISCI）维度，转换和情感控制构成了认知灵活性指数（Flexibility Index，FI）维度，组织计划和工作记忆构成了元认知指数（Emergent Metacognition Index，EMI）维度。该量表采用Likert 3点量表计分（1~3），1为“从不”，3为“经常”，分数越高，表示幼儿执行功能受损程度越高。典型项目举例：“会大发脾气”；“当计划或日常生活改变时心烦意乱”；“难以参与不熟悉的社交事务”。在本研究中，父亲问卷的Cronbach's α系数为0.96，母亲问卷的Cronbach's α系数也为0.96。

（2）实验部分

排序活动促进幼儿对序列概念的理解，与幼儿的推理能力发展联系紧密，数学排序活动有助于增强幼儿思维能力，激发幼儿对外界的发现和探索（李燕，2001），因此本研究选用量的排序和事件的排序作为评定推理能力的测量工具。

量的排序：

物体的量包括许多方面，如长短、大小、高矮、厚薄、粗细、宽窄、容积、轻重等。本研究根据目前我国学前教育的数学教育目标和基本内容，选取了大班儿童在日常生活中时常运用到的长短、大小、宽窄和点数四种量来考察幼儿排序能力。其中长短排序的材料与过程参考了肖娟（2007）的测查工具，其他量的排序则根据长短排序进行改编。

以长短排序为例，主试将所有材料无规律地随意放在桌上，任意拿出两个，向幼儿提问，如“你看这两个有什么区别”，儿童做出回答，如“这个长，这个短”，继续向幼儿提问“那你能不能把这些按照从长到短或者从短到长给它们排排队呀”。大小、宽窄及点数排序重复上述程序。在测查过程中，均先让儿童进行7个物体的排序，若幼儿可以成功完成则继续进行10

个物体的排序；若没有成功完成，则继续进行 4 个物体的排序。

事件的排序：

事件的排序的实验材料是根据 Brown 和 French（1976）、Xeromeritou 和 Natsopoulos（2010）的实验材料进行改编得来的，分别是 3 张图片排序、4 张图片排序和 5 张图片排序，图片简洁清晰，要点明确突出，并考虑到幼儿生活经验的不同，不同数量图片排序分别准备了相对容易的熟悉事件和相对较难的不熟悉事件各两件。

主试向幼儿发出指导语“你看这些图片，它们的顺序被打乱了，你可不可以给它们重新排排队，然后给我讲个小故事呀”。如果孩子排好顺序后在讲故事的过程中对顺序进行调整，则以调整后的顺序为准；如果排对顺序但不能讲出故事，则对该事件进行重新排序，再次排对记为正确，排错则记为错误。

主试根据实验内容制定排序测查记录表，在实验过程中根据幼儿完成排序任务的情况进行计分。在量的排序中，针对每个子任务，排序正确记 1 分，排序错误记 0 分，如果儿童对 7 个物体的排序正确，则默认 4 个物体排序也正确，直接进行 10 个物体的排序。长短、大小、宽窄、点数各 3 个，每个 1 分，总分 12 分。事件排序计分方式同上，3、4、5 张图片的排序各 4 个，每成功一个记 1 分，总分 12 分。因此，量的排序与事件的排序共计 24 分。

三 统计方法

使用 SPSS 22.0 软件进行数据处理、相关分析、Bootstrap 检验等。

四 研究结果

（一）共同方法偏差检验

本研究的问卷部分由被试幼儿的父母自我报告，因而可能存在共同方法偏差，虽在填写问卷前已向家长声明匿名调查且信息保密，数据回收后仍决定进行 Harman 单因子检验。将本研究涉及的所有项目全部投入进行探索性因子分析，结果表明，第一公因子的方差解释率为 26.33%，低于 40% 的临界标准，可以认为该研究不存在严重的共同方法偏差。

（二）各变量间的相关分析

为检验各变量间是否显著相关，对父亲养育倦怠、母亲养育倦怠、幼儿执行功能（父亲）、幼儿执行功能（母亲）、幼儿推理能力五个变量进行了皮尔逊相关分析，结果如表 4.6 所示。首先，父亲养育倦怠与父亲汇报的幼儿执行功能［下文用“幼儿执行功能（父亲）”表示］（$r = -0.385$，$p < 0.01$）、母亲汇报的幼儿执行功能［下文用“幼儿执行功能（母亲）”表示］（$r = -0.410$，$p < 0.01$）存在显著的负相关关系，与幼儿推理能力（$r = -0.265$，$p < 0.01$）存在显著的负相关关系；同样地，母亲养育倦怠与幼儿执行功能（父亲）（$r = -0.439$，$p < 0.01$）、幼儿执行功能（母亲）（$r = -0.421$，$p < 0.01$）存在显著的负相关关系，与幼儿推理能力呈显著负相关（$r = -0.444$，$p < 0.01$）。其次，父亲养育倦怠和母亲养育倦怠都与幼儿推理能力（$r_{父} = -0.265$，$r_{母} = -0.444$，$p < 0.01$）存在显著负相关关系，幼儿执行功能（父亲）和幼儿执行功能（母亲）也都与幼儿推理能力（$r_{父} = 0.217$，$r_{母} = 0.326$，$p < 0.01$）存在显著正相关关系。最后，父亲养育倦怠与母亲养育倦怠（$r = 0.842$，$p < 0.01$）、幼儿执行功能（父亲）与幼儿执行功能（母亲）（$r = 0.813$，$p < 0.01$）也都存在显著的正相关关系。

表 4.6　各变量间的相关分析

变量	M	SD	1	2	3	4	5
1. 父亲养育倦怠	1.46	0.77	1				
2. 母亲养育倦怠	1.56	0.84	0.842**	1			
3. 幼儿执行功能（父亲）	1.51	0.29	-0.385**	-0.439**	1		
4. 幼儿执行功能（母亲）	1.49	0.27	-0.410**	-0.421**	0.813**	1	
5. 幼儿推理能力	0.79	0.15	-0.265**	-0.444**	0.217**	0.326**	1

（三）中介模型检验

为检验幼儿执行功能在父母养育倦怠与幼儿推理能力之间的中介作用，我们根据温忠麟等（2004）提出的中介效应检验程序分别投入相关变量，结果如表 4.7、4.8 所示。

第一步，母亲养育倦怠显著负向预测幼儿推理能力（$\beta = -0.084$，$t = -6.461$，$p < 0.01$），第二步，母亲养育倦怠显著负向预测幼儿执行功能（$\beta = -0.133$，$t = -5.747$，$p < 0.01$），第三步，将母亲养育倦怠与幼儿执行

表 4.7　幼儿执行功能在母亲养育倦怠和幼儿推理能力中介模型的检验

变量	幼儿推理能力			幼儿执行功能			幼儿推理能力		
	β	SE	t	β	SE	t	β	SE	t
母亲养育倦怠	-0.084	0.013	-6.461**	-0.133	0.023	-5.747**	-0.061	0.014	-4.343**
幼儿执行功能							0.147	0.045	3.285**
R^2	0.202			0.178			0.250		
F	41.744**			33.024**			25.333**		

表 4.8　幼儿执行功能在父亲养育倦怠和幼儿推理能力中介模型的检验

变量	幼儿推理能力			幼儿执行功能			幼儿推理能力		
	β	SE	t	β	SE	t	β	SE	t
父亲养育倦怠	-0.053	0.016	-3.289**	-0.145	0.029	-4.993**	-0.043	0.017	-2.477**
幼儿执行功能							0.069	0.046	1.482
R^2	0.640			0.148			0.084		
F	10.816**			24.930**			6.551**		

功能同时放入回归方程，幼儿执行功能显著正向预测幼儿推理能力（$\beta=0.147$，$t=3.285$，$p<0.01$），此时母亲养育倦怠仍能显著预测幼儿推理能力（$\beta=-0.061$，$t=-4.343$，$p<0.01$），但回归系数 β 从 -0.084 增加为 -0.061，表明幼儿自我控制在母亲养育倦怠和幼儿推理能力之间起部分中介作用。

进一步使用 Bootstrap 方法进行中介效应检验（$N=5000$），同上。运算结果显示，幼儿执行功能中介效应 95% 置信区间为［0.058，0.235］，不包含 0，说明幼儿执行功能在母亲养育倦怠和幼儿推理能力之间中介效应显著，中介效应为 -0.020（SE = 0.007），95% 置信区间为［-0.231，-0.038］，不包含 0。对幼儿执行功能进行控制后，母亲养育倦怠对幼儿推理能力的直接效应为 0.061（$p<0.01$），95% 置信区间为［-0.089，-0.033］，不包含 0，表明幼儿执行功能在母亲养育倦怠和幼儿推理能力之间起部分中介作用。

第一步，父亲养育倦怠显著负向预测幼儿推理能力（$\beta=-0.053$，$t=-3.289$，$p<0.01$），第二步，父亲养育倦怠显著负向预测幼儿执行功能（$\beta=-0.145$，$t=-4.993$，$p<0.01$），第三步，将父亲养育倦怠与幼儿执行功能同时放入回归方程，父亲养育倦怠显著负向预测幼儿推理能力（$\beta=-0.043$，$t=-2.477$，$p<0.01$），而幼儿执行功能无法直接预测幼儿推理能

力（$\beta=0.069$，$t=1.482$，$p>0.05$），表明幼儿执行功能在父亲养育倦怠和幼儿推理能力之间的中介作用不成立。

综上所述，父母养育倦怠对幼儿推理能力具有显著的负向预测作用，假设1成立；而针对假设2得出的结论是，幼儿执行功能在母亲养育倦怠与幼儿推理能力之间的中介作用成立，而在父亲养育倦怠与幼儿推理能力之间的中介作用不成立。

五　讨论

（一）父母养育倦怠对幼儿推理能力的主效应

推理能力是认知能力发展的重要组成部分，对于幼儿成长发展意义重大。而数学能力与推理能力息息相关，数学思维的培养训练是幼儿进行数学早教的重要内容，排序则是促进学前儿童推理能力发育的有效途径之一。幼儿推理能力受到其生理基础、智力水平、教育指导、家庭与社会环境等多方面因素的影响，共同作用于幼儿推理能力的发展（刘玉莹，2012）。

本研究发现，父母养育倦怠能够显著负向预测幼儿推理能力，养育倦怠水平越高，幼儿推理能力越差，这与以往的研究结果大致相似。有研究指出，父母的教养方式、对子女的准确评价、教育观念、物质条件及亲子关系与互动模式都对幼儿数学能力的发展具有重要影响（黄瑾，2006），又有多项研究表明，父母重视日常亲子数学推理互动对幼儿推理能力的发展具有重要作用（程祁，2009；高黎亚，2010；石贤磊，2015），张馨尹（2013）的研究再次证实了此观点，她指出，父母的教育观念和日常生活的有意引导与幼儿数学能力的发展显著相关。而养育倦怠恰恰时常伴随着消极的养育态度及对子女的忽视，照顾子女的疲惫感使得父母不愿再花额外的时间和精力去专心陪伴幼儿进行游戏活动（Roskam et al.，2017），而这种亲子互动的游戏活动恰恰是促进幼儿推理能力发展的重要途径之一，因此倦怠水平较高的父母给予幼儿推理能力的锻炼机会较少，导致幼儿推理能力较差。

（二）幼儿执行功能在父母养育倦怠与幼儿推理能力之间的中介作用

幼儿执行功能受到其生理基础和社会环境的双重影响，家庭环境是儿童执行功能发展的重要影响因素。研究表明，父母教养方式与幼儿执行功能显著相关，若父母习惯于对幼儿实施惩罚、虐待，会使幼儿产生认知偏差，可能会通过模仿父母的行为方式达到目的（Eisenberg et al.，2001），Hutchison

等（2016）也指出，父母不恰当的教养方式会导致幼儿执行功能受损。而执行功能对于言语理解、问题解决、计划及推理都具有重要影响（Daneman & Merikle, 1996; Engle et al. , 1999），其核心成分工作记忆、抑制控制可以显著正向预测推理能力（Peng et al. , 2016）。通过日常教学活动可知，数学活动就是物体与物体之间关系的推理与验证，而个体在完成数学活动的过程中就会使用执行功能筛选无关信息、选择相关信息，并对其进行存储、操作与转换（Bull & Lee, 2014; Cragg & Gilmore, 2014）。这与本研究结果大致相同，我们发现，幼儿执行功能在养育倦怠与幼儿推理能力之间起中介作用，也就是说，养育倦怠不仅能够直接影响幼儿推理能力，还会通过幼儿执行功能间接作用于其推理能力，父母养育倦怠水平越高，幼儿执行功能越差，进而导致幼儿推理能力越差。

经过对文献的整理我们还发现，父母对子女需求的敏感性和口头鼓励支持都与幼儿执行功能显著相关（Kok et al. , 2014; Kraybill & Bell, 2013），而那些正在经历养育倦怠的父母恰恰更可能不愿花时间与子女进行互动，且容易忽视他们的需求，更有甚者对子女进行辱骂和虐待（Mikolajczak et al. , 2018b; Crouch & Behl, 2001）。另外还有研究指出，相较于父亲，母亲对幼儿执行功能的发展影响更大，母亲的支持能够显著正向预测幼儿执行功能任务表现（Sulik et al. , 2015），这与本书研究结果也具有一致性，本研究发现，幼儿执行功能在母亲养育倦怠与幼儿推理能力之间的中介作用成立，而在父亲养育倦怠与幼儿推理能力之间的中介作用不成立，这可能是因为在大班这个年龄段，相较于父亲，母亲承担了更多的养育活动，陪伴幼儿的时间更多，与子女进行亲子互动频率也较高，因而产生了较大影响。

六 研究局限与未来研究展望

此前关于父母养育倦怠与儿童青少年身心发展关系的研究，主要聚焦于儿童青少年的情绪、行为和心理健康等问题，本书首次考察了养育倦怠对于幼儿推理能力的影响，以及执行功能的中介作用，但需要注意的是，本研究还存在一些局限。首先，养育倦怠对子女认知发展的影响可能是多方面的，本研究只是选取了推理能力，未来的研究可以考虑纳入感知能力、记忆能力等更多的认知变量，或同时考察养育倦怠对于认知与情绪、行为等变量的影响作用，增加研究结果的生态效度；其次，本研究采用横断设计，虽然结果初步支持了父母养育倦怠与幼儿推理能力之间的关系，但不能从发展的角度解释父母养育倦怠对幼儿推理能力的影响，以后的研究可以采用纵向研究和实验范式进行数据收集，以期对变量之间的关系做出因果性的推论。

第五章　养育倦怠与初中生问题行为

家庭系统理论认为，父母对子女的健康成长起着至关重要的作用（Bowen，1974）。子女年龄阶段不同，面临的身心发展任务不同，父母所需要提供的养育资源及自身面临的养育压力也会有所不同，从而对子女的影响程度也有所差异。初中生时期是个体发展的关键期，需要面临更多变的矛盾与冲突，存在跨多个领域（如友谊、性、身份等）的快速发展与转变，此时个体如果不能较好地应对矛盾冲突、适应身心变化，就有可能出现由于适应不良而引起的一系列问题行为或者情绪问题（Li et al.，2019）。初中生可能需要父母更多的爱与包容，和谐的家庭环境（迟新丽等，2021）与良好的亲子关系（田微微等，2018）都有助于他们更好地应对青春期的各种变化。但是，倦怠的父母只为子女提供基础的生活保障，不仅忽视了子女的情感需求，还有可能出现暴力行为（Mikolajczak et al.，2018a），这都不利于初中生的身心健康发展。此前较多研究验证了养育倦怠与初中生身心发展的关系。例如，养育倦怠会增加初中生焦虑感、孤独感、抑郁水平（Cheng et al.，2020）和攻击行为（Prikhidko & Swank，2020），降低初中生的生活满意度（Cheng et al.，2020）和心理健康水平（王玮等，2021a）。但目前仅有一项实证研究考察母亲养育倦怠与初中生内外化问题行为的关系，以及敌意教养在二者之间的中介作用（Chen et al.，2021）。由此可见，养育倦怠对初中生内外化问题行为的影响机制值得进一步探究。本章的目的在于考察父母养育倦怠与初中生内外化问题行为之间的关系及其内在机制，并探讨家庭（家庭功能）、父母（父母心理攻击）、子女（初中生自我控制）3个层面的中介作用，以期为父母养育倦怠与初中生内外化问题行为的预防和干预提供理论支持及实践依据。

第一节　养育倦怠与初中生内化问题行为

一　引言与问题提出

（一）养育倦怠与内化问题行为

问题行为（problem behavior）是指对个体身心健康成长、环境适应、社交能力发展等方面均有严重影响的异常行为，主要分为内化问题行为和外化问题行为（Achenbach，1991），前者指焦虑、抑郁、孤僻、退缩等情绪问题，后者指攻击反抗、违纪越轨、过度活动等行为问题。初中生时期的个体需要面临更多变的矛盾与冲突，容易出现各种情绪和行为问题，是问题行为的多发期（Li et al.，2019）。同时，问题行为发生的范围较广，后果较严重，不仅会对初中生的社会化发展不利，影响初中生的学习、交友、家庭关系、个人素质发展等，更严重的还会导致个体走向违法犯罪的歧路。因此，探讨初中生问题行为的产生机制，是预防和干预初中生问题行为的产生、促进初中生身心健康发展的重要举措。

依据问题行为理论，个体知觉到的环境系统对其行为会产生非常大的影响（Crowther et al.，1978），在家庭环境系统中，父母就成为影响初中生行为发展的重要因素。已有研究表明，父母自身养育体验，如养育倦怠会通过影响其养育方式，对初中生问题行为产生一系列影响（Chen et al.，2021）。具体来说，养育倦怠水平高的父母在情感上与子女分离，试图逃避自己的教养职责，并逐渐将子女的物质需求、生理需求、情感需求等视若无睹（Roskam et al.，2017），倾向于使用消极的养育方式对待子女，甚至出现暴力行为（Mikolajczak et al.，2018a），导致子女出现焦虑感和孤独感等情绪问题，进而降低其生活满意度（Cheng et al.，2020）。因此，养育倦怠可能是引起初中生内化问题行为的重要风险因素。然而，目前有关养育倦怠与内化问题行为的实证研究还较少，仅有一项研究支持了母亲养育倦怠对子女问题行为存在正向预测作用（Chen et al.，2021）。因此，有必要深入探讨养育倦怠与初中生内化问题行为的关系，为二者关系的研究提供充足的实证支持。

此外，值得注意的是，已有关于养育倦怠的后果研究更多聚焦于母亲样本（Hubert & Aujoulat, 2018; Aunola et al., 2020; Cheng et al., 2020），对于父亲群体的考察较少（王玮等，2021b；解梦园等，2021）。随着社会的进步与经济的快速发展，越来越多的女性进入职场，越来越多的男性也逐步参与到家庭与养育活动之中（王玮等，2021b），与此同时，即使是父母同时都参与到子女的养育活动之中，但两人所扮演的角色、承担的责任与履行的义务也可能会有所不同，因而其中一个人可能会扮演主要养育者的角色，其所体验到的养育压力与养育倦怠也可能与其配偶有着显著差别（Meeussen & Laar, 2018），因此，有必要从主要养育者的角度来对养育倦怠问题以及其与结果变量之间的关系进行考察。

综上，提出本研究的假设1：养育倦怠正向预测初中生内化问题行为。

（二）家庭功能与共同养育的作用

1. 家庭功能的中介作用

家庭功能是家庭系统中家庭成员的情感联系、家庭规则、家庭沟通以及应对外部事件的有效性（Olson, 2000）。根据家庭系统理论（Bowen, 1974），家庭是一个动力系统，养育倦怠的负面效应可能会超出养育者自身，影响与伴侣和子女的关系（Mikolajczak et al., 2018a），比如增加夫妻冲突、降低婚姻满意度（Cheng et al., 2020）等，产生对子女的忽视和远离行为，甚至是暴力行为（Mikolajczak et al., 2018a），进而扩散到整个家庭系统，导致家庭系统的功能失调，各个系统之间的配合和支撑被破坏（Furutani et al., 2020）。Sekułowicz 等（2022）的研究表明，父母养育倦怠可以从家庭沟通度、组织性和满意度等方面影响家庭功能的质量。因此，本研究认为父母养育倦怠会负向预测家庭功能。

根据 Epstein 等（1978）的家庭功能模式理论和 Bronfenbrenner（1979）的生态系统理论，家庭的存在为家庭成员身心和社会性等的发展提供最基础的先决发展条件，是影响儿童各方面发展的最直接、最近端的重要微观环境因素，是影响家庭中个体心理健康发展的深层变量（邓丽芳等，2009）。有研究表明，家庭功能越好，意味着家庭成员间关系越正向积极，彼此沟通和谐，冲突少，互相之间能够提供高水平的爱和支持，整个家庭具有凝聚力，能为初中生心理健康成长提供良好的环境基础（Cambron et al., 2017），进而减少抑郁、焦虑等内化问题的出现（肖倩、洪黛玲，2008；胡宁等，2009）。

综上，提出本研究的假设 2：家庭功能在养育倦怠和初中生内化问题行为之间起中介作用。

2. 共同养育的调节作用

对于一个完整的家庭而言，养育子女是父母共同的责任和义务，在前文中，我们论述了父母在家庭中的分工有所不同，所以进行了主要养育者的筛选，但是父母分工的不同并不意味着另一方没有参与养育活动，反而配偶对主要养育者提供的养育帮助对其可能起到了重要的支持作用（吴佳铭等，2017），对于养育者来说，家庭和配偶是他们重要的社会支持来源。因此，学者们对这种父母在承担养育子女角色过程中的互动赋予了学术上的名字，即“共同养育”，具体是指在养育子女的过程中，父母在养育目标、教育理念、教养方式、教育方法、教育态度等方面互动合作、协调配合的程度（Feinberg，2003）。

共同养育的生态模型（ecological model of co-parenting）提出共同养育质量对父母自身的心理健康发挥着重要作用（Feinberg，2003；吴佳铭等，2017；苏英等，2019）。养育倦怠水平较高的个体可能对家庭功能产生消极影响，此时配偶如果表现出积极的共同养育行为，给予养育者更好的养育支持，可能会缓冲养育倦怠对家庭功能的影响。所以，高质量的共同养育可能作为养育者的一个重要支持来源，在养育倦怠对家庭功能的影响上起到调节作用。

由此，提出假设 3：共同养育在养育倦怠和家庭功能之间起调节作用。

（三）父母心理攻击与领悟社会支持的作用

1. 父母心理攻击的中介作用

养育倦怠与父母的教养方式密切相关，较低的养育倦怠可能与更积极的养育方式有关（Roskam et al.，2018），而心理攻击作为一种严厉的教养方式，有理由推测，养育倦怠可以正向预测父母对子女的心理攻击行为。同时，现有研究表明养育倦怠可以预测父母的愤怒体验和表达，增加父母的攻击性（Prikhidko & Swank，2020），而且养育倦怠的父母不仅会从心理上远离子女，像一台自动驾驶的机器，无法为子女提供更多的心理支持，还会产生对子女的暴力行为（Mikolajczak et al.，2018a）。由于心理攻击是与忽视和暴力相似的一个变量，养育倦怠的父母更有可能对子女实施心理攻击行为。

根据情绪安全理论（Cummings & Davies，1996），父母的心理攻击表现为在语言和情感上对子女的责骂、训斥、拒绝等，降低了初中生情绪安全水平。Miller-Perrin 等（2009）对大学生幼年时经历严厉教养方式的一项研究发现，与父母体罚和身体虐待相比，心理攻击对负性情绪症状的预测作用最显著；翟培鑫等（2021）的研究也表明，父母的心理攻击可以显著正向预测儿童焦虑。所以，父母对子女的心理攻击可能作为家庭关系中的不和谐因素，对亲子关系造成不良影响（Zvara et al.，2015），并引起家庭亲密度的下降，从各个方面（焦虑、抑郁、敌意、人际关系不良等）对子女造成严重的伤害（Zou，2021；王美芳等，2017；刘莉、吴倩，2021；鞠文静等，2021），即父母的心理攻击可以显著正向预测内化问题行为的发生。

由此提出本研究假设 4：心理攻击在养育倦怠和初中生内化问题行为之间起中介作用。

2. 领悟社会支持的调节作用

社会支持是养育压力稳定而重要的影响因素（Abidin，1992），通过影响父母的心理弹性（赵珺，2020）和主观幸福感（汪鑫鑫等，2020），提高育儿的自我效能感和对子女的抚育教养能力（Belsky，1984），有助于父母对困难育儿任务的完成及对养育角色的更快学习和适应，直接影响个体发展、适应、调整等是社会支持的主要效应。同时，社会支持还具有对压力负面效应的缓冲作用，即社会支持的调节作用（Cohen & Wills，1985），可以减轻父母在抚养儿童的过程中产生的消极情绪压力及育儿压力（罗娟等，2020）等。Lu 等（2018）的研究也表明，社会支持缓冲了孤独症儿童父母的压力对生活满意度的负性影响。学者们认为，父母处于长期得不到解决的养育压力下，会产生养育倦怠症状（Mikolajczak & Roskam.，2018），也就是说，养育倦怠本身可以作为父母面临的一种压力情境，而父母的心理攻击行为是养育倦怠带来的负面效应。根据社会支持的缓冲效应，推测父母社会支持可能在养育倦怠对父母心理攻击的影响中起调节作用，即相对于具有较低领悟社会支持水平的父母，具有较高领悟社会支持水平的父母在遭遇养育倦怠时，产生对子女心理攻击的可能性会小一些。

由此提出本研究假设 5：父母领悟社会支持在养育倦怠和心理攻击之间起调节作用。

（四）初中生自我控制与同伴支持的作用

1. 初中生自我控制的中介作用

自我控制是自我意识的重要组成部分，而初中生时期是个体自我意识飞跃的关键时期，因此初中生阶段对个体自我控制能力的发展非常重要。根据个体－环境交互作用理论，家庭是影响个人特质发展的关键近端因素（Lerner，2004），初中生自我控制能力的发展离不开家庭因素的影响。根据自我控制的有限自制力理论（Baumeister et al.，2007），患有养育倦怠的父母，会出现对子女的忽视、暴力和情感上的远离等（Roskam et al.，2017；Mikolajczak et al.，2018a）。这将成为初中生需要面对的长期的压力情境，应对这些压力涉及各种资源的调节分配，包括情绪、认知、交友和家庭亲密关系等，而自我控制作为一种会减损的有限的资源，对上述过程的执行都会造成个体自我控制能力的损耗（Vohs et al.，2008），最终导致初中生自我控制能力的下降。因此，可以推测父母养育倦怠会导致初中生自我控制能力的降低。

同时，初中生的自我控制能力对其个人发展有着至关重要的奠基作用，根据自我控制的一般犯罪理论（Gottfredson & Hirschi，1990），认为自我控制水平较低的个体表现为情绪波动大和缺乏行为约束，容易表现出情绪和社会适应问题，进而产生内化问题行为（Chui & Chan，2015；张光珍等，2021）。因此，探讨初中生自我控制的中介作用具有重要的实践价值。

综上，提出假设6：初中生自我控制在养育倦怠和初中生内化问题行为之间起中介作用。

2. 同伴支持的调节作用

除了父母以外，同伴是初中生的“重要他人”（Brown et al.，1993）。根据父母接受－拒绝理论（Rohner et al.，1991），初中生如果遭受父母长期的情感远离，就会造成他们对情感联结的心理需求难以满足，而获得同伴的接受或支持可以在一定程度上满足他们的需求，或者说子女可能为了缓解父母养育倦怠导致的情感远离的不良后果，转而寻求同伴的支持，如找朋友玩耍或谈心。

基于心理弹性模型（Luthar et al.，2000），不良环境（如家庭氛围不和谐、亲子关系不良）并不一定会导致儿童的情绪、生理等的适应不良，主要取决于儿童保护性因素（如良好的人际关系、倾诉方式）的存在与否。因此，同伴支持可能对初中生发展成长起到重要的保护作用和缓冲功能（杨逸群等，2020；李露等，2020），即良好的同伴支持可能可以缓冲父母养育倦怠对初中生自我控制能力的负面影响。

综上，提出假设7：初中生同伴支持在养育倦怠和初中生自我控制之间起调节作用。

综合假设 1 ~7，提出本研究的理论模型如图 5.1 所示。

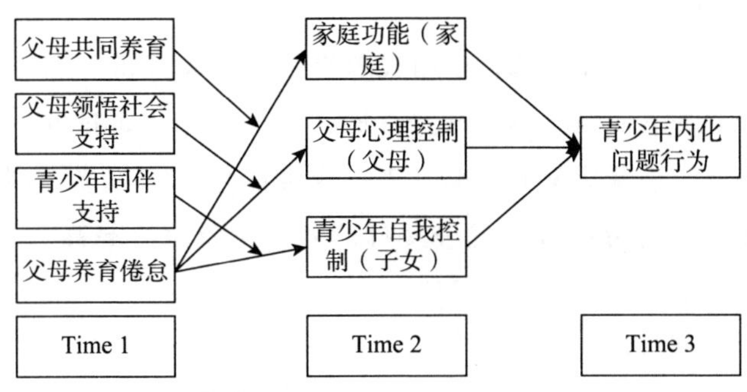

图 5.1　本研究的理论模型

二　研究方法

（一）研究对象

采用整群取样，选取河南省某中学初中生及其父母为调查对象。分别在 3 个时间点进行 3 次数据收集，每次间隔半个月。第一次调查内容为父母回答的养育倦怠、共同养育和婚姻满意度问卷，初中生回答的同伴支持问卷，发放问卷 600 组，回收问卷 546 组；第二次调查内容为父母回答的家庭功能、心理攻击，初中生回答的自我控制问卷，发放问卷 600 组，回收问卷 526 组；第三次调查内容为初中生问题行为，发放问卷 600 份，回收问卷 519 份。针对 3 次数据未能完全匹配以及缺失值过多的问卷予以剔除，保留有效问卷 493 组。进一步地，对调查数据进行预处理，为减少极端值对数据结果的影响，剔除在各变量得分上超过 3 个标准差的数据 41 组。

学生与父母问卷中均设置“主要养育者”题项。第一次调查前，告知学生将父母问卷带回家中交给自己所认为的主要养育者进行填写。父母回答问卷时需要勾选子女的主要养育者是“自己”、“配偶”或“他人”。进而在第 3 次调查时，要求学生针对其主要养育者进行勾选。调查结果表明，部分填写主要养育者问卷的个体并不是其子女认为的主要养育者，或者其并不认为自身为子女的主要养育者。剔除父母与子女在主要养育者选项上有分歧的被试样本 87 组，最终保留有效被试样本 364 组。在主要养育者中，母亲 320 人，父亲 44 人。初中生样本中，男生 170 人，女生 194 人，年龄为 14.14 ±

0.60 岁。

（二）研究工具

（1）养育倦怠

采用王玮等（2021b）修订的简式养育倦怠量表（the Chinese Short Version of Parental Burnout Assessment，S-PBA），共 7 题（如我再也忍受不了家长这个身份了）。该量表采用 Likert 7 点量表计分，1～7 为“非常不认同”到“非常认同”，得分越高，代表父母的养育倦怠水平越高。在本研究中，该量表的 Cronbach's α 系数为 0.753。

（2）内化问题行为

本研究设计主要针对 12～16 岁的初中生，选择 Achenbach（1991）儿童行为问卷中青少年自我评价版本（Youth Self-Report，YSR）作为本研究测量问题行为的工具。原量表由 119 个项目组成，数量众多，参考目前多数学者的选取方法（李菁菁等，2018；邢晓沛等，2017），选取其中焦虑/抑郁和退缩分量表，共 32 个题项来测量初中生内化问题行为。采用 Likert 3 点量表计分，从“0＝从不”到“2＝经常”，均为正向评分。在本研究中，内化问题行为的 Cronbach's α 系数为 0.855。

（3）家庭功能量表

采用由国内学者费立鹏等（1991）修订的 Olson 等（1987）编制家庭亲密度和适应性量表（Family Adaptability and Cohesion Evaluation Scales，FACES），整理出中文版本的量表（FACES－Ⅱ），包括亲密性、适应性两个维度，共有 30 个项目（如每个家庭成员都参与做出重大的家庭决策），采用 Likert 5 点量表计分。分数越高代表该状况在被试家庭中出现的次数越多，证明家庭亲密性、适应性水平越高。家庭功能总分是由家庭亲密性得分加 36 分与适应性得分加 12 分之和来表示的。在本研究中，量表的 Cronbach's α 系数为 0.912。

（4）共同养育量表

采用由吴佳铭等（2017）修订的简易共同养育量表中文版（the Brief Coparenting Relationship Scale，Brief CRS），信度和效度良好。共 14 个项目（如我的配偶十分关心我们的孩子），采用 Likert 7 点量表计分，得分越高表示父亲在共同养育中表现越积极。原量表用于母亲对父亲在日常共同养育中的表现进行测评，由于本研究对初中生的主要养育者进行研究，可能填写问卷的是初中生的父亲，因此对项目做了相应的改动。在本研究中，该量表的 Cronbach's α 系数为 0.774。

（5）心理攻击量表

采用 Straus 等（1998）编制的亲子冲突解决策略量表（Parent-Child Conflict Tactics Scale，CTSPC）的心理攻击分量表［如恐吓孩子说要打他（她），不过并没真的打］，共 5 题。量表采用 0～6 的 7 点计分法，分别表示进行过 0 次、1 次、2 次、3～5 次、6～10 次、11～20 次、20 次以上心理攻击，将被试者在每一个项目上所得分数转化为对应次数的中位数，作为父母最近一年内对子女心理攻击的次数。在本研究中，该量表的 Cronbach's α 系数为 0.768。

（6）领悟社会支持量表

采用 Dahlem 等（1991）编制的领悟社会支持多维量表（Multidimensional Scale of Perceived Social Support，MSPSS），国内学者姜乾金（2001）在中国情境下进行修订。量表包括朋友支持、家庭支持和其他支持 3 个维度，共 12 个问题（如我的家庭能够切实具体地给予我帮助）。采用 Likert 7 点计分法，分数越高，表示父母的领悟社会支持越多。在本研究中，该量表的 Cronbach's α 系数为 0.904。

（7）自我控制量表

选取谭树华、郭永玉（2008）修订的 Tangney 等（2004）的自我控制量表（Self－Control Scale，SCS），共 19 个项目（如我能为了一个目标而长效的工作），具有较好的信度和效度。采用 Likert 5 点计分法，总分越高，代表自我控制能力越强。在本研究中，该量表的 Cronbach's α 系数为 0.874。

（8）同伴支持

采用姜乾金（2001）修订的领悟社会支持量表（Perceived Social Support Scale，PSSS）中的同伴支持分量表（如我的朋友们能与我分享快乐与忧伤），来评估初中生感知到的同伴支持水平，共 4 个项目。采用 Likert 7 点量表计分，得分越高表明领悟到的同伴支持水平越高。在本研究中，该量表的 Cronbach's α 系数为 0.831。

三　统计方法

采用 SPSS 23.0 以及 PROCESS 插件对数据进行处理和分析。首先，采用

Harman 单因素分析对共同方法偏差进行检验；其次，对养育倦怠、初中生内化问题行为、家庭功能、共同养育、父母心理攻击、父母领悟社会支持、初中生自我控制、初中生同伴支持进行皮尔逊积差相关分析；最后，采用 PROCESS 插件 Model 4 分别检验家庭功能、父母心理攻击、初中生自我控制在养育倦怠与初中生内化问题行为间的中介作用，采用 PROCESS 插件 Model 7 进行有调节的中介作用检验。

四 研究结果

（一）共同方法偏差检验

本研究采用 Harman 单因素法检验共同方法偏差（周浩、龙立荣，2004），将研究所用到的养育倦怠、初中生内化问题行为、家庭功能、共同养育、心理攻击、领悟社会支持、初中生自我控制和初中生同伴支持的所有测量题项放在一起做未旋转的探索性因子分析，如果只抽取出一个因子或者第一个因子的方差解释率特别大，则表明存在较严重的共同方法偏差。结果显示，探索性因子分析所抽取的因子数大于 1，且最大因子的方差解释率仅为 12.59%（小于 40%）。因此，可以认为本研究中不存在严重的共同方法偏差问题。

（二）主要养育者在相关变量上的性别差异分析

最终，320 名母亲和 44 名父亲参加了本研究。鉴于父母数量差异较大，所以随机抽取 44 名母亲样本与父亲样本进行差异分析。通过独立样本 t 检验考察主要养育者在父亲和母亲养育倦怠、家庭功能、共同养育、心理攻击、领悟社会支持上的差异，结果如表 5.1 所示，母亲的养育倦怠显著高于父亲（$p < 0.01$）；父亲与母亲在家庭功能、共同养育水平、对子女心理攻击，以及领悟社会支持上均无显著差异（$ps > 0.05$）。

表 5.1 父母在各变量上的差异比较

变量	主要养育者	N	M	SD	t	p
养育倦怠	母亲	44	1.68	0.665	3.167**	0.002
	父亲	44	1.29	0.459		
家庭功能	母亲	44	4.93	0.655	-1.853	0.067
	父亲	44	5.17	0.588		

续表

变量	主要养育者	N	M	SD	t	p
共同养育	母亲	44	4.48	0.889	-1.944	0.055
	父亲	44	4.81	0.710		
心理攻击	母亲	44	2.93	3.968	1.792	0.077
	父亲	44	1.65	2.634		
领悟社会支持	母亲	44	5.13	0.848	-1.376	0.173
	父亲	44	5.4	1.012		

注：* $p<0.05$，** $p<0.01$，*** $p<0.001$，下同。

（三）初中生在相关变量上的性别差异分析

对不同性别的初中生在相关变量上的差异性进行检验，独立样本 t 检验表明，不同性别的初中生在内化问题行为上差异显著（$p<0.001$），女生显著高于男生；在自我控制水平上差异显著（$p<0.05$），男生显著高于女生；在同伴支持水平上差异显著（$p<0.01$），男生显著高于女生，结果如表 5.2 所示。

表 5.2　不同性别的初中生在各变量上的描述统计

变量	性别	N	M	SD	t	p
内化问题行为	男	171	0.32	0.251	-5.210***	0.000
	女	194	0.47	0.294		
自我控制	男	171	3.70	0.605	2.405*	0.017
	女	194	3.56	0.530		
同伴支持	男	171	5.33	1.589	-2.809**	0.005
	女	194	5.19	1.092		

（四）主要变量的相关分析

本研究拟针对研究假设构建 3 个有调节的中介模型，为使相关结果清晰明了，将针对 3 个结构方程模型对相关结果进行报告。首先，采用皮尔逊相关分析对父母养育倦怠、家庭功能、共同养育及内化问题行为的相关性进行分析，结果如表 5.3 所示。根据结果可知，养育倦怠与初中生内化问题行为（$r=0.18$，$p<0.01$）显著正相关，养育倦怠与家庭功能（$r=-0.17$，$p<0.01$）显著负相关；家庭功能与初中生内化问题行为（$r=-0.18$，$p<0.01$）显著负相关。

表 5.3　各变量之间的相关分析

变量	M	SD	1	2	3	4
1. 养育倦怠	1.43	0.54	1			
2. 家庭功能	5.04	0.61	-0.17**	1		
3. 共同养育	4.51	0.88	-0.37**	0.34**	1	
4. 内化问题行为	0.38	0.27	0.18**	-0.18**	-0.13*	1

其次，采用皮尔逊相关分析对父母养育倦怠、心理攻击、父母领悟社会支持、内化问题行为的相关性进行分析，结果如表 5.4 所示。根据结果可知养育倦怠与心理攻击显著正相关（$r=0.16$，$p<0.01$），父母心理攻击与初中生内化问题行为（$r=0.19$，$p<0.01$）显著正相关。

表 5.4　各变量之间的相关分析

变量	M	SD	1	2	3	4
1. 养育倦怠	1.43	0.54	1			
2. 心理攻击	1.96	2.87	0.16**	1		
3. 领悟社会支持	5.07	1.02	-0.18**	-0.14**	1	
4. 内化问题行为	0.38	0.27	0.18**	0.19**	-0.21**	1

最后，采用皮尔逊相关分析对父母养育倦怠、初中生自我控制、初中生同伴支持、内化问题行为的相关性进行分析，结果如表 5.5 所示。根据结果可知养育倦怠与初中生自我控制显著负相关（$r=-0.24$，$p<0.01$），初中生自我控制与内化问题行为（$r=-0.37$，$p<0.01$）显著负相关。

表 5.5　各变量之间的相关分析

变量	M	SD	1	2	3	4
1. 养育倦怠	1.43	0.54	1			
2. 自我控制	3.62	0.57	-0.24**	1		
3. 同伴支持	5.26	1.12	-0.03	0.15**	1	
4. 内化问题行为	0.38	0.27	0.18**	-0.37**	-0.14**	1

（五）家庭功能与共同养育的作用

1. 家庭功能的中介作用

对所有预测变量均进行标准化处理，首先对养育倦怠和初中生内化问题行为进行线性回归分析，结果显示，养育倦怠对初中生内化问题行为（$\beta = 0.18$，$t = 3.397$，$p < 0.01$）的正向预测作用显著，研究假设 1 得到验证。其次采用 SPSS 宏程序 PROCESS 的 Model 4 控制人口学变量（主要养育者性别和初中生性别），检验家庭功能在养育倦怠与初中生内化问题行为间的中介作用。由于本章研究选取的研究对象均为九年级的初中生，年龄差距不大，而且通过检验表明初中生的年龄和家庭排行在内化问题行为上均没有显著的差异，因而不再控制性别变量（下同）。中介作用结果如图 5.2 所示，家庭功能在养育倦怠与内化问题行为之间的中介作用显著，中介效应 = 0.03，SE = 0.01，95% 的置信区间（Confidence Interval，CI）为［0.008，0.054］，本研究的假设 2 得到支持。

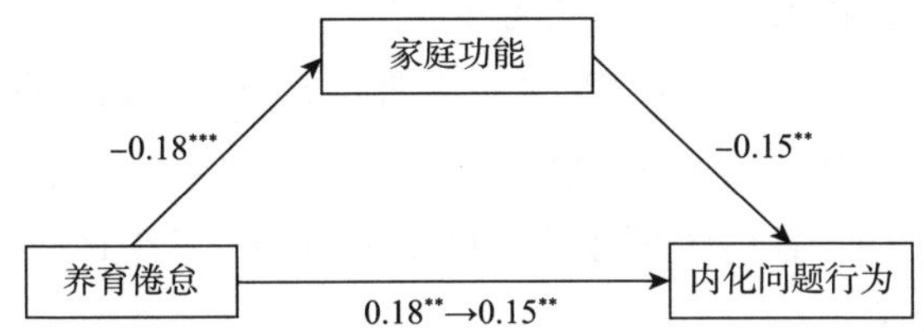

图 5.2　家庭功能在养育倦怠与初中生内化问题行为之间的中介作用

说明：* $p < 0.05$，** $p < 0.01$，*** $p < 0.001$；图中各路径系数均为标准化路径系数，下同。

2. 有调节的中介作用检验

采用 SPSS 宏程序 PROCESS 的 Model 7 进行有调节的中介作用检验，结果如表 5.6 所示。养育倦怠和共同养育的乘积项对家庭功能的预测作用显著（$\beta = -0.12$，$t = -2.49$，$p < 0.05$），即共同养育在养育倦怠对家庭功能的预测中起调节作用，本研究的假设 3 得到支持。

表 5.6　有调节的中介作用

回归方程		拟合指数			回归系数显著性		
结果变量	预测变量	R	R^2	F	β	95% 的 CI	t
家庭功能	养育倦怠	0.37	0.13	18.60***	−0.13*	[−0.25，0.01]	−2.08
	共同养育				0.31***	[0.20，0.41]	5.83
	养育倦怠 × 共同养育				−0.12*	[−0.22，−0.03]	−2.49
内化问题行为	养育倦怠	0.23	0.05	10.31***	0.15**	[0.05，0.26]	2.87
	家庭功能				−0.15**	[−0.23，−0.05]	−2.97

进一步对共同养育的调节作用进行简单斜率检验，结果如表5.7所示。对于共同养育水平较高的父母（高于均值1个标准差），父母养育倦怠显著负向预测家庭功能（$\beta = -0.26$，$p < 0.05$，95%的CI为[-0.45，-0.07]）；而对于共同养育水平较低的父母（低于均值1个标准差），父母养育倦怠对家庭功能的预测作用不显著（$\beta = 0.02$，$p > 0.05$，95%的CI为[-0.11，0.14]）。具体的调节效应如图5.3所示。也就是说，高共同养育个体处于高养育倦怠时，其家庭功能也较低；而高共同养育个体在面临低养育倦怠时，家庭功能水平保持较高。此结果说明，共同养育在养育倦怠对家庭功能的预测效应中有显著的调节作用。具体的调节模式是：在低养育倦怠时，共同养育可以缓冲养育倦怠对家庭功能的影响；但随着养育倦怠的增高，共同养育对养育倦怠的缓冲作用也在逐渐减弱和丧失。

PROCESS的判定指标INDEX显著说明在调节变量的不同水平上中介效应的差异显著，即有调节的中介模型存在。上述模型中，内化问题行为模型的INDEX为0.019，置信区间为[0.002，0.041]，置信区间不包含0，有调节的中介效应显著。

表5.7　在不同共同养育水平下家庭功能在养育倦怠与初中生内化问题行为中的中介作用

因变量	分组	β	SE	上限	下限
内化问题行为	低共同养育	0.02	0.06	-0.11	0.14
	高共同养育	-0.26*	0.10	-0.45	-0.07

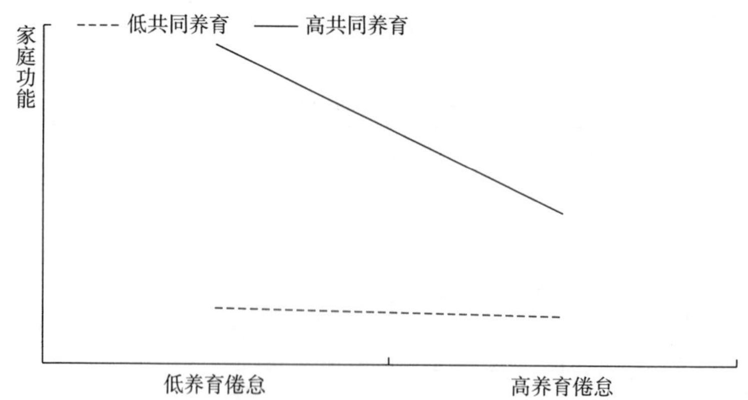

图5.3　共同养育的调节作用

（六）父母心理攻击与领悟社会支持的作用

1. 父母心理攻击的中介作用

采用 SPSS 宏程序 PROCESS 的 Model 4 控制人口学变量（主要养育者性别和初中生性别），检验心理攻击在养育倦怠与初中生内化问题行为间的中介作用。偏差校正的百分位 Bootstrap 方法检验表明，心理攻击在养育倦怠与内化问题行为之间的中介作用显著，中介效应 =0.03，SE =0.01，95% 的置信区间为［0.006，0.056］。结果如图 5.4 所示，本研究的假设 4 得到支持，父母心理攻击在父母养育倦怠对初中生内化问题行为中起中介作用。

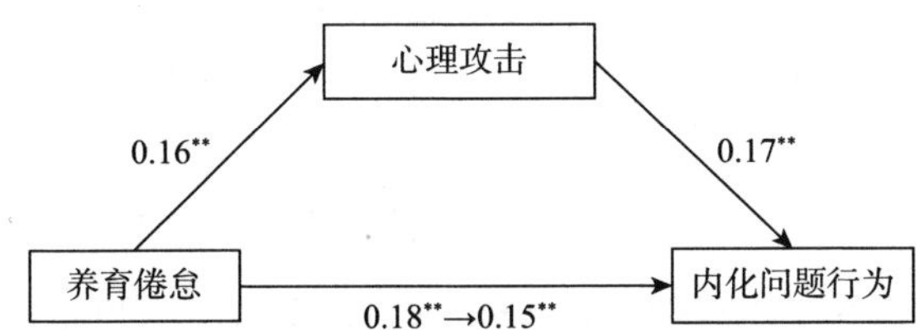

图 5.4 心理攻击在养育倦怠与初中生内化问题行为之间的中介效应

2. 有调节的中介作用检验

采用 SPSS 宏程序 PROCESS 的 Model 7 进行有调节的中介作用检验。结果如表 5.8 所示，养育倦怠和领悟社会支持的乘积项对心理攻击的预测作用不显著（$p>0.05$），本研究的假设 5 没有得到支持。

表 5.8 有调节的中介作用

回归方程		拟合指数			回归系数显著性		
结果变量	预测变量	R	R^2	F	β	95% 的 CI	t
心理攻击	养育倦怠	0.2	0.04	5.08 **	0.15 **	［0.04，0.26］	2.71
	领悟社会支持				-0.11 *	［-0.21，-0.00］	-1.98
	养育倦怠 × 领悟社会支持				0.07	［-0.05，0.19］	1.13
内化问题行为	养育倦怠	0.24	0.06	11.35 ***	0.15 **	［0.05，0.26］	2.89
	心理攻击				0.17 **	［0.07，0.27］	3.29

（七）初中生自我控制与同伴支持的作用

1. 初中生自我控制的中介作用

采用 SPSS 宏程序 PROCESS 的 Model 4 控制人口学变量（主要养育者性

别和初中生性别），检验初中生自我控制在养育倦怠与初中生内化问题行为间的中介作用。偏差校正的百分位 Bootstrap 方法检验表明，自我控制在养育倦怠与内化问题行为之间的中介作用显著，中介效应 = 0.08，SE = 0.02，95%的置信区间为［0.045，0.136］，说明自我控制在养育倦怠与初中生内化问题行为的关系中起到了中介效应。结果如图 5.5 所示，本研究的假设 6 得到支持，初中生自我控制在父母养育倦怠与内化问题行为之间起中介作用。

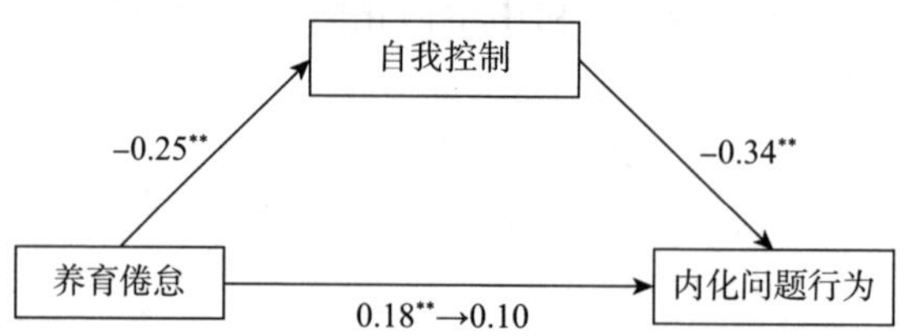

图 5.5　自我控制在养育倦怠与初中生内化问题行为之间的中介效应

2. 有调节的中介作用检验

采用 SPSS 宏程序 PROCESS 的 Model 7 进行有调节的中介作用检验。结果显示（见表 5.9），养育倦怠和同伴支持的乘积项对自我控制的预测作用不显著（$p > 0.05$）。本研究的假设 7 没有得到支持。

表 5.9　有调节的中介作用

回归方程		拟合指数			回归系数显著性		
结果变量	预测变量	R	R^2	F	β	95% CI	t
自我控制	养育倦怠	0.29	0.09	11.37***	-0.37***	[-0.51，-0.23]	-5.13
	同伴支持				0.16**	[0.06，0.26]	3.03
	养育倦怠 × 同伴支持				0.11	[-0.03，0.26]	1.51
内化问题行为	养育倦怠	0.37	0.14	29.59***	0.11	[0.02，0.23]	1.7
	自我控制				-0.31***	[-0.39，-0.22]	-6.84

五　讨论

（一）养育倦怠与内化问题行为

近年来，养育问题日益受到大众重视，有关养育倦怠的相关研究也日益增多。在此背景下，本研究基于家庭系统理论从家庭、父母、子女 3 个层面研究养育倦怠对初中生内化问题行为的影响及作用机制，结果表明养育倦怠能显著正向预测初中生内化问题行为。也就是说，养育倦怠的水平越高，初中生内化问题行为发生的可能性就越高；养育倦怠的水平越低，初中生内化问题行为发生的可能性就越低。

当父母养育压力长期得不到缓解时，就会产生养育倦怠负性情绪。这种不良体验会溢出到家庭层面，影响夫妻关系与亲子关系（程华斌等，2021）。具体来说，养育倦怠加剧夫妻冲突和配偶间情感疏远（Mikolajczak et al.，2018a），子女不能从养育倦怠的父母身上得到足够的情感支持，亲子关系较差。当初中生长期生活在冲突、矛盾的环境中时，就会造成自身的适应不良，进而产生内化问题行为，如抑郁、焦虑等（肖倩、洪黛玲，2008；胡宁等，2009）。因此，父母应树立正确的养育观念和养育期望，提高自身养育技能，学会及时寻求伴侣、朋友、父母的养育支持，预防养育倦怠的发生，降低对子女的消极影响。

（二）家庭功能与共同养育的作用

1. 家庭功能的中介作用

本研究从家庭层面探讨了家庭功能在养育倦怠与初中生内化问题行为关系中的中介作用。结果表明，养育倦怠通过影响家庭功能对初中生内化问题行为产生影响，证明了父母系统和家庭系统对初中生发展具有重要的协同作用（Bronfenbrenner & Morris，1998）。高养育倦怠的父母，容易产生焦虑和不安等负性情绪（Roskam et al.，2017），这种消极情绪体验如果得不到及时缓解就会溢出到家庭层面，表现为与家庭成员（包括配偶和孩子）之间情感的疏离及亲密、温暖的减少（Roskam et al.，2017；Gérain & Zech，2018；Mikolajczak et al.，2018b；Cheng et al.，2020；程华斌等，2021），拒绝家庭情感卷入，破坏了家庭成员间的情感联结，并打破了稳定的家庭结构，影响家庭环境和家庭氛围，家庭成员之间在情感交流、亲子沟通、夫妻沟通和共同制定规则、解决问题、互相提供支持方面也就越差（Olson，2000），表现为整个家庭系统的功能水平的降低（Sekułowicz et al.，2022）。

家庭是个体成长和社会化的重要场所（Wu et al.，2022），家庭功能对初中生的身心发展产生较大影响。而父母养育倦怠越低的情况下，家庭功能发挥越好，家庭可以为其家庭成员身心健康和社会性发展等提供一定的环境条件，为初中生提供高水平的爱和支持（Cambron et al.，2017），他们在遇到困难时，有更好的支持系统和更坚实的底气去面对困难，有助于初中生应对学习和生活中的压力，进而减少抑郁、焦虑等情绪问题的产生，促进其身心健康发展（肖倩、洪黛玲，2008；胡宁等，2009）。这一中介模型支持了生态系统理论中所说的家庭对子女的重要影响作用（Bronfenbrenner，1979），说明初中生内化问题行为不仅与养育倦怠有关，还受到家庭功能中介的影响，即养育倦怠水平较高会影响家庭功能的发挥，进而大大增加初中生的内化问题行为。

2. 共同养育的调节作用

本研究在家庭功能中介模型的基础上，还检验了共同养育是否调节养育倦怠对家庭功能的作用。结果表明，共同养育能够调节父母养育倦怠对家庭功能的影响。首先，无论低养育倦怠还是高养育倦怠，高共同养育个体的家庭功能水平都高于低共同养育个体，即共同养育可以缓冲养育倦怠对家庭功能的消极影响，共同养育质量越高，家庭功能的发挥就越好，初中生问题行为的发生也就越少。已有研究表明，共同养育是调节家庭各系统之间互动的执行子系统（张安慰等，2020），共同养育水平高意味着两方在抚养子女的过程中观念一致、分工明确、关系亲密，能够互相支持和帮助，养育中的冲突行为、破坏行为、养育分歧就较少，这样的话两方的合力大、消耗少，体验到的养育幸福感就更强，对子女的教养也就更为有效。共同养育水平可以影响养育倦怠水平的高低（Roskam et al.，2017；Bastiaansen et al.，2021），在养育时有一位在养育目标和养育实践上与自己一致，在养育决策中能扮演积极角色的共同养育的伴侣能有效减少养育过程中产生的压力（Durtschi et al.，2016；Mikolajczak et al.，2018b），高水平的共同养育还是有效提升家庭功能水平和降低父母压力水平的关键因素（Delvecchio et al.，2015）。

本研究的结果认为，高共同养育水平可以调节养育倦怠对家庭功能的影响，也就是共同养育水平高的家庭功能的发挥普遍比共同养育水平低的家庭要好。另外，高共同养育的保护作用仅在低养育倦怠时起作用，当处于高养育倦怠时，共同养育的力量就显得“杯水车薪”，对养育倦怠风险的缓冲作用在逐渐减弱和丧失。此研究结果提示我们，努力提升父母共同养育水平的同时，也要注意从家庭层面对养育倦怠进行预防，干预养育倦怠的发生发展，这将更有利于家庭功能水平的提升和初中生问题行为的减少。

（三）父母心理攻击与领悟社会支持的作用

1. 父母心理攻击的中介作用

本研究发现父母心理攻击在养育倦怠与初中生内化问题行为之间起中介作用。心理攻击作为程度较轻的父母管教行为，是教养方式的一种，与以往研究一致，养育倦怠会影响父母的教养方式（Roskam et al.，2017）。表明养育倦怠不仅影响父母个人的心理体验和身体健康水平，还溢出到与子女互动的层面，包括前人研究的对子女实施暴力和忽视行为（Roskam et al.，2017；Mikolajczak et al.，2018a），增加子女孤独感（Cheng et al.，2020）等不良后果，本研究拓展了养育倦怠也可以正向预测父母心理攻击行为的研究，支持了家庭系统理论的溢出效应。

根据 Davies 和 Cummings（1994）提出的“情绪安全假设”，养育倦怠的父母对子女的疏远和逃离压力情境，降低了对子女照顾的敏感性，忽略了子女在生理、心理、情绪等方面的需要，还会对子女施以不恰当的心理攻击，长此以往，初中生与父母不能建立安全积极的依恋关系，不安全的亲子依恋带来了长期的情绪压力和削弱了初中生的情绪安全性，为内化问题行为的产生带来隐患（李菁菁等，2018）。这一中介模型说明初中生内化问题行为不仅与养育倦怠有关，也受父母心理攻击中介的影响，体现了家庭系统理论中父母子系统和亲子互动子系统对初中生发展的协同作用。

2. 领悟社会支持的调节作用

本研究还检验了父母领悟社会支持是否调节养育倦怠对子女的心理攻击。一开始本研究根据 Cobb（1976）领悟社会支持的压力缓冲效应模型来假设良好的领悟可以保护处于压力下的个体，缓冲养育倦怠对心理攻击的正向预测作用。但结果表明，父母领悟社会支持不能调节父母养育倦怠对父母心理攻击的影响，与假设不一致。

所以考虑高领悟社会支持个体比低领悟社会支持个体在情绪状况、身心健康等方面的表现更好，即领悟社会支持对于养育倦怠可能存在主效应的假设。也就是说，高领悟社会支持水平的个体具有更高的心理健康水平（Cohen & Wills，1985），一方面是心理状态更积极，表现在归属感、安全感、情绪稳定的高水平，另一方面还体现在对自我价值的认可；而低领悟社会支持水平的父母，自我心理健康水平受到的影响也较低，且不能从外界获得足够的支持，导致养育倦怠水平高。所以我们在进一步的研究中可以选取伴侣支持，或者婚姻满意度等作为调节变量进行探讨；或者进一步对领悟社会支持与养育倦怠之间是否具有主效应，领悟社会支持水平是否可能是养育倦怠的前因变量进行探讨。

（四）初中生自我控制与同伴支持的作用

1. 初中生自我控制的中介作用

本研究支持了个体—环境交互作用理论，家庭是对初中生个人特质发展最有影响的重要近端环境因素之一，而个体的发展结果是由个人先天能力和成长的环境因素交互影响的（Lerner，2004），初中生自我控制能力作为最具有影响力的人格特质之一（阳小玲、吴云霞，2021），会受到家庭系统中父母养育倦怠的影响。子女对父母具有先天的依恋（王艳辉等，2017），但养育倦怠的父母会试图切断与子女的情感联结，逃离养育情境，逃避养育任务，产生对子女情感上的拒绝和忽视，而这些状况的出现与子女对父母的天然需求不一致，会导致初中生产生愤怒、无助、焦虑、生气等一系列消极情绪。

根据情绪安全理论（emotional security theory），这些负面的情绪会导致初中生自身情绪安全水平的降低（Fischer et al.，2008），而对不良的情绪调控处理的过程本身就是对有限自我控制资源和心理能量的消耗（Baumeister et al.，1998），会导致个体自我控制能力的降低，最终控制失败。研究结果显示，自我控制负向预测初中生内化问题行为，与以往研究一致（Chui & Chan，2015；张光珍等，2021），说明自我控制水平低的个体，由于自制力资源有限，不能较好地处理问题情境，在面对挑衅或愤怒情境时，会因过度压抑而产生内化问题行为。

2. 同伴支持的调节作用

本研究还检验了初中生同伴支持是否调节养育倦怠，通过初中生的自我控制的路径影响初中生内化问题行为的中介路径。结果表明，初中生同伴支持不能调节父母养育倦怠对自我控制的影响，与假设不一致。究其原因，本研究考虑到自我控制作为一种相对稳定的人格特质，在一生之中也会不断发展变化，父母的养育倦怠作为初中生最主要接触的家庭系统，对其自我控制能力起到了显著的负向预测作用，同伴虽然是初中生阶段主要的支持系统之一，但支持的效用可能无法达到能显著调节家庭系统中父母层面对于初中生的不良影响，我们之后可以选择与初中生自我控制能力发生发展影响更近端的变量进行调节作用的探索。

六 研究局限与未来研究展望

虽然本研究的结果有助于丰富养育倦怠与初中生内化问题行为的研究，但仍存在一些局限与不足。首先，虽然本研究已采用多来源、多时间段的数据收集策略以降低共同方法偏差，但研究数据均来源于初中生及其主要养育者的自我报告，未来研究可以考虑采用自评与他评相结合的方法进行数据收集，针对养育倦怠与初中生健康成长之间的关系进行更为深入的探讨。其次，本研究选取处于青春期的初中生及其主要养育者为考察对象，是因为初中生面临着身心发展不均衡等一系列问题，对其父母的养育活动提出了一系列的要求，其父母是养育倦怠主题理想的研究对象（Cheng et al.，2020）。但需要注意的是，父母养育倦怠的发生并不局限于子女的初中时期，未来研究可以选取更多年龄段的儿童、初中生及其父母作为研究对象，以期对养育倦怠与子女健康成长之间的关系进行更为广泛而深入的探讨。

第二节 养育倦怠与初中生外化问题行为

一 引言与问题提出

（一）养育倦怠与外化问题行为

“养育倦怠与初中生内化问题行为”主要探讨了养育倦怠对青少年内化问题行为的影响机制，发现养育倦怠是初中生内化问题行为的风险性因素。由于内化问题行为和外化问题行为定义不同，所包含的心理问题也不同（包华，2006），且目前关于养育倦怠对外化问题行为的研究较少，本研究将聚焦于外化问题行为，从家庭、父母、初中生自身 3 个层面，探讨养育倦怠对外化问题行为的内在发生机制。

以往研究检验了养育压力与初中生适应之间的联系，父母较高的养育压力可能与子女社交退缩、攻击和违抗等一系列问题行为的增多（Tan et al.，2012；刘亚鹏等，2015）和亲社会行为的减少有关（Megahead & Deater-

Deckard, 2017）。养育压力是养育倦怠的一个关键的先行因素（Roskam et al., 2017），养育倦怠是父母长期处于养育压力之下得不到缓解而产生的不良效应（Mikolajczak & Roskam, 2018），同时外化问题行为是初中生适应不良的表现和后果。所以，养育倦怠和初中生外化问题行为之间的关系可能比目前观察到的父母养育压力和初中生适应之间的关系更强。

综上，提出假设1：养育倦怠正向预测初中生外化问题行为。

（二）家庭功能与共同养育的作用

1. 家庭功能的中介作用

前文针对养育倦怠和家庭功能之间的关系进行了探讨，发现养育倦怠对家庭功能的消极影响。同时，"养育倦怠与初中生内化问题行为"的研究表明，家庭功能在养育倦怠与初中生内化问题行为之间起中介作用。本研究拟在此基础上进一步探究家庭功能在养育倦怠与初中生外化问题行为之间的中介作用。

养育活动主要是在家庭范围中发生和进行的（Dadds, 1989），家庭作为个体成长和社会化的主要场所，不仅为个体的身心发展提供物质条件和心理支持，还是影响个体心理发展最直接、最近端的外部环境（Glozah & Pevalin, 2016）。Gard等（2020）发现，儿童的外化问题行为与其成长过程中家庭功能状况密切相关。在家庭功能良好的情况下，子女的心理健康问题发生率较小，表现出较少的不良行为；与之相反，在家庭功能失调下成长的个体，更容易出现适应问题，进而引发外化问题行为（赵欢欢等，2016）。因此，养育倦怠可能会通过影响家庭功能，对初中生外化问题行为产生影响。

综上所述，提出假设2：家庭功能在养育倦怠与初中生外化问题行为之间起中介作用。

2. 共同养育的调节作用

关于共同养育在养育倦怠与家庭功能间的调节作用，已在本章的研究"养育倦怠与初中生内化问题行为"中予以阐述并得到验证，在本研究中将不再对此假设进行赘述。

综上，提出假设3：共同养育在养育倦怠和家庭功能之间起调节作用。

（三）父母心理攻击与领悟社会支持的作用

1. 父母心理攻击的中介作用

研究"养育倦怠与初中生内化问题行为"从父母层面揭示了养育倦怠对

初中生内化问题行为的影响，不仅发现养育倦怠对父母心理攻击的正向预测作用，还发现父母养育倦怠会通过引发自身心理攻击对初中生内化问题行为产生不利影响。鉴于内化问题行为和外化问题行为存在差异性，本研究拟进一步探究父母养育倦怠是否会通过增加自身心理攻击影响初中生的外化问题行为。

根据社会学习理论（Bandura，1973），被父母心理攻击的初中生可能会习得攻击性的行为模式，在与同伴等的交往中将攻击性的冲突解决策略看作问题解决的有效策略，从而增加初中生问题行为的产生。目前已有一些针对父母严厉教养方式和儿童的发展与适应的关系进行的研究。例如，生笑笑等（2019）对中学生的一项研究表明，父母心理攻击可以显著正向预测子女的外化问题行为，与 Wang 和 Liu（2017）的追踪研究一致。所以，父母的心理攻击可能显著正向预测外化问题行为。

综上，提出假设 4：父母心理攻击在养育倦怠与初中生外化问题行为之间起中介作用。

2. 领悟社会支持的调节作用

关于领悟社会支持在养育倦怠与心理攻击间的调节作用，已在本章的研究“养育倦怠与初中生内化问题行为”中予以阐述并进行验证，在本研究中将不再对此假设进行赘述。

综上，提出假设 5：领悟社会支持在养育倦怠和心理攻击之间起调节作用。

（四）初中生自我控制与同伴支持的中介作用

1. 初中生自我控制的中介作用

前文探讨了养育倦怠对初中生自我控制的影响，发现养育倦怠正向预测初中生自我控制。同时，研究“养育倦怠与初中生内化问题行为”还发现初中生自我控制在养育倦怠与初中生内化问题行为之间起中介作用。本研究将在此基础上进一步探究初中生自我控制对自身外化问题的影响，以及自我控制在养育倦怠与初中生外化问题行为之间的中介作用。

根据“自我控制的能量模型”的假设（Baumeister et al.，1998），父母养育倦怠会对初中生造成一系列不良的后果，如会出现对孩子的忽视、暴力和情感上远离子女等（Roskam et al.，2017；Mikolajczak et al.，2018a），这些都可能成为初中生需要面对的长期压力情境，持续地占用和消耗心理资源，对初中生的自我控制能力造成损耗，使初中生自我控制失衡，最终导致外化问题行为的高发，如表现出更多的冒险、越轨、犯罪等行为（Chui & Chan，2015；邢晓沛等，2017；贾晓珊等，2022）。

综上所述，提出假设6：自我控制在养育倦怠与初中生外化问题行为之间起中介作用。

2. 同伴支持的调节作用

关于同伴支持在养育倦怠与初中生自我控制间的调节作用，已在本章的研究“养育倦怠与初中生内化问题行为”中予以阐述并进行验证，在本研究中将不再对此假设进行赘述。

综上，提出假设7：同伴支持在养育倦怠和初中生自我控制之间起调节作用。

综合假设1~7，提出本研究的理论模型如图5.6所示。

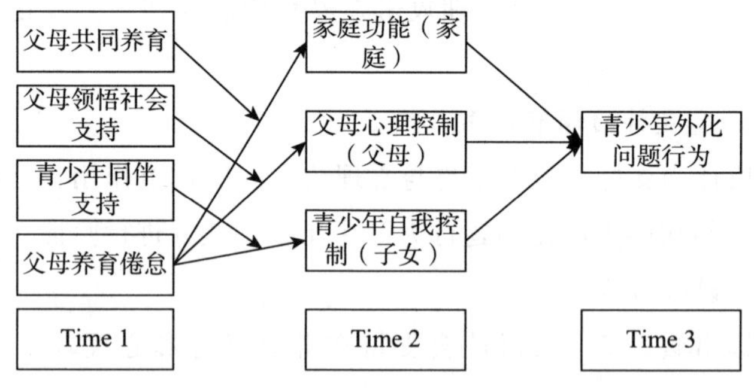

图5.6 本研究的理论模型

二 研究方法

（一）研究对象

同研究“养育倦怠与初中生内化问题行为”。

（二）研究工具

（1）养育倦怠

同研究“养育倦怠与初中生内化问题行为”。

（2）外化问题行为

本研究设计主要针对12~16岁的初中生，选择Achenbach（1991）儿童行为问卷中青少年自我评价版本（Youth Self-Report，YSR）作为本研究测量问题行为的工具。原量表由 119 个项目组成，数量众多，参考目前多数学者的选取方法（李菁菁等，2018；邢晓沛等，2017），选取其中的 4 个维度共 53 个项目（外化问题行为，如我的脾气暴躁），其中攻击和违纪分量表共 21 题测量初中生外化问题行为。采用 Likert 3 点计分法，从“0 = 从不”到“2 = 经常”，均为正向评分。在本研究中，外化问题行为的 Cronbach's α 系数为 0.815。

（3）家庭功能量表

同研究“养育倦怠与初中生内化问题行为”。

（4）共同养育量表

同研究“养育倦怠与初中生内化问题行为”。

（5）心理攻击量表

同研究“养育倦怠与初中生内化问题行为”。

（6）领悟社会支持量表

同研究“养育倦怠与初中生内化问题行为”。

（7）自我控制量表

同研究“养育倦怠与初中生内化问题行为”。

（8）同伴支持

同研究“养育倦怠与初中生内化问题行为”。

三　统计方法

采用 SPSS 23.0 以及 PROCESS 插件对数据进行处理和分析。首先采用 Harman 单因素分析对共同方法偏差进行检验；其次对养育倦怠、外化问题行为、家庭功能、共同养育、父母心理攻击、父母领悟社会支持、自我控制、同伴支持进行皮尔逊积差相关分析；最后采用 PROCESS 插件 Model 4 分别检验家庭功能、父母心理攻击、初中生自我控制在养育倦怠与初中生外化问题行为间的中介作用，采用 PROCESS 插件 Model 7 进行有调节的中介作用检验。

四　研究结果

（一）共同方法偏差检验

本研究采用 Harman 单因素法检验共同方法偏差（周浩、龙立荣，2004），将研究所用到的养育倦怠、外化问题行为、家庭功能、共同养育、父母心理攻击、父母领悟社会支持、自我控制和同伴支持的所有测量题项放在一起做未旋转的探索性因子分析，如果只抽取出一个因子或者第一个因子的方差解释率特别大，则表明存在较严重的共同方法偏差。结果显示，探索性因子分析所抽取的因子数大于 1，且最大因子的方差解释率仅为 12.63%（小于 40%）。因此，可以认为本研究中不存在严重的共同方法偏差问题。

（二）主要养育者在相关变量上的性别差异分析

同研究“养育倦怠与初中生内化问题行为”。

（三）初中生在相关变量上的性别差异分析

对不同性别的初中生在相关变量上差异性进行检验，独立样本 t 检验表明，男女生的外化问题行为无显著差异（$p>0.05$），结果如表 5.10 所示。

表 5.10　不同性别的初中生在各变量上的描述性统计

变量	性别	N	M	SD	t	p
外化问题行为	男	170	0.28	0.177	0.154	0.877
	女	194	0.28	0.159		

（四）主要变量的相关分析

本研究拟针对研究假设构建 3 个有调节的中介模型，为使相关结果清晰明了，将针对 3 个结构方程模型对相关结果进行报告。首先，采用皮尔逊相关分析对养育倦怠、家庭功能、共同养育及外化问题行为的相关性进行分析，结果如表 5.11 所示。根据结果可知，养育倦怠与初中生外化问题行为（$r=0.20$，$p<0.01$）显著正相关，与家庭功能（$r=-0.17$，$p<0.01$）显著负相关；家庭功能与初中生外化问题行为（$r=-0.19$，$p<0.01$）显著负相关。

表 5.11　各变量之间的相关性分析

变量	M	SD	1	2	3	4
1. 养育倦怠	1.43	0.54	1			
2. 家庭功能	5.04	0.61	-0.17**	1		
3. 共同养育	4.51	0.88	-0.37**	0.34**	1	
4. 外化问题行为	0.28	0.17	0.20**	-0.19**	-0.18**	1

其次，采用皮尔逊相关分析对养育倦怠、心理攻击、领悟社会支持、外化问题行为的相关性进行分析，结果如表 5.12 所示。根据结果可知养育倦怠与心理攻击显著正相关（$r=0.16$，$p<0.01$），父母心理攻击与初中生外化问题行为（$r=0.22$，$p<0.01$）显著正相关。

表 5.12　各变量之间的相关分析

变量	M	SD	1	2	3	4
1. 养育倦怠	1.43	0.54	1			
2. 心理攻击	1.96	2.87	0.16**	1		
3. 领悟社会支持	5.07	1.02	-0.18**	-0.14**	1	
4. 外化问题行为	0.28	0.17	0.20**	0.22**	-0.15**	1

最后，采用皮尔逊相关分析对养育倦怠、自我控制、同伴支持、外化问题行为的相关性进行分析，结果如表 5.13 所示。根据结果可知养育倦怠与初中生自我控制显著负相关（$r=-0.24$，$p<0.01$），初中生自我控制与其外化问题行为（$r=-0.43$，$p<0.01$）呈显著负相关。

表 5.13　各变量之间的相关分析

变量	M	SD	1	2	3	4
1. 养育倦怠	1.43	0.54	1			
2. 自我控制	3.62	0.57	-0.24**	1		
3. 同伴支持	5.26	1.12	-0.03	0.15**	1	
4. 外化问题行为	0.28	0.17	0.20**	-0.43**	-0.09	1

（五）家庭功能与共同养育的作用

1. 家庭功能的中介作用

对所有预测变量均进行标准化处理，首先对养育倦怠和初中生外化问题行为进行线性回归分析，结果显示，养育倦怠对初中生外化问题行为（$\beta=0.20$，$t=3.737$，$p<0.001$）的正向预测作用显著，研究假设 1 得到支持。然后采用 SPSS 宏程序 PROCESS 的 Model 4 控制人口学变量（主要养育者性别和初中生性别），检验家庭功能在养育倦怠与初中生外化问题行为间的中介作用。由于本章研究选取的变量均为九年级的初中生，年龄差距不大，而且通过检验表明初中生的年龄和家庭排行在外化问题行为上均没有显著的差

异，因而不再控制性别变量（下同）。中介作用结果如图 5.7 所示，家庭功能在养育倦怠与外化问题行为之间的中介作用显著，中介效应 = 0.03，SE = 0.01，95% 的置信区间为［0.009，0.059］。本研究的假设 2 得到支持。

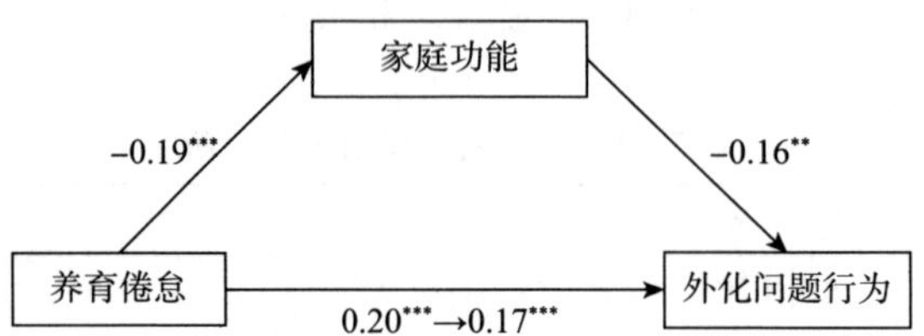

图 5.7　家庭功能在养育倦怠与初中生外化问题行为之间的中介作用

2. 有调节的中介作用检验

采用 SPSS 宏程序 PROCESS 的 Model 7 进行有调节的中介作用检验，结果如表 5.14 所示。养育倦怠和共同养育的乘积项对家庭功能的预测作用显著（$\beta = -0.12$，$t = -2.49$，$p < 0.05$），即共同养育在养育倦怠对家庭功能的预测中起调节作用，本研究的假设 3 得到支持。

表 5.14　有调节的中介作用

回归方程		拟合指数			回归系数显著性		
结果变量	预测变量	R	R^2	F	β	95% CI	t
家庭功能	养育倦怠	0.37	0.13	18.60 ***	-0.13 *	［-0.25，0.01］	-2.08
	共同养育				0.31 ***	［0.20，0.41］	5.83
	养育倦怠 × 共同养育				-0.12 *	［-0.22，-0.03］	-2.49
外化问题行为	养育倦怠	0.25	0.06	12.08 ***	0.17 **	［0.06，0.28］	3.15
	家庭功能				-0.16 **	［-0.27，-0.06］	-3.13

由于本研究所涉及的调节适用于中介路径的前半段，对于内化问题行为及外化问题行为没有显著的差异，所以在此不对调节效应细节进行赘述，具体阐述可参见研究“养育倦怠与初中生内化问题行为”。

（六）父母心理攻击与领悟社会支持的作用

1. 父母心理攻击的中介作用

首先，采用 SPSS 宏程序 PROCESS 的 Model 4 控制人口学变量（主要养育者性别和初中生性别），检验心理攻击在养育倦怠与初中生内化问题行为间的中介作用。偏差校正的百分位 Bootstrap 方法检验表明，心理攻击在养育倦怠与外化问题行为之间的中介作用显著，中介效应 =0.03，SE =0.01，95%的置信区间为［0.007，0.061］。结果如图 5.8 所示，本研究的假设 4 得到支持，父母心理攻击在父母养育倦怠对初中生外化问题行为中起中介作用。

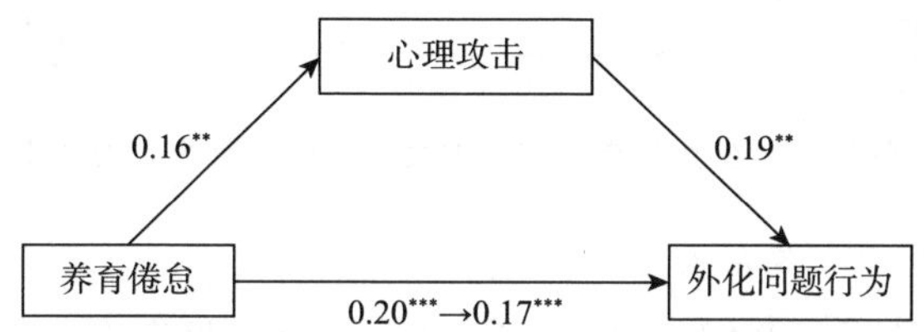

图 5.8 心理攻击在养育倦怠与初中生外化问题行为之间的中介效应

2. 有调节的中介作用检验

采用 SPSS 宏程序 PROCESS 的 Model 7 进行有调节的中介作用检验。结果如表 5.15 所示，养育倦怠和领悟社会支持的乘积项对心理攻击的预测作用不显著，$p>0.05$，本研究的假设 5 没有得到支持。

表 5.15 有调节的中介作用

回归方程		拟合指数			回归系数显著性		
结果变量	预测变量	R	R^2	F	β	95%的 CI	t
心理攻击	养育倦怠	0.2	0.04	5.08**	0.15**	[0.04, 0.26]	2.71
	领悟社会支持				-0.11*	[-0.21, -0.00]	-1.98
	养育倦怠×领悟社会支持				0.07	[-0.05, 0.19]	1.13
外化问题行为	养育倦怠	0.27	0.07	14.21***	0.17**	[0.07, 0.28]	3.19
	心理攻击				0.19***	[0.09, 0.29]	3.73

（七）初中生自我控制与同伴支持的作用

1. 初中生自我控制的中介作用

采用 SPSS 宏程序 PROCESS 的 Model 4 控制人口学变量（主要养育者性别和初中生性别），检验初中生自我控制在养育倦怠与初中生外化问题行为间的中介作用。偏差校正的百分位 Bootstrap 方法检验表明，自我控制在养育倦怠与外化问题行为之间的中介作用显著（见图 5.9），中介效应 =0.10，SE =0.03，95%的置信区间为［0.055，0.156］，说明自我控制在养育倦怠与初中生外化问题行为的关系中起到了中介效应。本研究的假设 6 得到支持。

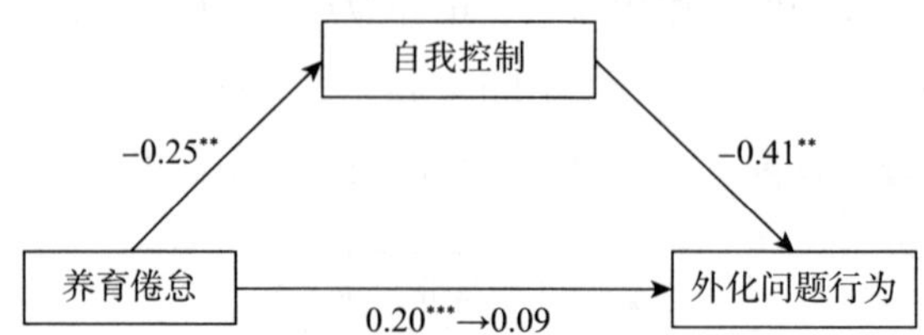

图 5.9　自我控制在养育倦怠与初中生外化问题行为之间的中介效应

2. 有调节的中介作用检验

采用 SPSS 宏程序 PROCESS 的 Model 7 进行有调节的中介作用检验。结果显示，养育倦怠和同伴支持的乘积项对自我控制的预测不显著，$p>0.05$（见表 5.16）。本研究的假设 7 没有得到支持。

表 5.16　有调节的中介作用

回归方程		拟合指数			回归系数显著性		
结果变量	预测变量	R	R^2	F	β	95% 的 CI	t
自我控制	养育倦怠	0.29	0.09	11.37***	-0.37***	[-0.51, -0.23]	-5.13
	同伴支持				0.16**	[0.06, 0.26]	3.03
	养育倦怠×同伴支持				0.11	[-0.03, 0.26]	1.51
外化问题行为	养育倦怠	0.45	0.2	45.70***	0.14*	[0.02, 0.25]	2.28
	自我控制				-0.36***	[-0.44, -0.28]	-8.42

五　讨论

（一）养育倦怠与外化问题行为

本研究在研究"养育倦怠与初中生内化问题行为"的基础上进一步探讨了养育倦怠与初中生外化问题行为的影响，证实了两者之间在家庭、父母、子女 3 个层面的路径机制。与本研究假设一致，父母养育倦怠正向预测初中生外化问题行为。陷入倦怠的父母，只为子女提供基本的生活保障，不再关注子女的情感需求，拒绝与子女进行情感交流和互动，产生疏远行为，甚至是暴力行为（Mikolajczak et al.，2018a），这些都会影响到子女的生存体验。根据父母接受-拒绝理论（Rohner，1980），初中生在成长发展的过程中需要感受到父母等主要养育者不断提供的积极回应（接受），而当积极回应的需求得不到满足时，初中生就会感受到被拒绝，更容易倾向于将自己评价为不可爱的与不被接受的，从而导致适应不良进而产生外化问题行为。

综上所述，本研究拓展了养育倦怠领域的相关研究，为养育倦怠提供了新的支持，尤其是对养育倦怠与初中生外化问题行为的关系提供了合理的解释。同时，丰富了有关初中生外化问题行为的研究，对初中生外化问题行为的干预和预防具有一定的参考作用。

（二）家庭功能与共同养育的作用

1. 家庭功能的中介作用

首先，与研究“养育倦怠与初中生内化问题行为”所得的结果相同，养育倦怠可以负向预测家庭功能。以往的研究表明，家庭是养育倦怠影响结果变量的重要层面，已知父母的养育倦怠会导致婚姻满意度降低（Cheng et al.，2020）、共同养育分歧和家庭解体（Furutani et al.，2020）等一系列对家庭系统不良的结果，而家庭功能就是整个家庭系统运行状况的反映，本研究证实了养育倦怠是影响家庭功能的不良因素。

其次，研究还发现家庭功能对初中生外化问题行为的预测作用，说明家庭功能是影响初中生外化问题行为的重要外部环境变量（尹霞云等，2022）。高养育倦怠水平下的父母，会使用更多的消极养育行为，从而导致亲子沟通不畅以及家庭关系紧张。如果子女在情感上得不到父母的支持，行为上得不到正确的引导，就会进一步导致外化问题行为发生的可能性增加（王秋英等，2020；迟新丽等，2021）。本研究不仅发现养育倦怠对外化问题行为的直接预测作用，也发现通过家庭功能对初中生外化问题行为的间接预测作用。研究提示，父母应及时调整自身情绪状态，积极与配偶及家人沟通，缓解养育倦怠带来的消极影响，确保初中生身心健康发展。

2. 共同养育的调节作用

关于共同养育的调节作用，已在本章的研究“养育倦怠与初中生内化问题行为”中予以阐述并得到证实，在本研究中将不再赘述。

（三）父母心理攻击与领悟社会支持的作用

1. 父母心理攻击的中介作用

已有研究提出，较于体罚和身体虐待这两种严厉教养方式，心理攻击的发生率更高（Wang & Liu，2017；刘莉、吴倩，2021），本研究对数据分析发现，在最近一年内，大约有81%的主要养育者曾对子女实施过心理攻击，表明心理攻击发生率之高，所以研究父母心理攻击具有广泛的现实意义，一方面，倦怠的父母会增加对子女的心理攻击，另一方面，父母的心理攻击对子女的身心发展起着重要的作用。

具体来说，本研究的结果与研究“养育倦怠与初中生内化问题行为”的结果相同，养育倦怠正向预测父母心理攻击，为二者关系提供了支持。进一步地，研究还发现父母心理攻击在养育倦怠与初中生外化问题行为之间的中介作用。根据社会学习理论（Bandura，1973），养育倦怠的父母会增加对子女的心理攻击行为，而被父母心理攻击的初中生通过观察父母的行为，习得攻击性的行为和反应模式，在与同伴等的交往中将攻击性的冲突解决策略看作有效的问题解决策略，增加外化问题行为的产生。

2. 领悟社会支持的调节作用

关于领悟社会支持的调节作用，已在本章的研究“养育倦怠与初中生内化问题行为”中予以阐述并进行验证，在本研究中将不再赘述。

（四）初中生自我控制与同伴支持的作用

1. 初中生自我控制的中介作用

本研究的相关分析结果表明，养育倦怠与初中生自我控制能力显著负相关，初中生自我控制能力与自身外化问题行为负向相关。中介分析表明，初中生自我控制可以中介养育倦怠与初中生外化问题行为的关系。

良好的自我控制能力是减少初中生外化问题行为的重要因素（陈京军等，2014）。父母养育倦怠会出现一系列的不良后果，比如焦虑、抑郁等消极情绪；远离子女、忽视情感生理需求甚至暴力等冲动性行为。这些低自我控制的表现会进一步影响初中生的认知，妨碍初中生拥有良好的自我控制能力，表现为情绪、行为等方面的控制能力低下，会更多地外化问题行为（李亚林等，2022）。由此可见，养育倦怠不仅会直接影响初中生外化问题行为，还会通过降低初中生自我控制能力增加初中生外化问题行为，这体现出养育倦怠的重要性，它给我们家庭、父母、子女都带来了极其不良的后果，我们在将来的研究中更要加强对养育倦怠的干预和预防工作。

2. 同伴支持的调节作用

关于同伴支持的调节作用，已在本章的研究“养育倦怠与初中生内化问题行为”中予以阐述并进行了验证，在本研究中将不再赘述。

六　研究局限与未来研究展望

虽然本研究所得结果对养育倦怠领域有所贡献，但仍存在一些不足。首先，本研究仅采用问卷法，方法较为单一，在今后的研究中可以采用问卷调查与实验相结合的方法或者引入团体辅导、干预研究等多种形式丰富养育倦怠的相关研究。而且本研究选取的是河南省经济水平一般的县城，主要养育者的受教育程度和收入水平也较低，可能不能代表全国父母的养育倦怠水平，对本研究结果的推广需要慎重。其次，本研究只关注到主要养育者的养育倦怠及其对初中生外化问题行为的影响，所得结果较为片面，未来研究可以对次要养育者的数据进行收集，并将主要养育者与次要养育者的数据进行配对处理，以深入探讨二者之间的关系。最后，本研究采取时间滞后设计对数据进行收集，未能在 3 个时间段对所有数据进行收集，不能对变量进行有效控制，未来研究可以扩大时间间隔，采取多波段数据收集或者是纵向设计，以期更全面地探究养育倦怠的负面影响。

第六章　养育倦怠与初中生健康成长

目前，学者对养育倦怠的研究仍处于探索阶段，关于养育倦怠引发严重后果的研究还不够丰富，特别是养育倦怠对子女产生影响的研究尚未得到足够的重视（王玮等，2022）。本书第五章介绍了父母养育倦怠对初中生内外化问题行为的影响，但尚未涉及养育倦怠对初中生积极发展的影响。积极心理学认为在探讨初中生发展时，只关注初中生的心理与行为问题是不充分且不全面的，还应聚焦于个体发展的积极方面，用更全面的视角来看待初中生发展（郭海英等，2017）。此外，虽然不同心理学家关于初中生发展的主要领域内容的见解有所差异，但学者在探究初中生发展时大都从心理、成就以及人际关系等多个层面进行考虑（Masten & Coatsworth，1995；Kwan et al.，2004）。因此，在探讨养育倦怠对初中生发展的影响时，立足积极与消极两个角度，从心理、人际以及学业发展 3 个方面出发可能更为全面系统。本章共包括 3 部分内容，第一节重在考察养育倦怠对初中生心理（心理适应）的影响，以及父母控制在二者关系中的中介作用；第二节介绍了养育倦怠对初中生人际关系（友谊质量）的影响，以及亲子关系在此间的中介作用；第三节则考察了养育倦怠对初中生学业（学业投入）的关系，以及父母参与 - 忽视在二者之间的中介作用。

第一节　养育倦怠与初中生心理适应

一　引言与问题提出

（一）养育倦怠与初中生心理适应

已有研究证实父母长期的养育压力与子女的心理健康有着密切的联系

（王美芳等，2017；Carapito et al.，2020），而养育倦怠正是由于养育者长期处于养育压力过大的环境中而产生的负性症状（Roskam et al.，2017）。具体来说，倦怠的父母养育资源枯竭，不再愿意持续投入资源满足子女的心理需求，倾向于采取消极的养育方式来与子女进行互动，甚至会对子女表现出更多的忽视与暴力行为（Mikolajczak et al.，2018a），从而导致子女成长的家庭环境氛围不良，亲子冲突增加，亲子关系恶化，进而导致子女问题行为的出现，最终影响其社会性发展（Fitzgerald et al.，2020）。心理适应指的是个体通过自我调节在与环境交互的过程中形成身心稳定、和谐与平衡的状态（Petersen，2009）。它不仅是衡量个体心理健康的重要指标之一（Petersen，2009），还是个体心理健康的外在表现和重要标志（张晖等，2016）。家庭教育作为个人成长过程中必不可少的一部分，对初中生的心理适应具有重要意义。实证研究表明，父母养育倦怠能够负向预测初中生的心理健康（Yang et al.，2021）与问题行为（Chen et al.，2021），父母养育倦怠很可能会对其子女的心理适应产生重要影响。因此，本研究提出以下假设。

假设1：养育倦怠可以预测初中生的心理适应。

（二）父母行为控制的中介作用

父母的指导与教育在初中生的成长道路上起着关键作用，处于这个阶段的初中生开始逐渐形成自我意识，但自身又没有准备好迎接这一切的条件，他们容易感到迷茫与不知所措（赵洁，2017）。父母行为控制是指父母通过主动询问和限定管束的行为控制方式管理孩子的一种积极的教养方式，父母在对初中生的行为表现中施以规则与规范的同时，也在一定程度上给予了他们自主空间，培养了他们的决策能力，满足了初中生的自主需要（Baumrind，1978）。Wang 和 Liu（2007）的研究发现，行为控制不仅能够调节儿童的积极行为，还能阻止儿童陷入危险的环境，减少不良的适应行为。而养育倦怠使父母处于一种身心俱疲的状态中，失去了养育子女应有的耐心，从情绪上疏远其子女（Roskam et al.，2018），想要逃避自己的养育责任，父母就有可能会减少对初中生行为的关注、管理与监督等行为控制，减少亲子间的沟通与交流，这在一定程度上会引发消极的亲子关系，进而阻碍初中生心理适应的发展。综上，本研究提出以下假设。

假设2：父母行为控制在养育倦怠与初中生心理适应之间起中介作用。

（三）父母心理控制的中介作用

缪子梅和闫明（2013）研究发现，父母消极的教养方式对子女的心理适应性产生直接的负面影响。已有研究表明，当养育者采取消极的教养方式时，其子女更易出现敏感多疑、焦虑等心理问题（Lin et al.，2021）。父母心理控制是初中生成长中的一项消极因素，它传递给子女的信息不符合个体独立发展的需要，此外，在内外部压力的作用下中学生必须对父母心理控制进行自我内部消化，不利于其自主性的发展（Soenens et al.，2008）。

当父母长期处于养育压力中时，其养育资源耗尽，父母会感到无助且不知所措，易产生养育倦怠（Mikolajczak et al.，2018a），倦怠的父母倾向于与子女保持一定的情感距离，不再像以往那样关注子女的行为表现，指导与监督活动减少；与此同时，因为难以继续从与子女的互动中获得快乐与成就，他们为避免养育资源消耗，倾向于减少亲子互动中的资源投入，采用简单粗暴的方式来与子女进行交流。已有研究表明，长期的养育压力会导致父母在控制子女态度方面发生变化（Soenens & Vansteenkiste，2010），养育倦怠与父母心理控制呈显著正相关（Minh et al.，2022）。基于此，本研究提出以下假设。

假设3：父母心理控制在养育倦怠与初中生心理适应之间起中介作用。

养育倦怠、父母控制与心理适应之间关系的假设模型如图6.1所示。

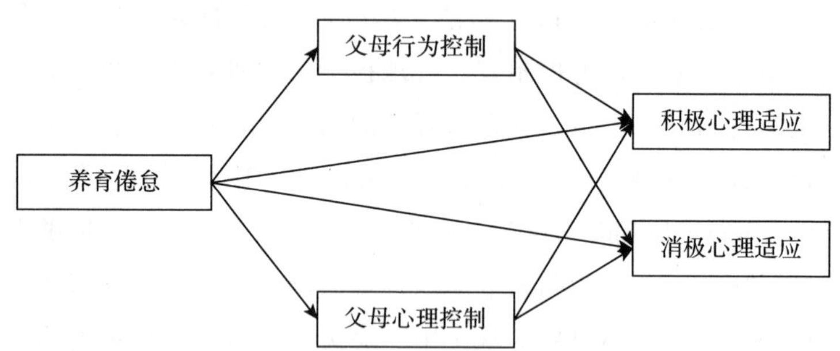

图6.1　养育倦怠、父母控制与心理适应之间关系的假设模型

二　研究方法

（一）研究对象

本研究以八年级学生为研究对象，采用方便取样的方法，选取郑州某中学八年级学生及其父母进行问卷调查。本研究共进行3次数据收集，间隔时间为 1 个月。第一次（T1）调查对象为初中生父母，问卷内容为养育倦怠问卷，将调查问卷装入信封进行密封装订，要求学生将其带回家中交由主要养育者进行填写后密封返回，并以班级为单位进行回收；第二次（T2）、第三次（T3）调查对象为初中生，均以班级为单位，在自习课上集中施测，要求学生当堂作答并及时回收。其中，T2 问卷内容为父母控制问卷、亲子关系问卷与父母参与－忽视问卷，T3 问卷内容为初中生心理适应问卷、友谊质量问卷、学业投入问卷。

T1 共向调查对象发放 453 份问卷，回收问卷 436 份。剔除无效问卷（漏填错填）后得到有效问卷 426 份，有效回收率 94.04%。其中父亲 130 人，母亲 273 人，23 名被试者未报告他们的性别。T2 与 T3 分别回收学生问卷 447 份、443 份，并与 T1 回收的父母问卷进行配对，得到匹配后的数据有 387 组。由于本研究关注的是主要养育者对其子女可能产生的养育倦怠，因此在父母及学生问卷中均设置一个项目（您认为在您的家庭中养育任务如饮食起居、学业参与、亲子交流等的主要承担者是谁），选项包含“父亲”、“母亲”以及“其他”，要求父母与子女分别评价认为承担养育任务的主要养育者。已有研究表明（Sodi et al.，2020），目前家庭中承担养育职责的父母仍占绝大多数，而除父母外的养育群体的范围较为宽泛，无法对其进行明确的区分。同时，从本研究的调查结果来看，评价主要养育者为“其他”的被试者较少，因此将这一部分予以剔除。将已匹配的 387 组被试数据进一步筛选，剔除父母与子女认为主要养育者不匹配的数据，最终筛选出 317 组有效数据。

（二）研究工具

（1）养育倦怠量表

采用王玮等（2021b）修订的简式养育倦怠量表中文版（the Chinese Short Version of Parental Burnout Assessment，S-PBA），该量表为单因子结构，共 7 个题项，如“我感觉我没法胜任家长的角色”。该量表采用 Likert 7 点计分法，从 1～7 代表从“从不”到“每天”，要求父母根据自身情况对项目所描述的情景进行作答，得分越高代表其养育倦怠水平越高。本研究中，该量表的 Cronbach's α 系数为 0.88。

（2）父母控制问卷

采用 Wang 等（2007）修订的父母控制问卷中文版（the Parents' Control Scale），问卷包括心理控制和行为控制两个维度。其中心理控制维度 18 个题项，如“当我没有达到父母的期望时，他们告诉我，我应该感到内疚”，包括引发内疚、爱的撤回和权力专断 3 个方面。行为控制维度 16 个题项，如“我的父母是否经常主动和我谈论我的学习情况”，包括主动询问和限定管束两个方面。采用 Likert 5 点计分法，从 1 ~ 5 代表从“完全不符合”到“完全符合”，要求初中生根据自己感受到的父母的控制情况进行作答，分数越高代表父母的心理控制或行为控制水平越高。本研究中，父母行为控制的 Cronbach's α 系数为 0.85，父母心理控制的 Cronbach's α 系数为 0.93。

（3）心理适应量表

采用寇建华等（2007）修订的长处和困难问卷中文版（Strengths and Difficulties Questionnaire，SDQ）。问卷包括困难部分和长处部分，共 25 个题项。其中长处部分 5 个项目，如“我尝试对别人友善，我关心别人的感受”；困难部分 20 个项目，如“我觉得非常愤怒及常发脾气”。采用 Likert 3 点计分法，从 0 ~ 2 代表从“不符合”到“完全符合”，要求初中生根据自身实际情况进行作答。本研究将长处部分视为积极心理适应，困难部分视为消极心理适应。分数越高，表示积极心理适应水平或消极心理适应水平越高。本研究中，积极心理适应的 Cronbach's α 系数为 0.70，消极心理适应的 Cronbach's α 系数为 0.78。

三　统计方法

本研究通过 Excel 软件对所收集问卷进行录入，并对 3 次数据进行匹配，删除少填或不认真作答的问卷。采用 SPSS 21.0 与 AMOS 24.0 对样本数据进行共同方法偏差检验以及对量表进行信度和效度检验；对筛选前后的数据进行缺失值差异性分析以及变量的人口学差异性分析；对父母受教育程度、子女性别、养育倦怠、行为控制、心理控制以及心理适应进行描述性统计分析与皮尔逊相关分析；对养育倦怠与初中生积极心理适应与消极心理适应的关系进行回归分析；采用 AMOS 24.0 软件对假设的中介模型进行路径分析。

四　研究结果

（一）共同方法偏差检验

本研究从多个时间点并采用多来源数据进行调查，在一定程度上提升了数据质量，减少了共同方法偏差的影响。在此基础上，进行共同方法偏差检验，首先采用 Harman 单因素检验法对父母养育倦怠、行为控制、心理控制与心理适应的所有项目进行共同方法偏差检验，结果显示第一个因子解释的方差变异量为 11.36%（小于 40%）；其次采用“控制未测单一方法潜因子法”，使所有项目分别打包负荷至原有维度上的同时，还负荷在另一个潜变量上，并设定路径系数相等，结果表明该潜变量能够解释各项目变异的 0%，低于标准的 25%（Williams et al.，1989）。因此本研究不存在严重的共同方法偏差。

（二）父母养育倦怠的检出率及在人口学变量上的差异

根据 Roskam 等（2017，2018）提出的观点，当父母养育倦怠的得分在平均值 1.5 个标准差以上时，就认为该个体存在较高的养育倦怠风险。按照所提出的养育倦怠检出率的标准，本研究中父母养育倦怠的临界值为 2.69，高于临界值得分的父母共有 24 人，父母养育倦怠的发生率为 7.57%。如表 6.1 所示，母亲的养育倦怠要略高于父亲，对其进行独立样本 t 检验，结果表明养育倦怠在父母身份上不存在显著差异。子女性别在父母养育倦怠上的得分大致相等，根据独立样本 t 检验可得，父母养育倦怠在子女性别上不存在显著差异。对养育倦怠与受教育程度进行独立样本 t 检验，结果表明，养育倦怠在父母受教育程度上也不存在显著差异。由于人口学变量在养育倦怠中均不存在显著差异，因此后续分析无须考虑人口学变量对结果的影响。

表 6.1　父母养育倦怠在人口学变量上的差异

变量	类别		M	SD	t	p
养育倦怠	父母身份	父亲	1.34	0.61	-1.49	0.14
		母亲	1.51	0.85		
	子女性别	男生	1.44	0.86	-0.59	0.55
		女生	1.50	0.75		
	受教育程度	高中及以下	1.46	0.84	-0.45	0.65
		大专及以上	1.51	0.71		

（三）各变量描述性统计及相关分析

采用 SPSS21.0 对研究中的各变量进行描述性统计和相关分析，结果如表 6.2 所示。结果表明，父母养育倦怠与心理控制呈显著正相关（$r=0.18$，$p<0.01$），与积极心理适应呈显著负相关（$r=-0.12$，$p<0.05$），与消极

心理适应的正相关为边缘显著（$r=0.10$，$p<0.1$）；行为控制与心理控制呈显著正相关（$r=0.26$，$p<0.01$），与积极心理适应呈显著正相关（$r=0.28$，$p<0.01$），与消极心理适应的负相关为边缘显著（$r=-0.10$，$p<0.1$）；心理控制与消极心理适应呈显著正相关（$r=0.40$，$p<0.01$）；积极心理适应与消极心理适应呈显著负相关（$r=-0.33$，$p<0.01$）。

表 6.2　变量的描述性统计与相关分析

变量	M	SD	1	2	3	4	5
1. 养育倦怠	1.47	0.81	1				
2. 行为控制	2.89	0.70	0.01	1			
3. 心理控制	2.54	0.89	0.18**	0.26**	1		
4. 积极心理适应	1.58	0.37	−0.12*	0.28**	0.03	1	
5. 消极心理适应	0.51	0.27	0.10+	−0.10†	0.40**	−0.33**	1

注：†表示 $p<0.1$，*表示 $p<0.05$，**表示 $p<0.01$。

（四）假设模型检验

首先用 SPSS 21.0 以父母养育倦怠为自变量，初中生积极心理适应与消极心理适应分别为因变量进行回归分析，具体结果如表 6.3 所示。结果表明，养育倦怠对初中生积极心理适应有显著负向预测作用（$\beta=-0.12$，$p=0.04<0.05$），对消极心理适应的正向预测作用为边缘显著（$\beta=0.10$，$p=0.07<0.1$），故研究假设 1 得到支持。

表 6.3　养育倦怠与初中生心理适应的回归分析

因变量	自变量	R	R^2	ΔR^2	F	β	t	p
积极心理适应	养育倦怠	0.12	0.01	0.01	4.26	−0.12	−2.06	0.04
消极心理适应		0.10	0.01	0.01	3.39	0.10	1.84	0.07

其次采用 AMOS 24.0 软件构建了养育倦怠、父母控制以及初中生心理适应的结构方程模型，其模型拟合度指标$\chi^2/df=0.11$，CFI = 0.998，AGFI = 0.998，RMSEA = 0.001，模型拟合度良好，该模型结果如图 6.2 所示。

表 6.4 为结构方程模型标准化路径系数表。从表 6.4 可以看出，父母养育倦怠对心理控制的预测作用显著（$p<0.001$），对初中生积极心理适应的预测作用边缘显著（$p=0.08<0.1$）；行为控制对积极心理适应有显著正向

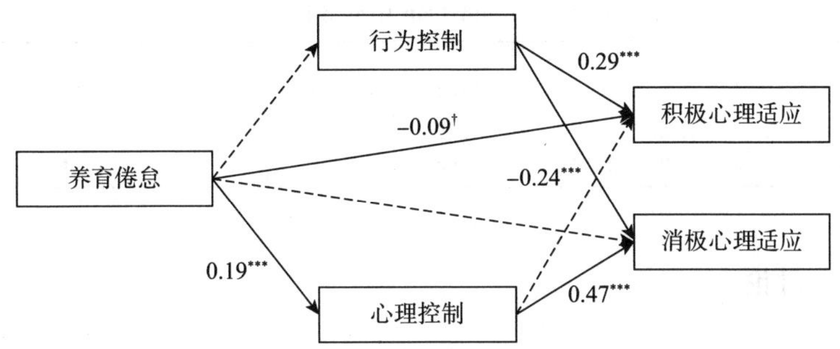

图 6.2　本研究的结构方程模型路径

说明：† 表示 $p<0.1$，* 表示 $p<0.05$，** 表示 $p<0.01$，*** 表示 $p<0.001$；虚线代表该条路径不显著。

预测作用（$p<0.001$），对消极心理适应有显著负向预测作用（$p<0.001$）；心理控制对消极心理适应有显著正向预测作用（$p<0.001$）。由此结果可知，养育倦怠对行为控制的预测作用不显著，无法进行"养育倦怠→行为控制→积极心理适应"以及"养育倦怠→行为控制→消极心理适应"中介效应的检验，故研究假设 2 没有得到支持；同时，由于心理控制对初中生积极心理适应的预测作用不显著，也无法进行"养育倦怠→心理控制→积极心理适应"中介效应的检验。

表 6.4　标准化路径系数

路径	非标准化系数	标准化系数	误差值	C. R.	p
养育倦怠→心理控制	0.22	0.19	0.07	3.32	0
养育倦怠→积极心理适应	-0.04	-0.09	0.03	-1.73	0.08
行为控制→积极心理适应	0.15	0.29	0.03	5.08	0
行为控制→消极心理适应	-0.09	-0.24	0.02	-4.39	0
心理控制→消极心理适应	0.14	0.47	0.02	9.12	0

因此，在该模型路径的基础上运用非参数 Bootstrap 方法通过重复取样 2000 次进一步验证"养育倦怠→心理控制→消极心理适应"路径的中介效应及其具体的中介效应量。由表 6.5 可知，养育倦怠对初中生消极心理适应间接效应的 Bias-corrected 95% 的置信区间为［0.01，0.06］，不包含 0，由此可知中介效应成立，说明心理控制对养育倦怠与初中生消极心理适应的中介效应显著，故研究假设 3 得到部分支持。

表 6.5 Bootstrap 中介效应检验

路径	效应值	误差值	95%置信区间		
			下限	上限	p
养育倦怠→心理控制→消极心理适应	0.03	0.01	0.01	0.06	0

五 讨论

本研究采用多时段数据综合法通过问卷调查的方式来收集父母的养育倦怠、初中生所感知到的父母控制以及心理适应的相关数据，探讨了初中生父母养育倦怠的总体情况，并从积极和消极两个角度来考察父母养育倦怠对初中生心理适应的影响以及行为控制与心理控制在养育倦怠与初中生心理适应之间的中介作用。

（一）养育倦怠对初中生心理适应的影响

本研究以主要养育者的养育倦怠为自变量、初中生积极心理适应与消极心理适应为因变量分别进行回归分析，从总体上来看，主要养育者的养育倦怠对初中生积极心理适应具有显著负向预测作用，对初中生消极心理适应的正向预测作用为边缘显著，证明研究假设 1 成立，也就是说，当主要养育者的养育倦怠水平越高时，其初中生子女的心理适应水平就越低，消极心理适应就越严重。统计分析的结果基本支持了上述假设，不仅呼应了既有研究的结果，而且为父母养育倦怠对于子女不良影响的观点提供了新的证据。从父母的角度来看，个体长期处于高度养育压力下引起了身心的倦怠感，导致父母下意识地在情感与行为上疏远自己的养育对象（Roskam et al.，2017），亲子关系越发紧张，促使初中生表现出负性情绪症状等心理适应的问题。而对于初中生来说，父母的养育倦怠是一种来自外部的负面压力，当父母表现出疏远的态度甚至出现忽视或暴力行为时，会增加初中生的心理困扰以及焦虑情绪（孙丽萍等，2018），就容易表现出心理适应不良的症状。

（二）行为控制与心理控制的中介效应

已有研究指出，养育倦怠与父母的教养方式存在相关关系（Mikolajczak et al.，2018b）。而父母行为控制与心理控制分别作为积极与消极的教养方式，都是初中生心理适应的重要前因变量（冯琳琳，2015；余小霞等，2021）。因此本研究选取行为控制和心理控制作为中介变量，积极心理适应和消极心理适应作为结果变量，从积极和消极两条路径来综合考察父母养育倦怠对初中生心理适应的影响及父母控制的中介作用。

结果表明，养育倦怠对行为控制的预测作用不显著，行为控制在养育倦怠与初中生心理适应之间不存在中介作用，假设 2 不成立。由此可见，父母的养育倦怠对初中生心理适应的影响是直接的，并不通过行为控制来起作用。根据社会联结理论（肖婕婷，2016；黄小凡，2021），父母对子女的控制包含直接控制和间接控制，直接控制表现为行为控制，是对子女的行为进行约束，而间接控制表现为心理控制，是对子女的心理进行操纵。当子女的社会化逐步完善，父母就会逐渐将对子女的控制由行为控制转为心理控制。以往研究（Wang et al.，2007；Shek，2008）指出，当子女年龄逐渐增大时，父母对子女的行为控制呈现减弱趋势。由于初中生身心逐渐成熟，自我管理能力逐渐提高，父母对子女的行为控制会逐渐减少，且养育倦怠的父母处于身心俱疲的状态中，没有精力在行为上对子女进行监督和控制，因此对于初中生父母来说，养育倦怠与行为控制之间不存在相互影响。本书的研究结果也表明，父母行为控制能够显著正向预测初中生的积极心理适应并负向预测消极心理适应，与以往研究相一致（郑月清，2013；夏敏、梁宗保，2016）。这说明父母对子女在行为上的监督与指导，能够减少初中生的适应不良问题，有助于提高初中生的心理适应能力。

父母心理控制在养育倦怠与初中生心理适应之间的中介效应结果表明，养育倦怠能够显著正向预测心理控制，心理控制能够显著正向预测初中生消极心理适应，对初中生积极心理适应的预测作用不显著；心理控制在养育倦怠与初中生消极心理适应之间存在中介效应，而在养育倦怠与初中生积极心理适应之间不存在中介效应，假设 3 部分成立。也就是说，父母养育倦怠会增加父母对子女的心理控制，进而增加初中生心理适应问题出现的可能性。以往研究表明，当父母的养育压力过大时，他们会倾向于采取消极的教养方式，比如心理控制来对待自己的子女（刘河舟，2018）。而养育倦怠正是由于父母长期处于养育压力下所出现的负面症状（Roskam et al.，2017），倦怠的父母在情绪资源枯竭的状态下，尝试从自己的养育活动中抽离，但由于其父母角色无法回避，他们不得不继续履行其养育责任。为避免资源的持续消耗，父母倾向于采用简单粗暴的方式来与子女进行互动，出现更多的心理控制行为。当父母采用收回对子女的爱以及引发子女内疚的方式时，其子女就容易产生消极情绪，降低心理幸福感（张会姣，2020），出现一系列消极心理适应的问题。值得注意的是，心理控制在养育倦怠与初中生积极心理适应之间的中介作用不显著，其原因可能是养育倦怠是一种负性症状，且心理控制也是一种消极的教养方式，因此在同时考察初中生心理适应的积极与消极两个方面时，养育倦怠与心理控制对初中生的消极心理适应影响作用更大。

六　研究局限与未来研究展望

尽管本研究有助于丰富在中国背景下父母养育倦怠的研究，具有一定的理论意义和现实意义，但本研究仍存在一些不足之处，今后还需要进一步完善。本研究的局限之处主要包括以下方面。首先，本研究虽然提出家庭中的“主要养育者”这一概念，并在数据调查中添加除父母外“其他”这一选项，但由于除父母外的养育群体范围过于宽泛且不好与子女的数据进行匹配，因此在后续研究中将这一部分被试者予以剔除，仅考察了主要养育者中父母群体的养育倦怠对子女整体发展的影响。而随着社会的不断变化，有些家庭中扮演主要养育者的角色可能是祖父母、叔伯等其他亲属，未来的研究应进一步完善并细化家庭中“主要养育者”这一群体。其次，本研究数据收集方式均采用问卷测量，方式较为单一。未来研究可以考虑采用实验法、第三方报告（如教师报告、同伴提名法等）等多种方法，丰富数据来源，提高数据的可信度与可靠性。

第二节　养育倦怠与初中生友谊质量

一　引言与问题提出

（一）养育倦怠与初中生友谊质量

同伴关系对初中生的社交及情感发展有着独特而不可替代的贡献（周宗奎等，2015），尤其是亲密的友谊关系。同时，友谊质量是研究初中生友谊的重要组成部分，能够反映友谊关系的基本特征（Bukowski et al.，2010），能够作为初中生人际关系的测量指标。已有研究表明，高水平的友谊质量有利于提升初中生的安全感与幸福感，预防初中生可能出现的孤独、抑郁等情绪问题（牛凯宁等，2021）。

家庭系统理论指出，父母子系统在家庭系统等级中处于顶端位置，对整个家庭系统的运作起到至关重要的作用（Bowen，1974）。养育倦怠的父母会刻意保持与子女在情感上的距离，减少对子女在情感上的付出（Mikolajczak et al.，2018a），在亲子互动层面表现出忽视或冲突等行为，从而在一定程度上引发子女对自身、他人及周围环境产生错误认知以及不良体验，阻碍子女的社会化发展。研究表明，父母养育倦怠对其子女的心理健康会造成不良影响（Yang et al.，2021），而初中生的友谊质量是其心理健康的重要体现标志，因此，父母养育倦怠有可能会对其子女的友谊质量产生重要影响。基于此，本研究提出以下假设。

假设1：养育倦怠可以预测初中生的友谊质量。

（二）亲子亲合的中介作用

亲子关系是个体最早的人际关系，先于同伴友谊产生（黄月胜、谭青蓉，2019）。根据社会学习理论，初中生在与父母建立亲子关系的过程中通过观察模仿习得了人际交往技能，对人际互动的模式形成自身独有的见解，进而将与父母互动过程中学到的社交技能运用到同伴交往中，影响初中生与同伴的友谊质量（张迎春，2012）。良好的亲子关系（如高亲子亲合）易使初中生感受到关爱与呵护，形成高自我效能感，从而乐于与同伴交往而形成高质量的友谊（田微微等，2018；张盼，2018）。既有研究表明，倦怠的父母在情感与行为上倾向于疏远其养育对象，亲子互动的频次减少，无法与子女建立亲密连接（Mikolajczak et al.，2018a）。由此可以推测，父母的养育倦怠可能对亲子关系质量产生消极影响，使得亲子间亲合水平下降，进而不利于初中生与同伴建立起高质量的友谊。基于此，本研究提出以下假设。

假设2：亲子亲合在养育倦怠与初中生友谊质量之间起中介作用。

（三）亲子冲突的调节作用

亲子关系作为家庭环境中不可或缺的因素，有助于初中生的健康成长以及积极发展（Pallini et al.，2014）。然而，当个体经历亲子冲突而长期暴露于消极的家庭氛围中时，初中生与父母之间就难以进行良好的情绪表达和交流，因此初中生在与他人社交的过程中就更易出现敏感、多疑等情绪，阻碍其社交技能的形成（韩磊等，2019），使得在社交情境中更容易与他人发生矛盾冲突并难以与同伴形成高质量的友谊。倦怠的父母养育资源枯竭，不再愿意持续投入资源满足子女的心理需求，甚至会对子女表现出更多的忽视与暴力行为，从而导致子女成长的家庭环境氛围不良，亲子冲突增加（Mikolajczak et al.，2020）。因此，当父母在亲子互动层面表现出忽视或冲突等行为时，其子女可能会通过社会学习而在自己与同伴的交往中做出类似的选择，在人际交往中难以与他人建立起信任感（Jacobsen，2014），对友谊质量产生不良影响。基于此，本研究提出以下假设。

假设3：亲子冲突在养育倦怠与初中生友谊质量之间起中介作用。

养育倦怠、亲子关系与友谊质量之间关系的假设模型如图6.3所示。

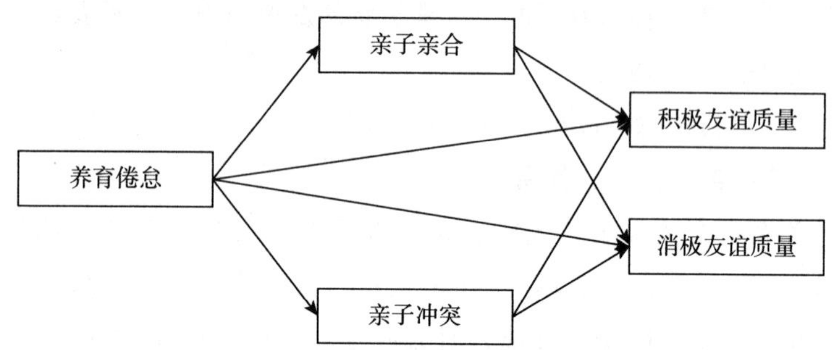

图6.3　养育倦怠、亲子关系与友谊质量之间关系的假设模型

二　研究方法

（一）研究对象

同研究“养育倦怠与初中生心理适应”。

（二）研究工具

（1）养育倦怠量表

同研究“养育倦怠与初中生心理适应”。

（2）亲子关系量表

采用张文新等（2006）修订的家庭适应与亲合评价量表（Family Adaptability and Cohesion Evaluation Scales，FACES Ⅱ）测量亲子亲合，分为父亲亲子亲合和母亲亲子亲合两个分量表，均包含10个题项，如“与其他人比，我感觉与我父亲/母亲更亲近”。采用Likert 5点计分法，从1~5代表从“完全不符合”到“完全符合”。初中生根据感知到的亲子亲合情况进行作答，分数越高代表亲子亲合程度越高。本研究中，亲子亲合的Cronbach's α系数为0.80。

采用方晓义和董奇（1998）编制的亲子冲突量表测量亲子冲突，分为父亲冲突与母亲冲突两个分量表，包含冲突频率和冲突强度两个方面，共16

个题项，如“与父亲/母亲在你的隐私方面的冲突频率与强度”。采用 Likert 5 点计分法，冲突频率维度从 1～5 代表从“从未发生”到“每天几次”，冲突强度维度从 1～5 代表从“从未发生”到“非常激烈”，要求初中生根据感知到的亲子冲突情况进行作答，分数越高代表亲子冲突程度越高。本研究中，亲子冲突的 Cronbach's α 系数为 0.91。

（3）友谊质量问卷

采用周宗奎和万晶晶（2005）修订的友谊质量问卷（Friendship Quality Questionnaire，FQQ）中文简版，该问卷共包含亲密袒露与交流、冲突解决策略、陪伴与娱乐、帮助与指导、肯定与关心、冲突背叛 6 个维度 18 个题项，如“这个朋友常给我一些解决问题的建议”，采用 Likert 5 点计分法，从 0～4 代表从“完全不符合”到“完全符合”，初中生在接受测试时根据自己与最好朋友的交往状况逐一作答，其中冲突背叛用于测量消极友谊质量，另外 5 个维度用于测量积极友谊质量。本研究中，积极友谊质量的 Cronbach's α 系数为 0.80，消极友谊质量的 Cronbach's α 系数为 0.56。

三 统计方法

采用 SPSS 21.0 与 AMOS 24.0 对样本数据进行共同方法偏差检验以及对量表进行信度和效度检验；对父母受教育程度、子女性别、养育倦怠、亲子亲合、亲子冲突以及初中生友谊质量进行描述性统计分析与皮尔逊相关分析；对养育倦怠与初中生积极友谊质量与消极友谊质量的关系进行回归分析；采用 AMOS 24.0 软件对假设的中介模型进行分析。

四 研究结果

（一）共同方法偏差检验

鉴于本研究采用个体自我报告法进行数据收集，为避免共同方法偏差，采用 Harman 单因素检验法对父母养育倦怠、亲子关系与友谊质量的所有项目进行共同方法偏差检验，结果显示第一个因子解释的方差变异量为 14.36%（小于 40%）；采用“控制未测单一方法潜因子法”，使所有项目负荷分别打包至原有维度上的同时，还负荷在另一个潜变量上，并设定路径系数相等，结果表明该潜变量能够解释各项目变异的 0.46%，低于标准的 25%（Williams et al.，1989）。因此本研究不存在严重的共同方法偏差。

（二）各变量描述性统计及相关分析

采用 SPSS 21.0 对研究中的各变量进行描述性统计和相关分析，结果如表 6.6 所示。结果表明，父母养育倦怠与亲子亲合的相关为边缘显著（$r=-0.10$，$p<0.10$），与亲子冲突呈显著正相关（$r=0.12$，$p<0.05$）；亲子亲合与亲子冲突呈显著负相关（$r=-0.33$，$p<0.01$），与积极友谊质量呈显著正相关（$r=0.24$，$p<0.01$）；亲子冲突与积极友谊质量呈显著负相关（$r=-0.14$，$p<0.05$），与消极友谊质量呈显著正相关（$r=0.13$，$p<0.05$）。

表 6.6　各变量的描述性统计与相关分析

变量	M	SD	1	2	3	4	5
1. 养育倦怠	1.47	0.81	1				
2. 亲子亲合	3.74	0.68	-0.10†	1			
3. 亲子冲突	3.97	1.35	0.12*	-0.33**	1		
4. 积极友谊质量	2.78	0.74	-0.09	0.24**	-0.14*	1	
5. 消极友谊质量	0.86	0.71	0.05	-0.01	0.13*	0.07	1

（三）假设模型检验

首先用 SPSS 21.0 以父母养育倦怠为自变量，初中生积极友谊质量与消极友谊质量分别为因变量进行回归分析，具体结果如表 6.7 所示。结果表明，养育倦怠对初中生积极友谊质量没有显著预测作用（$\beta=-0.09$，$p>0.05$），对消极友谊质量也没有显著预测作用（$\beta=0.05$，$p>0.05$），故研究假设 1 没有得到支持。

表 6.7　养育倦怠与初中生友谊质量的回归分析

因变量	自变量	R	R^2	ΔR^2	F	β	t	p
积极友谊质量	养育倦怠	0.09	0.01	0.01	2.48	-0.09	-1.57	0.12
消极友谊质量		0.05	0	0	0.74	0.05	0.86	0.39

其次采用 AMOS 24.0 软件构建了养育倦怠、亲子关系以及初中生友谊质量的结构方程模型，其模型拟合度指标 $\chi^2/df=0.11$，CFI = 0.994，AGFI = 0.972，RMSEA = 0.03，模型拟合度良好，该模型结果如图 6.4 所示。

表 6.8 为结构方程模型标准化路径系数。从表 6.8 可以看出，父母养育倦怠对亲子冲突的预测作用边缘显著（$p=0.08<0.10$）；亲子亲合对积极

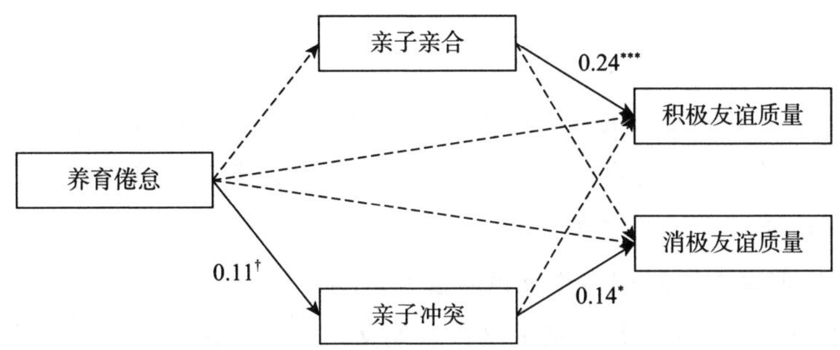

图 6.4　本研究的结构方程模型路径

友谊质量有显著正向预测作用（$p<0.001$）；亲子冲突对消极友谊质量有显著正向预测作用（$p<0.05$）。由此结果可知，养育倦怠对亲子亲合的预测作用不显著，无法进行“养育倦怠→亲子亲合→积极友谊质量”以及“养育倦怠→亲子亲合→消极友谊质量”中介效应的检验，故研究假设 2 没有得到支持；同时，由于亲子冲突对初中生积极友谊质量的预测作用不显著，也无法进行“养育倦怠→亲子冲突→积极友谊质量”中介效应的检验。

表 6.8　标准化路径系数

路径	非标准化系数	标准化系数	误差值	C. R.	p
养育倦怠→亲子冲突	0. 18	0. 11	0. 10	1. 77	0. 08
亲子亲合→积极友谊质量	0. 27	0. 24	0. 07	4. 04	0
亲子冲突→消极友谊质量	0. 08	0. 14	0. 03	2. 31	0. 02

因此，在该模型路径的基础上运用非参数 Bootstrap 方法通过重复取样 2000 次进一步验证“养育倦怠→亲子冲突→消极友谊质量”路径的中介效应及其具体的中介效应量。由表 6.9 可知，养育倦怠对初中生消极友谊质量间接效应的 Bias-corrected 95% 的置信区间为［0. 00，0. 05］，不包含 0，由此可知中介效应成立，说明亲子冲突对养育倦怠与初中生消极友谊质量的中介效应显著，故研究假设 3 得到部分支持。

表 6.9　Bootstrap 中介效应检验

路径	效应值	误差值	95% 置信区间		
			下限	上限	p
养育倦怠→亲子冲突→消极友谊质量	0. 01	0. 01	0. 00	0. 05	0. 04

五　讨论

本研究主要探究了主要养育者的养育倦怠对初中生积极友谊质量与消极友谊质量的影响，并考察了亲子亲合与亲子冲突在养育倦怠与初中生积极以及消极友谊质量之间的中介作用。

（一）养育倦怠对初中生友谊质量的影响

与本研究假设1相反，研究结果表明父母的养育倦怠不能对初中生的积极友谊质量与消极友谊质量产生直接影响，这可能是由于初中阶段属于青春期初期，这一阶段初中生正处于第二次分离－个体化的阶段，也就是自我分化形成的关键期（贾晓明、郭潇萌，2015）。这一时期初中生会彻底与父母分离，摆脱父母对自己的影响，脱离对家庭的依赖（涂翠平等，2008；刘世杰，2012）。对于初中生来说，除了父母因素的影响，同伴关系对自身人际交往方式、行为产生的影响越来越多，有研究也表明（李婧，2020），父母的消极教养方式不能显著预测初中生的友谊质量。故当初中生父母面临养育倦怠的风险时，其子女也可能与同伴建立起良好的人际关系，能够维持与好朋友之间的友谊质量，有效规避与同伴的冲突。因此，父母养育倦怠与初中生友谊质量的关系可能受到其他因素的影响，二者之间的直接效应不显著，它们之间可能存在的其他因素的间接效应也有待进一步考察。

（二）亲子亲合与亲子冲突的中介效应

已有研究表明，父母长期的养育压力会对亲子互动以及亲子关系造成极大的危害（Feldman et al.，2004；Crnic & Low，2005），而亲子关系作为个体最初形成的人际关系，也会潜移默化地影响个体与同伴的人际关系（张盼，2018），父母与子女的关系越和睦，越有助于子女在人际交往过程中表达自己的想法与感受，采用恰当的方式有效解决与同伴之间的冲突，从而建立良好的友谊。因此本研究从积极和消极角度进一步考察了亲子亲合与亲子冲突在父母养育倦怠与初中生友谊质量之间的中介作用。

通过对亲子关系在养育倦怠与初中生友谊质量间的中介作用的分析发现，养育倦怠对亲子亲合的影响作用不显著，亲子亲合在养育倦怠与初中生积极友谊质量与消极友谊质量之间不存在中介效应，假设2不成立；亲子冲突在养育倦怠与初中生消极友谊质量之间存在中介效应，在养育倦怠与初中生积极友谊质量之间不存在中介效应，假设3部分成立。也就是说，父母养育倦怠只能通过亲子冲突对初中生的消极友谊质量产生影响。

这种结果可以解释为，养育倦怠作为一种负性症状，在亲子关系中更倾向于影响亲子关系的消极后果，而亲子亲合是一种积极的亲子关系，因而当同时考察亲子亲合与亲子冲突时，养育倦怠对亲子冲突的影响作用效果更强，从而掩盖了对亲子亲合的影响作用。具体来说，养育倦怠是由于父母长期受到养育压力且得不到足够多的养育资源从而陷入一种失衡状态，进而引发的一种负面状态（Mikolajczak & Roskam，2018），倦怠的父母在养育子女的实践过程中更倾向于关注子女的消极行为，由此在亲子关系中表现出更强的冲突行为而非亲密的情感联结。根据班杜拉提出的社会学习理论（于千茵，2020），当发生亲子冲突时，子女不仅会学习一些与父母发生冲突时的消极人际关系解决策略，还可能会内化亲子间的冲突行为，在与他人的人际交往中形成带有攻击性质的互动方式，进而加剧在管理友谊关系中的冲突与矛盾，导致更消极的友谊质量（黄月胜、谭青蓉，2019）。同时，结果也表明了亲子亲合对积极友谊质量具有显著正向预测作用，这一结果与前人研究一致（林昕潞，2019），初中生与父母的亲子关系会对同伴关系产生重要影响，亲密的亲子关系有助于初中生与同伴建立亲密、稳定的友谊关系。

六　研究局限与未来研究展望

本研究基于家庭系统理论，以父母养育倦怠为研究主题，探讨了养育倦怠对初中生友谊质量可能造成的影响，并进一步考察了亲子关系在养育倦怠与初中生发展之间的潜在作用机制。虽然所得结果丰富了养育倦怠的相关研究，但也存在一定的局限性。本研究运用积极和消极两个视角，从亲子亲合与亲子冲突两个方面对父母养育倦怠与初中生的发展进行考察，但是这两个方面也未必能够将亲子关系完全概括，而且在父母养育倦怠与初中生友谊质量之间，也并非只有亲子关系这一个中介变量。未来的研究可以将初中生更多的发展因素加以整合，以便能更加全面地了解养育倦怠对初中生各方面发展的影响以及作用机制，进而为养育倦怠这一领域提供更多的理论依据。

第三节　养育倦怠与初中生学业投入

一　引言与问题提出

（一）养育倦怠与初中生学业投入

根据家庭系统理论，个体发展（如学业成绩）与家庭环境是不可分割的，父母在家庭中的行为表现、对子女的陪伴以及给予积极的支持与鼓励会潜移默化地对子女在学业发展的表现产生影响（Fitzgerald et al.，2020）。然而，陷入养育倦怠的父母会尝试逃避其养育责任，逐渐忽视子女的基本心理需求，与子女缺乏亲子间的沟通与交流。对子女而言，父母的情感支持和教育是一种资源的提供（Dotterer & Wehrspann，2016），当初中生无法从父母处获得所需要的资源时，就容易诱发其消极情绪，使自身无法投入学业中，丧失对学习的兴趣（罗云，2016）。已有研究表明，父母养育倦怠不仅对子女的学业倦怠产生直接影响（Wu et al.，2022），而且能够显著负向预测子女的学业成绩（张雨晗，2021）。同时，学业投入是个体学业表现的重要预测因子（King & Gaerlan，2014；马虹等，2015）。由此可以推测，父母养育倦怠可能会影响初中生的学业投入程度。基于此，本研究提出以下假设。

假设 1：养育倦怠可以预测初中生的学业投入。

（二）父母学业参与的中介作用

父母的学业参与往往代表着其对子女的关爱与重视，相关研究显示，父母参与子女的教育活动能够正向预测其子女的学业投入水平（Fan & Williams，2010；刘春雷等，2018），有效预防子女出现对学业的消极态度和行为（李若璇等，2018），是子女取得学业成功的重要预测因素（Graves & Wright，2011）。李艳（2019）的研究再次证明了这一结论，父母参与能够为初中生的学业努力提供支持，随之而来的信任和支持可能会促进初中生对学校价值的内化，从而使初中生最终在学习环境中更加自主地投入学习中（Cheung & Pomerantz，2015）。然而实证研究指出（Nyanamba et al.，2021），养育倦怠对父母参与子女学业的程度产生影响。养育倦怠使得父母表现出对子女学业需求的不重视，可能不利于初中生学业成就的发展。因此可以推测，长期处于养育倦怠的父母会通过影响父母对初中生的学业参与程度，进而间接对初中生的学业投入产生影响。基于此，本研究提出以下假设。

假设 2：父母学业参与在养育倦怠与初中生学业投入之间起中介作用。

（三）父母忽视的中介作用

张焕等（2020）研究发现，父母的情感忽视与初中生的学业成绩密切相关，如果父母通常对子女采取忽视、拒绝的教养方式，容易引发子女内心的焦虑和无助感，进而导致其学习投入水平下降（李永占，2018）。处于养育倦怠下的父母会逃避自己的养育责任，在照顾子女的过程中不能正常履行父母的职责，对子女的基本心理需要采取漠不关心与忽视的态度（Mikolajczak et al.，2018a）。父母的忽视会给初中生带来被拒绝的感受，且研究表明，父母拒绝的消极教养方式会导致初中生的学业成绩下降（王清莉，2018）。当父母因倦怠的情绪无法满足初中生在学业发展的需求时，就可能会影响初中生对学业成就感与胜任感的培养，对学习失去兴趣和热情，并引发焦虑、厌烦以及沮丧等消极情感（Waterman & Lefkowitz，2017）。因此可以推测，父母养育倦怠可能会导致父母忽视，进而通过间接作用影响初中生的学业投入程度。基于此，本研究提出以下假设。

假设 3：父母忽视在养育倦怠与初中生学业投入之间起中介作用。

养育倦怠、父母学业参与 – 忽视与学业投入之间关系的假设模型如图 6.5 所示。

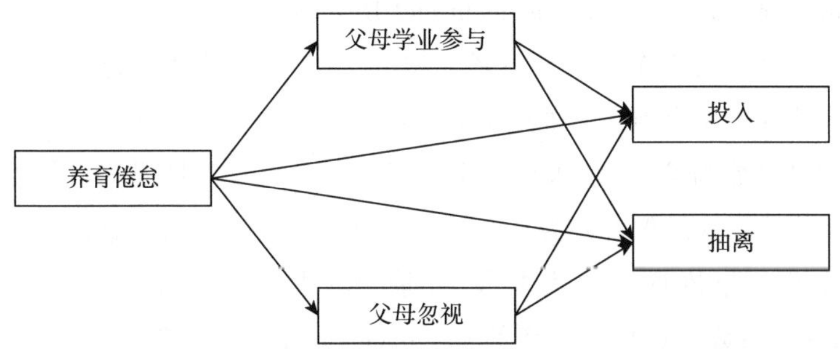

图 6.5　养育倦怠、父母学业参与 – 忽视与学业投入之间关系的假设模型

二　研究方法

（一）研究对象

同研究“养育倦怠与初中生心理适应”。

（二）研究工具

（1）养育倦怠量表

同研究“养育倦怠与初中生心理适应”。

（2）父母学业参与量表

采用 Cheung 和 Pomerantz（2011）修订的父母学业参与量表（the Parents' Academic Involvement Scale）测量父母对子女学业的参与程度，该量表为单因子结构，共 10 个题项，如“父母会和我讨论我的学业进展如何”，采用 Likert 5 点计分法，从 1 ~5 代表从“从不”到“总是”。要求初中生根据自身感知到的父母学业参与实际情况进行作答，分数越高表示父母学业参与程度越高。本研究中，该量表的 Cronbach's α 系数为 0.84。

（3）父母忽视量表

采用邓云龙等（2007）编制的儿童心理虐待和忽视量表中的忽视分量表测量父母忽视。忽视量表共有 17 个题项，如“家长不关心我吃的东西是否有营养”，采用 Likert 5 点计分法，从 0 ~4 代表从“从来没有”到“一直都有”，要求初中生根据自身感受到的父母忽视情况进行作答，得分越高表明父母忽视越严重。本研究中，该量表的 Cronbach's α 系数为 0.89。

（4）学业投入量表

采用 Zhang 等（2018）修订的行为与情感的学业投入及抽离量表（the Behavioural and Emotional Engagement and Disaffection Questionnaire），共 20 个题项，如“我享受在课堂上学习新事物”，分为行为投入、行为抽离、情感投入、情感抽离 4 个维度，采用 Likert 4 点计分法，从 1 ~4 代表从“非常不符合”到“非常符合”，要求初中生根据自己学习投入情况进行作答。将行为投入和情感投入维度合并为一个投入分数，行为抽离与情感抽离合并为一个抽离分数，分数越高代表其投入/抽离水平越高。本研究中，投入的 Cronbach's α 系数为 0.82，抽离的 Cronbach's α 系数为 0.91。

三　统计方法

采用 SPSS 21.0 与 AMOS 24.0 对样本数据进行共同方法偏差检验以及对量表进行信度和效度检验；对父母受教育程度、子女性别、养育倦怠、学业参与、父母忽视以及学业投入进行描述性统计分析与皮尔逊相关分析；运用回归分析对养育倦怠与初中生投入与抽离的关系进行分析；采用 AMOS 24.0

软件对假设的中介模型进行分析。

四　研究结果

（一）共同方法偏差检验

鉴于本研究采用个体自我报告法进行数据收集，为避免共同方法偏差，采用 Harman 单因素检验法对父母养育倦怠、父母学业参与、父母忽视与初中生学业投入的所有项目进行共同方法偏差检验，结果显示第一个因子解释的方差变异量为 13.27%（小于 40%）；采用“控制未测单一方法潜因子法”，使所有项目分别打包负荷至原有维度上的同时，还负荷在另一个潜变量上，并设定路径系数相等，结果表明该潜变量能够解释各项目变异的 0%，低于标准的 25%（Williams et al.，1989）。因此本研究不存在严重的共同方法偏差。

（二）各变量描述性统计及相关分析

采用 SPSS 21.0 对研究中的各变量进行描述性统计和相关分析，结果如表 6.10 所示。结果表明，父母养育倦怠与父母忽视呈显著正相关（$r = 0.15$，$p < 0.01$），与投入呈显著负相关（$r = -0.16$，$p < 0.01$），与抽离呈显著正相关（$r = 0.14$，$p < 0.05$）；学业参与和父母忽视呈显著负相关（$r = -0.53$，$p < 0.01$），与投入呈显著正相关（$r = 0.31$，$p < 0.01$），与抽离呈显著负相关（$r = -0.24$，$p < 0.01$）；父母忽视与投入呈显著负相关（$r = -0.36$，$p < 0.01$），与抽离呈显著正相关（$r = 0.40$，$p < 0.01$）；投入与抽离呈显著负相关（$r = -0.58$，$p < 0.01$）。

表 6.10　变量的描述性统计与相关分析

变量	M	SD	1	2	3	4	5
1. 养育倦怠	1.47	0.81	1				
2. 学业参与	3.65	0.78	-0.08	1			
3. 父母忽视	0.82	0.71	0.15**	-0.53**	1		
4. 投入	3.19	0.55	-0.16**	0.31**	-0.36**	1	
5. 抽离	1.61	0.57	0.14*	-0.24**	0.40**	-0.58**	1

（三）假设模型检验

首先用 SPSS 21.0 软件以父母养育倦怠为自变量，初中生投入与抽离分别为因变量进行回归分析，具体结果如表6.11所示。结果表明，养育倦怠对初中生的投入有显著负向预测作用（$\beta=-0.16$，$p<0.05$），对抽离有显著正向预测作用（$\beta=0.14$，$p<0.05$），故研究假设1得到支持。

表6.11　养育倦怠与初中生学业投入的回归分析

因变量	自变量	R	R^2	ΔR^2	F	β	t	p
投入	养育倦怠	0.16	0.02	0.02	7.72	-0.16	-2.78	0.01
抽离		0.14	0.02	0.02	6.03	0.14	2.46	0.02

其次采用AMOS 24.0软件构建了养育倦怠、学业参与、父母忽视以及初中生学业投入与抽离的结构方程模型，其模型拟合度指标RMSEA=0.023<0.08，$\chi^2/df=1.153$，GFI=0.994>0.9，AGFI=0.976>0.9，CFI=0.998>0.9，IFI=0.998>0.9，模型拟合度良好，该模型结果如图6.6所示。

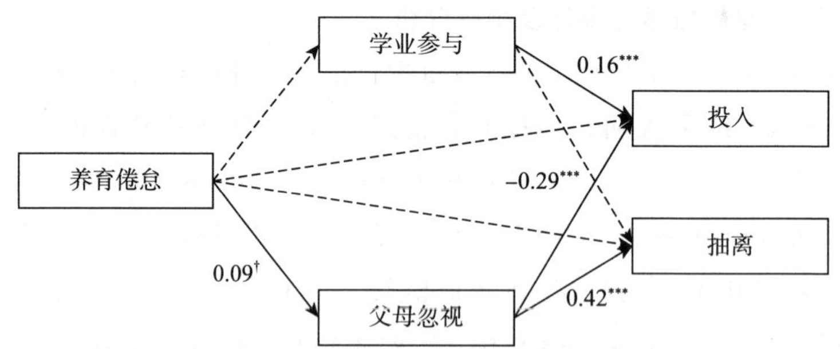

图6.6　本研究的结构方程模型路径

表6.12为结构方程模型标准化路径系数表。从表中可以看出，父母养育倦怠对父母忽视的预测作用边缘显著（$p=0.06<0.10$）；父母学业参与对初中生投入有显著正向预测作用（$p<0.001$）；父母忽视对初中生投入有显著负向预测作用（$p<0.001$），对初中生抽离有显著正向预测作用（$p<0.001$）。由此结果可知，养育倦怠对父母学业参与的预测作用不显著，无法进行“养育倦怠→学业参与→投入”以及“养育倦怠→学业参与→抽离”中介效应的检验，故研究假设2没有得到支持。

表6.12　标准化路径系数

路径	非标准化系数	标准化系数	误差值	C. R.	p
养育倦怠→父母忽视	0.08	0.09	0.04	1.91	0.06

续表

路径	非标准化系数	标准化系数	误差值	C. R.	p
学业参与→投入	0.12	0.16	0.04	2.99	0
父母忽视→投入	-0.23	-0.29	0.05	-4.78	0
父母忽视→抽离	0.35	0.42	0.04	7.92	0

因此，在该模型路径的基础上运用非参数 Bootstrap 方法通过重复取样 2000 次进一步验证“养育倦怠→父母忽视→投入”以及“养育倦怠→父母忽视→抽离”路径的中介效应及其具体的中介效应量。由表 6.13 可知，养育倦怠对初中生投入间接效应的 Bias-corrected 95% 置信区间为 [-0.05, 0.00]，对初中生抽离间接效应的 Bias-corrected 95% 置信区间为 [0.00, 0.07]，均不包含 0，由此可知中介效应成立，说明父母忽视对养育倦怠与初中生投入的中介效应显著，而且父母忽视对养育倦怠与初中生抽离的中介效应也显著，故研究假设 3 得到支持。

表 6.13　Bootstrap 中介效应检验

路径	效应值	误差值	95% 置信区间		
			下限	上限	p
养育倦怠→父母忽视→投入	-0.02	0.01	-0.05	0.00	0.01
养育倦怠→父母忽视→抽离	0.03	0.02	0.00	0.07	0.02

五　讨论

本研究着重探究了主要养育者的养育倦怠对初中生学业投入中积极维度（投入）与消极维度（抽离）的影响，并考察了父母学业参与以及父母忽视在养育倦怠与初中生投入与抽离之间的中介作用。

（一）养育倦怠对初中生学业投入的影响

本研究以主要养育者的养育倦怠为自变量、初中生学业投入中的积极投入维度与消极抽离维度为因变量分别进行回归分析，结果表明，父母养育倦怠对初中生的投入有显著负向预测作用，对抽离有显著正向预测作用，证明假设 1 成立，也就是说，父母的养育倦怠程度越高，其子女对学业投入的程度就越低，想要逃避学习的情绪和行为就越强烈。从具体概念上来说，父母面临养育倦怠的风险是长期处于高度养育压力的结果（Roskam et al.,

2017)，父母在养育子女的过程中面临着财务决策、规范子女行为以及监督学业表现等多重养育压力，这种压力会促使父母采取消极的教养方式（如责骂、严厉、拒绝），并进一步引发子女的学业适应不良，降低子女对学习的兴趣，导致子女的学业倦怠（Blondal & Adalbjarnardottir，2014；Waterman & Lefkowitz，2017）。简言之，养育倦怠的父母可能会忽视子女的情感与学业需求，子女得不到父母给予的支持和鼓励，就容易在学业上展现出消极情绪，不能够全身心投入学业中，并可能表现出焦虑、抑郁以及厌学等情绪及行为。

（二）父母学业参与和父母忽视的中介效应

本研究进一步考察了父母学业参与以及父母忽视在养育倦怠与初中生学业投入中积极投入维度以及消极抽离维度的中介作用。结果表明，养育倦怠对父母学业参与的预测作用不显著，且父母学业参与在养育倦怠与学业投入之间不存在中介作用，假设 2 不成立。由此可见，父母的养育倦怠对初中生学业投入的作用是直接的，不通过学业参与来起作用。这可能是由于初中生承受的学业压力较大，学校老师往往会安排一些需要父母协助子女完成的任务，尽管父母可能有面临养育倦怠的风险，他们也被迫需要参与到子女的学业监督与指导中去，养育倦怠的增加并不会降低父母的学业参与程度，因此养育倦怠对父母在子女学业方面的参与行为没有显著的影响。结果也表明，父母的学业参与能够显著正向预测初中生的学业投入，这反映了父母的学业参与能够给予初中生足够的支持与鼓励，会激发子女的学习动机，从而在学业中投入自己的精力，与以往的研究一致（Dotterer & Wehrspann，2016；李若璇等，2018；张云运等，2021）。

本研究结果指出，养育倦怠对父母忽视有正向预测作用，父母忽视能够负向预测初中生的投入，能够正向预测初中生的抽离，且父母忽视在养育倦怠与初中生学业投入的积极投入维度与消极抽离维度之间均存在中介效应，也就是说，养育倦怠会通过父母忽视来影响初中生的学业投入程度，证明假设 3 成立。Mikolajczak 等（2019）的研究也证明了父母的养育倦怠会增加父母对子女的忽视行为。从自我决定理论的角度来看（刘靖东等，2013），个体有自主需要、胜任需要以及关系需要，其中关系需要意味着初中生需要得到外部尤其是父母的支持和关爱，父母的支持会对子女的自主性发展起到促进作用。而陷入倦怠的父母难以在养育活动中获得成就感，失去了养育子女的耐心并试图逃避自己的养育责任，对子女表现出忽视的态度（Mikolajczak et al.，2019），这就导致初中生的学业心理需求无法得到满足，故初中生对学习的兴趣下降，丧失其学习动机，在学习的过程中易表现出分心、不参与等行为，以及沮丧、无助等消极情感。

六　研究局限与未来研究展望

本研究考察了父母养育倦怠对初中生学业投入的影响，以及父母学业参与和父母忽视在二者之间的中介作用。所得结果拓展了养育倦怠的相关研究，丰富了养育倦怠结果变量的研究成果，有利于引起国家以及社会对父母养育倦怠的关注与重视，为养育倦怠的干预与治疗提供一定的理论基础，但也存在以下不足。首先，本研究选取的样本群体为初中生及其父母，因此本研究的结论能够反映初中生父母的养育倦怠对其子女可能造成的不良后果。然而，对于父母来说，养育子女是一个艰苦而又漫长的过程，在子女不同的年龄阶段，父母需要承担的养育任务并不一致，其面临的养育压力也不尽相同，父母养育倦怠对不同发展阶段的子女所造成的影响也可能存在差异，因而本研究的结论并不能适用于子女处于其他发展阶段的父母群体。同时，本研究父母群体的受教育程度大体处于较低水平，未来研究应考虑接受过高等教育的父母的养育倦怠是否会与本研究结果有所不同。其次，本研究采用时间滞后设计，将数据分 3 次进行收集，较好地控制了共同方法偏差，但是时间间隔较短，未能得出因果推论。未来研究可以扩大时间间隔，或者采用纵向时间设计，以期得到因果关系，丰富养育倦怠的相关研究。

第七章　人格与养育倦怠的关系及影响机制

养育倦怠的概念虽然在20世纪80年代就已经提出（Procaccini & Kiefaver, 1983），然而其实证研究目前仍处于初步发展阶段。有少量研究着眼于人格因素，初步探索了养育倦怠形成的原因及其发生机制。例如，有研究表明，高神经质、低责任心和低宜人性是养育倦怠的风险因素（Le Vigouroux et al. , 2017）。Gérain 和 Zech（2018）也进一步证明，神经质是养育倦怠的核心预测因素。此外，Sorkkila 和 Aunola（2020）的研究表明自我导向型完美主义并非养育倦怠的主要风险因素，社会期望下的完美主义更能预测养育倦怠的产生。另有几项研究主要聚焦于完美主义的消极成分，证实了消极完美主义对养育倦怠的负性影响（Kawamoto et al. , 2018; Lin et al. , 2021; Lin et al. , 2022）。上述研究结果均表明，人格因素在养育倦怠的形成与发展中起着重要作用。需要注意的是，人格具有一定的文化差异性（王登峰、崔红，2006），因此关于人格与养育倦怠的关系，也应该针对我国样本开展相关研究，以发掘二者关系的特殊性。同时，目前关于养育倦怠的研究多关注母亲，从而忽略了父亲群体。但是随着父亲越来越多地参与到养育活动中，他们遭受养育倦怠的风险也进一步增大（Roskam & Mikolajczak, 2020）。根据程华斌（2020）和王玮等（2021b）的研究，父亲的养育倦怠发生率为1.5% ~12.83%。因此，应该予以父亲和母亲群体同样的关注，探究不同人格因素对父母养育倦怠的影响。本章共包括3个部分的内容，第一节针对父亲样本，分别探讨宜人性、神经质对养育倦怠的影响，第二节和第三节主要针对母亲样本，分别探讨依恋风格和完美主义对养育倦怠的影响。

第一节 宜人性、神经质与养育倦怠

一 引言与问题提出

(一) 人格与养育倦怠

学者将人格定义为“个体内在的心理生理系统的动力组织，决定个体对其独特环境的适应”(Allport, 1937; Asendorpf, 2015)。依据 BR^2 模型 (the Balance Between Risks and Resources; Mikolajczak & Roskam, 2018)，人格作为养育倦怠的保护因素或风险因素，可以持续消耗或补充个体的养育资源。Le Vigouroux 等 (2017) 和 Mikolajczak 等 (2018) 发现，宜人性与父母养育倦怠呈负相关，神经质与父母养育倦怠呈正相关。宜人性较高的个体乐于助人、热情、利他、坦率慷慨和有爱心 (Marsh et al., 2013)，也可能表现出对他人更多的理解和信任，从而有助于建立和谐稳定的人际关系 (Prinzie et al., 2009)。宜人性较高的父母可能面临较少的养育压力，因此不太可能经历养育倦怠。研究表明，具有较高宜人性的父母往往与他们的孩子有更好、更和谐的互动，也更有可能积极地评价子女的行为，进而可能经历较少的养育压力 (Prinzie et al., 2009)。因此，我们认为宜人性较高的父母更有可能报告较低水平的养育倦怠。

与之相反，神经质的特点是易焦虑和有较高的情绪不稳定性，即更频繁地产生强烈的消极情绪 (Finch et al., 2012)。高神经质的个体倾向于报告更高水平的情绪波动，以及对生活事件更敏感 (Prinzie et al., 2009)。在这种情况下，具有高神经质的父母更有可能出现养育倦怠。此外，此前对中国样本的研究表明，宜人性、神经质和养育倦怠是相关的 (Cheng et al., 2020)。与该研究一致，本研究选取宜人性和神经质作为人格变量，进一步探究人格与养育倦怠之间的关系。因此，提出了以下假设。

假设 1：宜人性负向预测养育倦怠，神经质正向预测养育倦怠。

(二) 养育胜任力的中介作用

养育胜任力表示个体在父母角色当中感受到的效能感或能力，以及从养育行为中产生的满足感，是一种包含养育效能和养育满意度的积极心理感受 (Johnston & Mash, 1989; Ohan et al., 2000; Suwansujarid et al., 2013; Ngai et al.，2007）。养育胜任力在个体身心健康方面起着重要的作用。研究表明，当个体养育胜任力水平较高时，会体验到较高水平的生活满意度、自尊以及较多的积极情绪，同时也不容易出现孤独、抑郁、焦虑和消极情绪（李松等，2019）。

基于 BR^2模型，养育胜任力可能是养育倦怠的保护性因素。研究发现，养育胜任力能够预测积极的教养方式（De Haan et al.，2013）。例如，认为自身养育能力较强的父母也会给予子女较多的关注，表现出较多的主动性和指导性行为，并减少惩罚性行为。相反，认为自身养育能力较差的父母，往往会报告较高的养育抑郁症、压力和习得性无助感（Coleman & Karraker，2000）。因此，较高的养育胜任力能够保持积极的育儿态度和实施较好的教养策略的同时，应对各种养育问题的能力也较强，这些因素都会降低父母养育倦怠的风险。据此，提出以下假设。

假设 2：养育胜任力负向预测养育倦怠。

研究表明，养育胜任力在人格与相关变量中起中介作用（叶宝娟等，2020）。De Haan 等（2009）发现，父母的养育胜任力在人格和教养方式之间起中介作用。正如前文所述，具有较高认同感的父母较为注重与子女的积极沟通和互动，从而得到积极的反馈，增强自身养育胜任力（Lent et al.，1994；Nauta et al.，2004）。具有高情绪稳定性（低神经质）的父母能够较为轻松地与子女进行互动，从而引导子女的表现行为达到预期状态，进一步增强养育胜任力（De Haan 等，2009）。相反，高情绪不稳定性（神经质）会导致负性教养结果。因此，提出以下假设。

假设 3：宜人性正向预测养育胜任力，神经质负向预测养育胜任力。

假设 4：养育胜任力在宜人性和神经质与养育倦怠之间的关系中起中介作用。

（三）养育心理灵活性的调节作用

养育心理灵活性是指父母在养育子女的过程中，接纳自己对儿童的负性想法、情绪以及冲动，但仍然按照有效的养育方式行事，其主要体现在认知解离（cognitive defusion）、承诺行动（committed action）、接纳（acceptance）3 个方面（Burke & Moore，2015；Wu et al.，2022）。依据 BR^2模型，养育心理灵活性可能是养育倦怠的保护性因素。养育心理灵活性高的父母能够在养育活动中有效地管理自身的行为，如表达温暖和设定规则（Burke & Moore，

2015）。此前研究发现，父母养育心理灵活性能够显著预测子女的内化、外化问题行为（Brassell et al.，2016）。因此，高养育心理灵活性的父母经历较少的养育压力，有利于子女的身心健康发展。同时，学者发现养育心理灵活性能够在父母的抑郁或焦虑以及子女的抑郁中起到调节作用（李志红，2016）。但是，并没有研究探讨养育胜任力与养育心理灵活性之间的关系。有了较高的养育胜任力，父母可能会较为积极地评价自身的养育行为或者所扮演的养育角色。然而，当父母不能有效应对自身的负面情绪或不能保持积极的养育行为（低养育心理灵活性）时，即使父母拥有较高的养育能力感，也可能无法达到他们预期的养育目标，从而产生养育压力。因此，我们认为养育心理灵活性能够调节养育胜任力与养育倦怠的关系，从而构建一个调节的中介模型。综上，提出以下假设。

假设 5：养育心理灵活性调节养育胜任力与养育倦怠之间的关系。

（四）研究目的

本研究基于 BR^2 模型，将宜人性和神经质作为自变量，探讨人格特质对父亲养育倦怠的影响，以期扩展养育倦怠的相关研究。此外，本研究的样本来自初中生的父亲。青少年时期，个体迎来身体的快速变化与发展，然而心理发展速度却远远慢于身体发展速度，因此而形成的巨大反差可能会导致一系列问题（林崇德，2013），如激化与父母的矛盾或者引发自身的情绪或行为问题（Steinberg，2008）。因此，初中生的父亲可能会有更高水平的养育倦怠。综上所述，本研究拟构建一个有调节的中介模型来探究养育胜任力的中介作用和养育心理灵活性的调节作用。本研究的框架如图 7.1 所示。

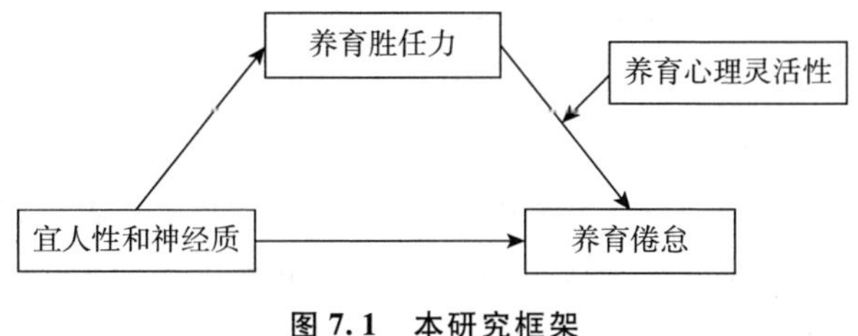

图 7.1　本研究框架

二　研究方法

（一）研究对象

本研究以中国中部某初中 600 名学生的父亲作为研究对象。问卷内容包括宜人性与神经质问卷、养育心理灵活性问卷、养育胜任力问卷与养育倦怠问卷。研究人员将装有问卷的信封交给学生，由他们把问卷交给父亲。父亲完成问卷后，学生将问卷交回学校，然后再交给研究人员。共回收565份问卷，包含部分空白问卷，将存在缺失值与空白的问卷删除后，共有263位父亲完成了所有问卷（有效回收率：43.83%），将其纳入后续数据分析。其中父亲的平均年龄为41.9（SD =4.39）岁。

采用Gpower 3.1软件进行样本量估算，计算Power = 0.95，α = 0.05，Effect Size = 0.15，得出最小样本量应为129，本研究最终获得有效样本量263，远超于建议的最小样本量。这说明本研究最终样本量符合数据分析要求。

（二）研究工具

（1）宜人性与神经质

宜人性和神经质采用简式中文形容词大五人格量表（罗杰、戴晓阳，2015）中的宜人性与神经质两个因子，共10个项目（例如，猜疑的—信任的；焦虑的—镇静的）。采用双极形容词6级评分，从1（完全接近左边）至6（完全接近右边）。得分越高表示宜人性及神经质水平越高。在本研究中，父亲样本的宜人性、神经质的Cronbach's α系数分别为0.87、0.83。

（2）养育心理灵活性

采用中文版养育灵活性量表（李志红等，2018；Burke & Moore，2015），共16个项目，如“我的情绪阻碍我成为自己心目中完美的父亲/母亲”。量表采用Likert 7点计分法，1表示“从未”，7表示“总是”。得分越高，表示父亲的养育心理灵活性越高。在本研究中，该量表的Cronbach's α系数为0.86。

（3）养育胜任力

采用由Ngai等（2007）编制的父母养育胜任力量表，共17个项目，如“当我了解自己的行为对孩子的影响时，照顾孩子的各种困难就容易解决了”。量表采用Likert 6点计分法，1表示“非常不同意”，6表示“非常同意”。得分越高，表明父亲养育胜任力越高。在本研究中，该量表的Cronbach's α系数为0.81。

（4）养育倦怠

养育倦怠量表采用Cheng等（2020）修订的中文版PBA进行测量，该量表共包括 1 个因子 21 个项目，如“我再也忍受不了家长这个身份了”。采用 Likert 7 点计分法，从 1（从不）至 7（每天）。父亲根据项目中所叙述的情景与自身状况是否符合来作答，得分越高表示倦怠水平越高。在本研究中，该量表的 Cronbach's α 系数为 0.95。

（5）一般人口学变量

要求参与者回答包括自身年龄、子女年龄及性别（1 为男生，2 为女生）在内的人口统计学信息。

三 统计方法

采用 SPSS 23.0 和 PROCESS 插件（Hayes，2013）、AMOS 23.0 对数据进行分析。第一，采用“控制未测量单一方法潜因子法”对共同方法偏差进行检验。第二，采用 Welch 检验对保留的数据及剔除的数据进行差异检验。第三，计算养育倦怠的检出率，并计算各变量之间的相关性，初步探索各变量的关系。第四，运用 Bootstrap 分析，检验养育胜任力的中介作用以及养育心理灵活性的调节作用。第五，基于所有数据构建结构方程模型（采用贝叶斯方法进行数据填补创建一个完整数据集，鉴于缺失值较多，创建原始数据 10 倍的数据集）。

四 研究结果

（一）数据预处理

本研究使用“控制未测量单一方法潜因子法”对共同方法偏差进行检验（Podsakoff et al.，2003）。首先，建构验证性因素分析模型 M1，让每一个概念的项目都负荷到其原所属概念上（宜人性和神经质、养育心理灵活性、养育胜任力以及养育倦怠）。其次，构建包含方法因子的模型 M2，使各项目都负荷到该潜在变量上，并强制路径系数相等。结果表明，该潜变量可以解释各项目变异的 4%，低于已发表文献中的中位数 25%（Williams et al.，1989）。进一步将潜因子的回归权重设置为 0，并将估计值设置为自由时，模型拟合指数没有发生显著改变（$\Delta\chi^2=22.76$，n. s.；Richardson et al.，2009）。因此，本研究的共同方法偏差不明显。

对数据进行缺失值分析，检验删除缺失数据是否会对研究结果产生影响，本研究对保留的数据和删除的数据之间进行了 Welch 检验。结果表明，保留组和删除组在子女年龄（$t=-0.24$，$df=490.09$，$p=0.81$）、子女性别（$t=0.45$，$df=557.12$，$p=0.66$）、父亲年龄（$t=1.06$，$df=418.18$，$p=0.29$）上没有表现出显著差异。这说明删除有缺失值的数据对研究的结果不造成显著影响。

（二）养育倦怠检出率分析

根据 Roskam 等（2017）的研究，当养育倦怠采用 Likert 7 点量表计分时，养育倦怠的检出率可以通过 3 种方法计算：1）基于工作倦怠的分界值；2）高于 4 分的平均值；3）超过样本平均值的 1.5 个标准偏差。由于养育倦怠为单因子结构，与 Maslach 工作倦怠量表（Maslach et al.，2001）相比，具有不同的因子结构，在本研究中，养育倦怠的检出率将通过后两种方法计算。结果显示，约 5.76%（平均值超过 4 分）至 9.71%（超过样本平均值 1.5 个标准差）的父亲有养育倦怠。结果表明，中国父亲的养育倦怠检出率与现有研究相似（程华斌，2020；王玮等，2021b）。

（三）各变量的描述统计与相关分析

表 7.1 为各变量描述性统计和相关分析。宜人性与养育倦怠呈负相关（$r=-0.43$，$p<0.01$），而神经质与养育倦怠呈正相关（$r=0.40$，$p<0.01$），从而假设 1 得到支持。养育胜任力与养育倦怠呈负相关（$r=-0.40$，$p<0.01$），从而假设 2 得到支持。宜人性与养育胜任力呈正相关（$r=0.34$，$p<0.01$），而神经质与养育胜任力呈负相关（$r=-0.38$，$p<0.01$），从而假设 3 得到支持。本研究发现父亲的年龄与养育倦怠呈负相关，在回归模型中未发现人口学变量（子女性别、子女年龄）与养育倦怠存在显著相关性。由于控制过多的变量会降低整体的分析能力（Becker，2005），因此在随后的分析中不再考虑上述人口学变量。

表 7.1　各变量描述性统计和相关分析结果

变量	M	SD	1	2	3	4	5	6	7
1. 子女性别	1.51	0.50	1						
2. 子女年龄	13.83	0.81	-0.05	1					
3. 父亲年龄	41.92	4.39	-0.02	0.02	1				
4. 宜人性	4.67	1.02	0.02	-0.14*	0.11	1			
5. 神经质	2.64	0.97	-0.04	0.19**	-0.06	-0.80**	1		

续表

变量	M	SD	1	2	3	4	5	6	7
6. 养育胜任力	3.94	0.59	0.12*	-0.04	0.08	0.34**	-0.38**	1	
7. 养育心理灵活性	4.78	0.91	0.07	-0.02	0.04	0.32**	-0.36**	0.66**	1
8. 养育倦怠	2.01	0.97	-0.04	-0.01	-0.15*	-0.43**	0.40**	-0.40**	-0.44**

注：* $p<0.05$，** $p<0.01$，子女性别 1 = 男孩，2 = 女孩，下同。

（四）养育胜任力的中介效应检验

采用 SPSS 中的 PROCESS 插件（Hayes，2013），以宜人性和神经质为自变量、养育胜任力为中介变量、养育倦怠为因变量，考察养育胜任力在人格与父养育倦怠关系中的中介效应。根据方杰等（2014）的建议，采用非参数 Bootstrapping 方法（$n=5000$），并使用 Bias-corrected bootstrapping 法计算 95% 的置信区间。如图 7.2 和 7.3 所示，养育胜任力在宜人性与养育倦怠之间起部分中介作用（中介效应 = -0.09，SE = 0.02，$p<0.001$，95% CI 为 [-0.16，-0.06]），亦在神经质与养育倦怠之间起部分中介作用（中介效应 = 0.11，SE = 0.03，$p<0.001$，95% CI 为 [0.08，0.21]），因此假设 4 得到支持。

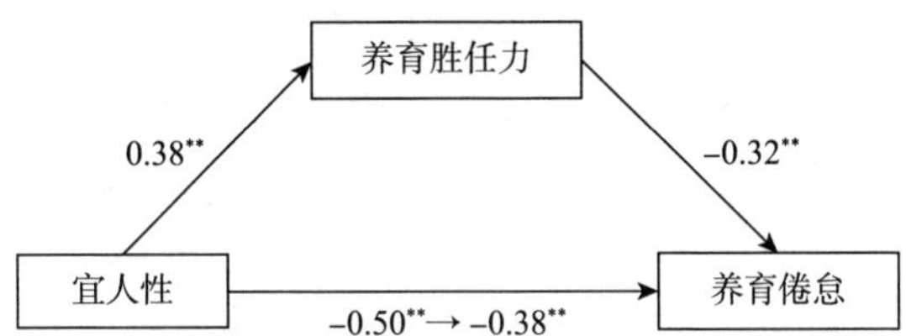

图 7.2 养育胜任力在宜人性与养育倦怠间的中介效应

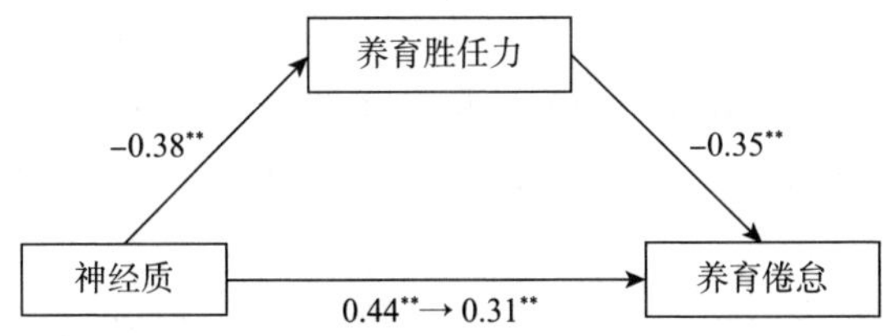

图 7.3 养育胜任力在神经质与养育倦怠间的中介效应

（五）有调节的中介作用检验

运用 PROCESS 中的 Model 14（Hayes，2013）检验养育心理灵活性的调节作用，以宜人性和神经质为自变量，以养育胜任力为中介变量，以养育心理灵活性为调节变量，以养育倦怠为因变量。根据方杰等（2014）的建议，采用非参数 Bootstrapping 方法（$n=5000$），并使用 Bias-corrected bootstrapping 法计算95%的置信区间。结果表明，养育心理灵活性的调节作用显著（宜人性为 0.05，SE = 0.02，95% CI 为［0.02，0.09］；神经质为 -0.06，SE =0.02，95% CI 为［-0.11，0.02］）。表 7.2 显示了在不同水平的养育心理灵活性下，养育胜任力的中介效应。

表 7.2　养育心理灵活性的调节效应

自变量	中介变量	养育心理灵活性	效应	SE	95% CI
宜人性	养育胜任力	M - 1SD	-0.13	0.04	[-0.23, -0.06]
		M	-0.09	0.02	[-0.14, -0.04]
		M + 1SD	-0.04	0.02	[-0.07, -0.01]
神经质	养育胜任力	M - 1SD	0.16	0.05	[0.09, 0.27]
		M	0.11	0.03	[0.06, 0.17]
		M + 1SD	0.05	0.02	[0.02, 0.09]

运用简单斜率分析进一步检验养育心理灵活性的调节作用，结果如图 7.4、图 7.5 所示。以宜人性为自变量时，在养育心理灵活性低的条件下，养育胜任力与养育倦怠感显著相关（$\beta=-0.35$，$p<0.001$），并且养育倦怠随着养育胜任力的增加而减少。然而，在养育心理灵活性高的条件下，养育胜任力与养育倦怠没有显著关系（$\beta=-0.11$，$p=0.12$），养育倦怠水平没有随着养育胜任力的变化而变化。以神经质为自变量时，无论养育心理灵活性是高还是低，养育胜任力都与养育倦怠显著相关（$\beta=-0.40$，$p<0.001$，低养育心理灵活性；$\beta=-0.13$，$p<0.10$，高养育心理灵活性）。当养育心理灵活性较低时，养育胜任力与养育倦怠之间的关系较强，换言之，在低养育心理灵活性的条件下，随着养育胜任力的提高，养育倦怠水平进一步下降。

构建结构方程模型对结果进行检验。首先，为了计算假设模型所需的最小样本量，本研究采用基于 MacCallum 等（1996）提出的模型拟合的最小样本量方法（Preacher & Coffman，2006）。将显著性水平（α）设定为 0.05，自由度设定为 59，期望检验力（power）设定为 0.80，虚无假设 RMSEA 设

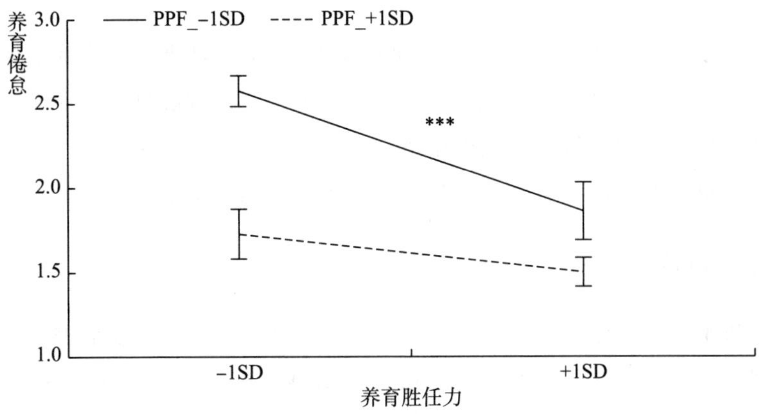

图 7.4　养育心理灵活性（PPF）在养育胜任力与养育倦怠上的调节效应（1）

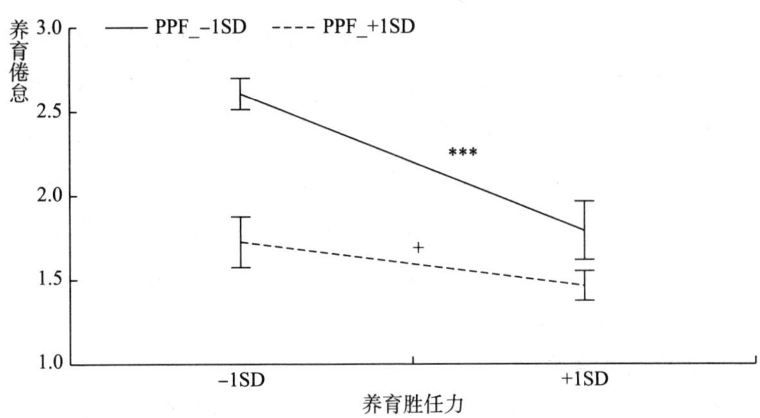

图 7.5　养育心理灵活性（PPF）在养育胜任力与养育倦怠上的调节效应（2）

说明：图 7.4 和图 7.5 分别为以宜人性、神经质为自变量的调节效应。

定为 0，备择假设 RMSEA 设定为 0.05。结果表明，进行假设模型需要 220 个样本。其次，运用原始数据构建结构方程模型。结果表明，宜人性与养育胜任力呈正相关（$\beta = 0.36$，$p = 0.000$），养育胜任力与养育倦怠呈负相关（$\beta = -0.23$，$p = 0.001$），中介效应同样显著（中介效应 = -0.09，SE = 0.03，95% CI 为［-0.14，-0.03］）。此外，神经质与养育胜任力呈负相关（$\beta = -0.37$，$p = 0.000$），养育胜任力与养育倦怠呈负相关（$\beta = -0.26$，$p = 0.000$），且中介效应显著（中介效应 = 0.11，SE = 0.03，95% CI 为［0.04，0.17］）。养育胜任力和养育心理灵活性的交互作用对养育倦怠也显著（$\beta = 0.14$，$p = 0.011$，宜人性为自变量；$\beta = 0.16$，$p = 0.005$，神经质为自变量）。

进一步地，采用贝叶斯填补法进行数据填补，创建了一个完整数据集（创建了原始数据10倍的数据集）。研究结果表明，剔除缺失数据的分析结果和填补后数据的分析结果在模型拟合度、回归系数、中介效应上没有显著差异。结果表明，删除有缺失值的数据对本研究结果不造成显著影响。

五 讨论

近年来，“性别平等”这一观念引起越来越多的关注，父亲越来越多地参与到养育活动和儿童教育中来（Roskam & Mikolajczak，2020）。Sorkkila和Aunola（2021）通过质性与量化的研究方法，探索了芬兰父亲的养育需求和资源。儒家文化在中国较为盛行，自古以来就强调父亲在子女教育中的核心作用，进一步对中国教育产生了重要影响（高书国、张卜琪，2021）。由于此前研究对父亲养育倦怠的前因变量关注较少，并且在研究样本中也较少涉及父亲，本研究旨在研究养育倦怠的一般特点，并探索人格特质与养育倦怠之间的关系。具体来说，针对父亲群体，考察宜人性和神经质与养育倦怠之间的关系，以及养育胜任力的中介效应与养育心理灵活性的调节效应，所得养育倦怠的检出率这一结果与先前的研究一致（程华斌，2020；王玮等，2021b），本研究其他假设也都得到支持。

（一）人格与养育倦怠

本研究发现，具有积极人格特质的个体对自身的养育能力和养育行为会表现出更大的信心，从而可以处理更多的问题情况。有研究表明，拥有积极人格特质的个体更有可能将困难视为成长的机会（Kobasa，1979；Maddi，2004），这可能会降低养育倦怠的风险。相反，具有较高神经质的个体倾向于从消极的角度理解所处环境，从而难以应对养育过程中的压力。此前研究针对父亲和母亲样本，发现人格因素对养育倦怠的重要影响，本研究所得结果进一步呼应了该研究，表明人格与养育倦怠的关系具有性格不变性。

（二）养育胜任力的中介作用

DeHaan（2009）等指出，需要注意养育效能感在人格和相关变量之间的中介作用。根据该研究结果，本研究考察养育胜任力与养育倦怠的关系，并特别关注其在养育倦怠与人格之间的中介作用。结果表明，养育胜任力与养育倦怠呈负相关，并且在人格和养育倦怠之间起部分中介作用。本研究为

BR^2模型提供了新的证据，证实了养育胜任力对养育倦怠的影响。此外，考虑到养育胜任力对养育倦怠的负性影响，家庭治疗师可以着重培养并加强父亲的养育胜任力，以减少或消除父亲的养育倦怠。

此外，学校的心理健康教师也可以为家长举办知识讲座，预防家长养育倦怠的发生。在中国，政府也在推动“家长学校”的建设，鼓励家长学习与家庭教育有关的科学知识和技能。如今中小学都配有专职的心理健康教师，有些学校还与大学的心理学研究人员合作，该举措对家长学校的建设有较大帮助。学校在每学期会为家长举行相关会议，心理教师和研究人员可以在此类会议上向家长介绍与养育倦怠有关的概念、前因和产生机制。家长通过接受相关培训，提高自身的育儿技能，并培养自身的养育胜任力和养育心理灵活性。

（三）养育心理灵活性的调节作用

养育心理灵活性高的父母可能会有意识地将他们的负面想法和情绪与养育行为分开。以往研究表明，较高的养育心理灵活性与子女的心理健康状况有关。相反，较低水平的养育心理灵活性与无效的教养方式有关（Brown et al.，2014）。在这种情况下，缺乏养育心理灵活性可能会增加儿童出现问题行为的风险。此外，养育心理灵活性可以调节父母抑郁和焦虑对子女抑郁的消极影响（李志红，2016）。

基于以上结果，本研究考察了养育心理灵活性在养育胜任力和养育倦怠之间的调节作用。尽管结果支持了本研究的假设，但具体的交互作用与预期有所差异。具体来说，在养育心理灵活性低的情况下，养育胜任力与养育倦怠显著相关，但在养育心理灵活性高的情况下则不显著。换言之，养育心理灵活性和养育胜任力之间可能存在互补或替代效应；如果二者其中任意一个变量水平足够高，个体养育倦怠的水平就较低。值得注意的是，研究结果还发现，当个体拥有足够的资源时，额外的资源并不能降低养育倦怠的发生率。这些结果为BR^2模型提供了一个新的视角，即不同类型的养育资源可能有相互替代的关系。

先前研究表明（Sorkkila & Aunola，2020；Roskam & Mikolajczak，2020），由于社会对“完美母亲”的期望，母亲可能会因为在父母角色中不完美的表现而感到内疚，而父亲可能仅仅因为花时间陪伴子女就被称为好父亲（Hagger，2011）。因此，父亲较少参与到养育活动中并且拥有较低育儿技能，母亲比父亲有更强的应对养育倦怠的能力。换句话说，养育任务对母亲来说能够更轻松胜任，她们不需要太多的资源来应对养育需求。因此，在母亲的样本中，养育心理灵活性和养育胜任力对养育倦怠的互补或替代效应可能更明显。然而，该设想需要在未来的研究中进行深入的实证检验。

六　研究局限与未来展望

尽管本研究结果增强了学界对养育倦怠的理解，并为养育倦怠的干预和预防提供了相关理论支持，但仍然存在一定的局限性。第一，本研究的横断设计不能得出因果关系。因此，未来的研究可以采用纵向设计，构建交叉滞后模型，进一步探讨人格和其他养育变量与养育倦怠之间的关系。第二，本研究样本完全由初中生的父亲组成。正处于青春期的中学生及其父母是研究养育倦怠的理想样本（其理由在前文已经讨论过）。然而，养育倦怠不仅发生在青少年的父母群体中。此外，本研究样本是来自中国中部城市的一所中学。因此，未来研究应该从更广泛的样本中收集数据，应包括不同年龄段的儿童、青少年及其父母。第三，本研究的问卷回收率较低。原因可能是，有些学生没有把问卷交给他们的父亲，或者父亲没有兴趣参与本次调查，以至于出现大量空白问卷。虽然本研究样本量符合数据分析所需的样本量，但未来的研究应该采用更严谨的数据收集方法，考虑直接从父亲群体中收集数据。第四，因为父亲越来越多地参与到养育活动中，本研究主要关注父亲群体。但母亲在家庭教育中仍然扮演着非常重要的角色（张建平，2010）。因此，未来研究应该着重关注母亲样本并进行相对应的分析，从而扩大结论的可推广性。

第二节　依恋风格与养育倦怠

一　引言与问题提出

关于依恋的研究最早源于精神分析理论对婴儿的观察（胡平、孟昭兰，2000），如弗洛伊德认为亲子依恋关系是个体此后各种人际关系的原型，但是由于缺乏实证研究支持，该观点未得到较多关注。直至英国学者 Bowlby 在整合了精神分析理论、信息加工理论与控制理论等相关理论后，提出了依恋理论，关于依恋的研究才正式发展起来。Bowlby（1969）将依恋定义为个体与特定的其他人形成牢固的情感纽带的倾向，它能使个体在生命早期与他们的照顾者保持密不可分的关系，从而获取温饱、关爱等一切赖以生存和顺利发展的条件，并根据依恋的发生机制提出内部工作模式（Internal Working Model, IWM）。此后很长一段时间里，关于依恋的研究都集中于婴幼儿时期，且局限于母子之间的依恋探讨，这其实是对依恋理论的片面理解，个体依恋关系的建立是一个动态的过程，发生在人生的各个阶段（Bowlby，1988）。因此，成人依恋逐渐成为学者关注的热点。不同于婴儿依恋，成人依恋指的是个体对其童年早期依恋经验的回忆和再现，以及当前对童年依恋经验的评价（吴薇莉、方莉，2004）。

随着人们对依恋理论的理解不断深入，关于依恋的测量方式也日趋多样化。在测量群体上，由早期的幼儿、儿童及青少年扩展到成年群体，如依恋Q-set（Attachment Q-set，AQS）；在测量方式上，由早期陌生情景法、成人访谈法发展到他评式量表、自陈式量表，如成人依恋量表（Adult Attachment Scale，AAS）。同时，在测量方式上的发展，也促进了依恋实证研究的进步，其研究主体由儿童、青少年扩展至成年等群体。例如，有研究发现反社会人格障碍、边缘性人格障碍、表演性人格障碍以及自恋性人格障碍等均与不安全依恋模式存在显著相关（West et al.，1994）；安全型依恋者的幸福感水平显著高于不安全依恋者，相反，不安全型依恋者的抑郁水平显著高于安全依恋者（金艳，2006）。以上研究均表明，个体消极依恋方式与各种病理现象或不健康的心理状态有着较高相关性。

此外，依恋作为一套独立的人格解释系统与理论体系，也是家庭研究与亲子研究中的重要变量之一。既有研究表明，母亲的依恋风格不仅会影响夫妻婚姻质量（侯娟等，2010），而且会通过影响养育风格影响亲子关系，进一步影响养育质量（朱晶晶等，2018）。因此，母亲的依恋风格在一定程度上可能会导致养育压力的出现，进而导致养育倦怠的产生。同时，依据认知评价理论（Folkman & Lazarus，1985），个体针对压力源的认知评价将会导致其采用不同的压力应对策略，如战斗或逃跑反应、接近或回避趋向、积极或消极应对行为，而这种不同的策略将直接影响个体的压力反应。研究表明，积极的应对方式与工作倦怠呈负相关，而消极的应对方式则与工作倦怠呈正相关（卞赛薇、魏永婷，2020）。鉴于养育倦怠的概念起源于工作倦怠，本研究在考察依恋与养育倦怠关系的基础上，引入应对方式，探索其中介作用。

二　研究方法

（一）研究对象

本研究以中国中部某城市八年级学生的母亲为研究对象。问卷于课堂上发放，告知学生带回家由母亲完成后，将回答完毕的问卷带回学校进行回收。剔除回收问卷中存在缺失性回答或规律性作答的问卷后，最终获得227名母亲的有效回答。母亲平均年龄为40.52（SD＝3.93）岁。

（二）研究工具

（1）养育倦怠

采用Cheng等（2020）翻译的养育倦怠量表（Parental Burnout Assessment，PBA）。该量表包括21个项目，采用Likert 7点计分法，“1”为“从不”，“7”为“每天”，得分越高表示倦怠水平越高。该问卷在本研究中的Cronbach's α系数为0.95。

（2）母亲依恋风格

采用吴薇莉（2004）翻译的成人依恋量表（Adult Attachment Scale，AAS）。该量表共18个项目，分为焦虑与亲近依赖两个维度。其中，焦虑维度6个项目，亲近依赖维度12个项目。采用Likert 7点计分法，“1”为“与我的情况完全不符”，“7”为“与我的情况完全相符”。本研究中焦虑的Cronbach's α系数为0.81，亲近依赖的Cronbach's α系数为0.67。

（3）应对方式

采用由解亚宁（1998）编制的简易应对方式问卷（Simplified Coping Style Questionnaire，SCSQ）。该量表有20个项目，分为积极应对与消极应对两个维度。采用Likert 4点计分法，“0”为“不采取”，“3”为“经常采取”。本研究中积极应对的Cronbach's α系数为0.85，消极应对的Cronbach's α系数为0.80。

三　数据处理

采用SPSS 22.0对数据进行处理和统计分析。

四 研究结果

（一）各研究变量的描述性统计及相关分析

母亲的焦虑与养育倦怠呈显著正相关，亲近依赖与养育倦怠呈显著负相关。同时，母亲焦虑与消极应对方式呈显著正相关，而与积极应对方式的相关性未达到显著水平。母亲亲近依赖与积极应对方式呈显著正相关，与消极应对方式呈显著负相关（见表 7.3）。

表 7.3 各研究变量的描述性统计及相关分析

变量	M	SD	1	2	3	4	5	6
1. 年龄	40.52	3.93	1					
2. 养育倦怠	2.03	0.94	0.09	1				
3. 焦虑	2.17	0.79	-0.02	0.41**	1			
4. 亲近依赖	3.34	0.47	-0.08	-0.30**	-0.52**	1		
5. 积极应对	2.03	0.57	0.05	-0.11	-0.06	0.29**	1	
6. 消极应对	1.15	0.58	-0.03	0.25**	0.37**	-0.16*	0.30**	1

注：* $p<0.05$，** $p<0.01$，下同。

（二）母亲应对方式在依恋风格与养育倦怠之间的中介效应

采用 Process 插件（Hayes，2013），以母亲依恋风格为自变量、应对方式为中介变量、母亲的养育倦怠为因变量分别进行中介效应检验。依据方杰等（2014）的建议，采用非参数 Bootstrapping 方法（$n=5000$），并使用 Bias-corrected bootstrapping 法计算 95% 的置信区间。结果如图 7.6、图 7.7 所示。母亲的消极应对方式部分中介了焦虑与养育倦怠之间的关系（中介效应 = 0.06，SE = 0.036，$p<0.05$，95% CI 为 [0.02，0.16]）。同时母亲的消极应对方式部分中介了亲近依赖与养育倦怠之间的关系（中介效应 = -0.05，SE = 0.05，$p<0.05$，95% CI 为 [-0.23，-0.03]）。而母亲积极应对方式的中介效应均不显著。

五 讨论

本研究结果表明，焦虑依恋风格与养育倦怠正向相关，而亲近依赖依恋风格与养育倦怠存在负向相关性。母亲的消极应对方式可以部分中介依恋风

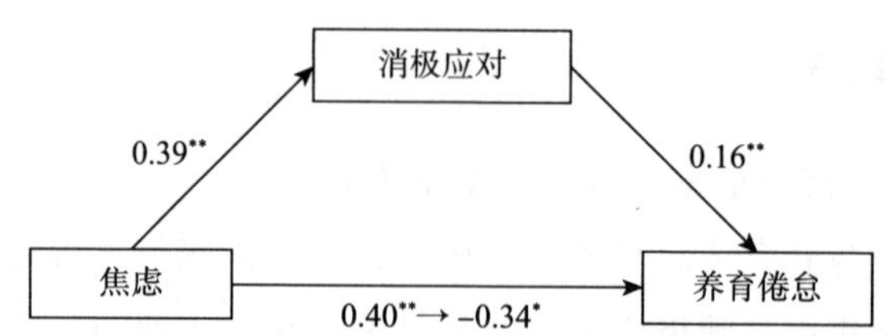

图 7.6　消极应对方式在焦虑与养育倦怠之间的中介效应

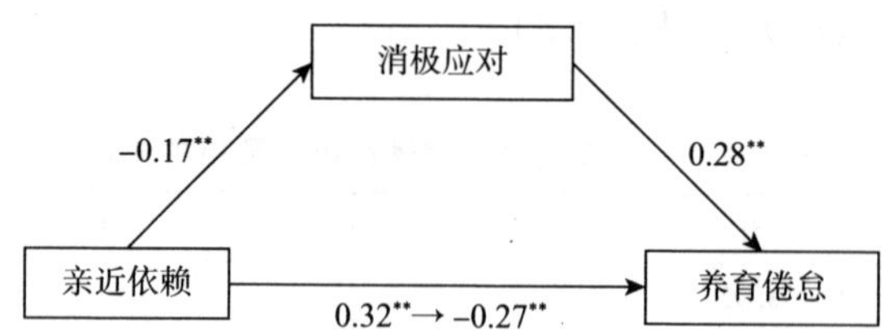

图 7.7　消极应对方式在亲近依赖与养育倦怠之间的中介效应

格与养育倦怠的关系，而积极应对方式则未能中介依恋风格与养育倦怠的关系。

成人依恋是个体与具有特殊意义的他人形成牢固的情感纽带的一种稳定的倾向，它能为个体提供安全和安慰（Fraley & Shaver, 2000）。既有研究表明，高依恋焦虑的个体害怕自己被他人拒绝或抛弃，更容易消极地解读环境（温小艳，2014）。因此，高依恋焦虑的母亲在面对养育活动产生的压力时，更容易导致自身负面情绪的增加以及与亲子的消极互动，进而容易产生情绪耗竭感，以及更容易与子女情感疏远，导致养育倦怠的发生。而亲近依赖型的依恋风格则可以作为个体内部资源帮助个体有效地应对生活中遇到的困难（李卓悦，2015）。因此，高亲近依赖的母亲在面对养育活动产生的压力时，会有足够的资源去应对其所面临的情境，进而降低养育压力以及倦怠发生的可能性。应对方式是个体在社会成长过程中形成的，而它的形成发展受到依恋经验的影响（Collins & Read, 1990）。既有研究表明，焦虑依恋类型的个体在面对压力情景时更倾向于使用消极的应对方式（温小艳，2014；李卓悦，2015）。而在压力情境下，消极的应对方式会进一步增加父母养育倦怠的风险。因此消极的应对方式中介了依恋风格与养育倦怠的关系。

六　研究局限与未来研究展望

本研究发现母亲的依恋风格不仅可以直接影响其养育倦怠，而且可以通过消极应对方式的中介作用对其养育倦怠产生间接影响。所得结果具有一定的理论及现实意义，但是也存在一定的不足，值得注意。首先，本研究关注到依恋风格对母亲养育倦怠的作用机制，研究对象主要是青少年的母亲，年龄分布较为单一。后续研究可以考虑成对数据的收集，探讨父亲与母亲之间的交互作用；扩大年龄分布，考察养育倦怠在子女不同年龄与父母不同年龄阶段的差异，提升研究的可推广性。其次，关于依恋测量工具的选用，本研究只关注到亲近依赖和焦虑两个维度，所得结果的概括性较差，未来研究可以关注依恋的其他成分与养育倦怠的关系，深入探究不同依恋风格对养育倦怠的影响。

第三节　完美主义与养育倦怠

一　引言与问题提出

（一）完美主义与养育倦怠

追求完美作为完美主义的积极方面，是个体对目标的追求，反映了成就动机水平（Slaney et al.，2001）。适当的完美主义是有利的，以往研究表明，父母适应性完美主义可以预测较高的心理适应性（Kawamoto & Furutani，2018），倾向采取积极的教养方式（Greblo & Bratko，2014）。高追求完美的父母为自己的行为和表现设置高标准，在养育子女时更加注重细节与养育质量，在取得成功后获得更多的积极反馈，这些都会成为养育资源进而对养育倦怠产生影响。错误关注是完美主义的消极方面，是高标准和现实的差距，与不良情绪和心理冲突有关（Slaney et al.，2001）。以往研究表明，错误关注可以显著预测养育倦怠（Kawamoto et al.，2018；Furutani et al.，2020；Meeussen & Laar，2018；Szczygieł et al.，2020；Lin et al.，2021；Lin & Szczygieł，2021）。错误关注水平较高的母亲在养育子女的过程中，对自己或子女有着过高的期待，当现实情况与内心设定的标准有过大差距时，会产生自我否定、焦虑等消极情绪（Kawamoto & Furutani，2018；Snell et al.，2005），进而失去养育子女的乐趣与快乐，从而出现养育倦怠。因此，本研究认为追求完美与错误关注会对养育倦怠产生不同影响，并提出以下假设。

假设1a：追求完美负向预测母亲养育倦怠。

假设 1b：错误关注正向预测母亲养育倦怠。

（二）养育胜任力的中介作用

养育胜任力表示个体在父母角色当中感受到的效能感或能力，以及从养育行为中产生的满足感，是一种包含养育效能和养育满意度的积极心理感受（Ohan et al.，2000）。追求完美的父母对自身有较高要求，养育子女作为他们生活的主要组成部分，也会受到完美特质的影响。已有研究表明，适应性完美主义与积极的父母教养方式有相关性（Greblo & Bratko，2014）；适应性完美主义预测较高的养育满意度（Snell et al.，2005）；自我导向的完美主义与养育效能感有较高相关性（Lee et al.，2012）。可见，积极完美主义与积极的教养因素相关，追求完美可能正向预测养育胜任力。然而，少有研究探讨消极完美主义对养育胜任力的影响，父母在与子女相处的过程中，自身与子女难免会出现错误认知或行为，高错误关注的个体会尤其关注此类事件，甚至有可能放大其消极影响，从而浪费过多认知资源，导致为人父母的效能感降低，进而对养育胜任力产生负面影响。

根据养育倦怠的概念可知，当父母产生情绪耗竭后，会有意疏远与子女的情感距离，不能从为人父母的过程中获得乐趣，认为自己不是期望中的父母，养育自我效能感较低（Roskam et al.，2018）。养育自我效能感作为养育胜任力的重要组成部分（Ohan et al.，2000），可以通过提升自我效能感的方式降低养育倦怠。同时有研究表明，个体在养育过程中自我效能感较高，父母角色束缚感较低时，养育倦怠的水平较低（Mikolajczak et al.，2018b）。因此，基于 BR^2 理论（Mikolajczak & Roskam，2018），养育胜任力作为养育过程中一种积极的心理感受，可能会成为养育资源，帮助父母应对难以完成的养育任务，在养育倦怠的预防与干预上起到作用。因此提出以下假设。

假设 2a：追求完美通过养育胜任力作用于母亲养育倦怠。

假设 2b：错误关注通过养育胜任力作用于母亲养育倦怠。

（三）父亲协同养育对完美主义与养育胜任力关系的调节作用

依据家庭系统理论，家庭内部各子系统、家庭各成员之间相互影响（张志学，1990）。父亲养育相关行为会影响母亲的养育态度。作为保护性因素，协调的共同养育关系可以缓解负性因素对个体的消极影响（侯忠伟，2007）。已有研究表明，父亲积极的协同养育可以缓解母亲抑郁对自身养育效能的影响，进而影响养育质量（Floyd et al.，1998）。消极完美主义作为一种负性因素对母亲养育胜任力产生影响时，如果父亲能够表现出更多的支持性养育行为，可能会缓解错误关注对母亲养育胜任力的作用，即父亲协同养育可能会减小母亲错误关注对养育胜任力的影响，换言之，母亲错误关注对养育胜任力的削弱作用在父亲协同养育降低时更明显。

此外，在育儿过程中，积极完美主义倾向的母亲对自己有较高的要求，为了取得更好的育儿效果，希望能得到配偶的养育支持。如果父亲能够积极地参与养育活动，给予母亲充分的支持，共同克服养育难题，可能会增加母亲的养育胜任力。据此推断，父亲协同养育可能会增加母亲追求完美对养育胜任力的影响，即母亲追求完美对养育胜任力的增强作用在父亲协同养育水平增加时更明显。因此提出以下假设。

假设 3a：父亲协同养育调节追求完美通过养育胜任力作用于母亲养育倦怠的前半段路径。

假设 3b：父亲协同养育调节错误关注通过养育胜任力作用于母亲养育倦怠的前半段路径。

（四）养育压力的中介作用

养育压力是父母在履行养育角色和亲子互动过程中，由自身特质、亲子互动失调和儿童行为引起的压力体验，是一种伴随焦虑、自责与挫折的消极心理感受（Abidin，1990）。根据 Abidin 提出的养育压力模式，父母育儿过程中的压力体验受父母特质的影响（Abidin，1992）。已有研究表明，父母社会导向的完美主义与养育压力呈正相关（Lee et al.，2012）；消极完美主义引起母亲养育压力（Kawamoto & Furutani，2018）。可见，错误关注可能会正向预测养育压力。然而却鲜有研究探讨积极完美主义对养育压力的影响。追求完美的父母要求凡事“尽善尽美”，如果能够取得较好的结果就会获得正向反馈，进而减少养育压力的产生。

进一步地，BR^2 理论认为养育压力是养育倦怠最直接的影响因素。如果父母的养育压力长期得不到有效缓解，就会导致养育倦怠的产生（Roskam et al.，2017）。个体自身因素是引起养育倦怠的重要原因，如神经质与依恋（Le Vigouroux et al.，2017；程丽萍等，2021）。子女层面，如患病情况、子女数量等与养育倦怠高度相关（Norberg，2007；Norberg，2010；Lindström et al.，2010；Lindström et al.，2011；Norberg et al.，2014）。配偶方面，夫妻冲突、婚姻满意度较低等消极因素会消耗父母的养育资源，导致养育压力水平升高，进而形成养育倦怠（Mousavi，2019）。因此提出以下假设。

假设4a：追求完美通过养育压力作用于母亲养育倦怠。

假设4b：错误关注通过养育压力作用于母亲养育倦怠。

（五）父亲协同养育对完美主义与养育压力关系的调节作用

依据家庭系统理论，家庭内部各子系统、家庭各成员之间相互影响（张志学，1990）。在一个家庭中，来自配偶的支持是最直接、最有效的支持资源（刘溦等，2020）。养育子女是夫妻双方共同的责任，当父亲承担起自己的养育责任，与母亲一同抚养子女时，不仅有利于夫妻关系的稳定，也有利于家庭关系的和谐。研究表明，夫妻共同养育能够减少对方的养育压力（Perez-Brena et al.，2020）。在养育过程中，母亲如果过多关注子女及自身的消极事件，甚至是夸大其影响，会在无形之中增加养育压力。此时，父亲及时地参与到养育活动中来，给予母亲精神鼓励或物质支持，可能会减少母亲的养育压力。由此推断，父亲协同养育可能会缩小母亲错误关注对养育压力的影响，即母亲错误关注对养育压力的增强作用在父亲协同养育降低时更明显。

此外，不同于父亲协同养育在错误关注与母亲养育压力上的削弱作用，它可能会增强追求完美对母亲养育压力的影响。母亲对自身的高要求可以提高养育质量，父亲如果主动与配偶沟通交流养育问题，更多地支持鼓励母亲的养育行为，母亲将会拥有更多的资源，从而有效应对养育需求，减少养育压力，即父亲高协同养育可能会增加母亲追求完美对养育压力的影响，换言之，母亲追求完美对养育压力的削弱作用在父亲协同养育水平增加时更明显。因此提出以下假设。

假设5a：父亲协同养育调节追求完美通过养育压力作用于母亲养育倦怠的前半段路径。

假设5b：父亲协同养育调节错误关注通过养育压力作用于母亲养育倦怠的前半段路径。

基于以上内容，得出本研究的框架如图7.8所示。

二　研究方法

（一）研究对象

采用时间滞后设计，以中国中部某八年级学生的母亲为研究对象，进行

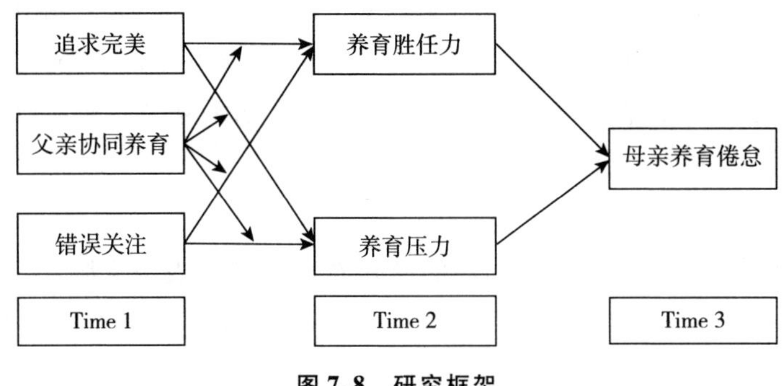

图 7.8 研究框架

3 次数据收集，每次间隔 3 周。受疫情影响，为减少人员流动，数据收集采取线上收取的方式进行。3 次数据收集过程相同，均由调查人员将问卷链接发送给班主任，由班主任将链接发送至班级微信群并通知学生母亲自愿填写。

Time 1 的问卷内容为完美主义、父亲协同养育与一般人口学信息，对存在缺失值与规律作答的问卷予以剔除，最终保留有效问卷 916 份；Time 2 的问卷内容为养育胜任力与养育压力，最终保留有效问卷 886 份；Time 3 的问卷内容为养育倦怠，最终保留有效问卷 950 份。为保证问卷填写的真实性，本研究采用被试者手机号最后 4 位数字对数据进行编码与配对，对 3 次编码不一致的问卷予以剔除，最终保留有效问卷 507 份，并纳入最终的数据分析。问卷的有效回收率为 55.3%，样本流失的主要原因是家长拒绝参加问卷调查、3 次问卷编码不一致等。其中，母亲的平均年龄为 42.18（SD = 4.57）岁，子女的平均年龄为 13.08（SD = 0.52）岁。

采用 Gpower 3.1 软件进行样本量估算，计算 Power = 0.95，α = 0.05，Effect Size = 0.15，得出最小样本量应为 129 份，本研究最终获得有效样本量 507 份，远超于建议的最小样本量。这说明本研究最终样本量符合数据分析要求。

（二）研究工具

（1）完美主义

采用由 Rice 等（2014）在近乎完美量表的基础上修订而成的简式近乎完美量表（the short form of the Revised Almost Perfect Scale），本研究结合杨丽（2008）修订的近乎完美量表中文版，整理出简式近乎完美量表中文版。

该量表分为追求完美和错误关注两个维度，共 8 个项目，如“我对自己有很高期望”。量表采用 Likert 7 点计分法，1 表示“极不符合”，5 表示“极为符合”。得分越高，表示母亲此维度的完美主义水平越高。在本研究中，该量表的 Cronbach's α 系数为 0.81。

（2）养育倦怠

采用由王玮等（2021b）修订的简式养育倦怠量表中文版（the Chinese Short version of the Parental Burnout Assessment，S-PBA）。该量表为单因子结构，共 7 个项目，如“我再也忍受不了家长这个身份了”。量表采用 Likert 7 点计分法，1 表示“从不”，7 表示“每天”。母亲根据项目中所叙述的情景与自身状况是否符合作答，得分越高，表明个体的养育倦怠水平越高。在本研究中，该量表的 Cronbach's α 系数为 0.92。

（3）养育胜任力

采用由 Gibaud-Wallston 和 Wandersman（1978）编制，经彭咏梅等（2012）修订的中文版父母教养能力感量表（Parenting Sense of Competence Scale，PSCS），测量母亲对自身教养孩子能力的满意度和效能感。该量表分为教养能力满意度和教养能力效能感两个维度，共 12 个项目，如“做父母使我紧张和焦虑”。量表采用 Likert 4 点计分法，1 表示“非常不同意”，4 表示“非常同意”。得分越高，表明母亲养育胜任力越高。张晓等（2017）将修订后的量表应用于青少年父母群体，结果证明有良好的信效度。在本研究中，该量表的 Cronbach's α 系数为 0.82。

（4）养育压力

采用由 Abidin（1990）编制，经任文香（1995）修订的中文版简式亲职压力量表（Parenting Stress Index-Short Form，PSI-SF）。该量表分育儿愁苦、亲子互动失调和困难儿童 3 个维度，共 36 个项目，如“我这个孩子比其他孩子还要爱哭、爱闹”。量表采用 Likert 5 点计分法，1 表示“非常同意”，5 表示“非常不同意”。得分越高，表明母亲的养育压力越大。在本研究中，该量表的 Cronbach's α 系数为 0.95。

（5）父亲协同养育

采用由 Stright 和 Bales（2003）编制，侯忠伟（2007）修订的父母共同教养的关系感知量表（Parents' Perceptions of the Co-Parenting Relationship），测量母亲在子女教养行为上感知到的父亲的支持程度。该量表分为不支持协同养育和支持协同养育两个维度，共 14 个项目，如“当我不同意孩子做某件事时，配偶却同意”。量表采用 Likert 5 点计分法，1 表示“从不”，5 表示“总是”。得分越高，代表母亲感知配偶对自己教养孩子的支持程度越高，即父亲的支持性协同养育水平越高。在本研究中，该量表的 Cronbach's α 系数为 0.87。

三 统计方法

采用 SPSS 26.0 和 AMOS 24.0 对数据进行处理和统计分析。第一步，对测量工具进行信度和效度检验及共同方法偏差检验；第二步，运用皮尔逊积差相关、偏相关及回归分析对各变量关系进行初步探索；第三步，运用 AMOS 24.0 软件构建模型并进行假设检验。

四 研究结果

（一）共同方法偏差检验

本研究在对可能存在的共同方法偏差进行程序控制（如匿名填写、分时段收集数据、部分项目反向计分）的基础上，进一步使用“控制未测量单一方法潜因子法”对共同方法偏差进行检验。首先，建构验证性因素分析模型 M1，让每一个概念的项目都负荷到其原所属概念上。其次，构建包含方法因子的模型 M2，使各项目都负荷到该潜在变量上，并强制路径系数相等。结果表明，该潜变量可以解释各项目变异的 1.2%，低于已发表文献中的中位数 25%（Williams et al.，1989）。因此，本研究的共同方法偏差不明显。

（二）各研究变量的描述性统计及相关分析

表 7.4 为各变量的平均数和标准差及其相关分析。相关分析结果显示，养育倦怠与追求完美、养育胜任力呈显著负相关（$r=-0.11$，$p<0.05$；$r=-0.49$，$p<0.001$），与错误关注、养育压力呈显著正相关（$r=0.15$，$p<0.01$；$r=0.52$，$p<0.001$）；追求完美与父亲协同养育、养育胜任力及养育压力的相关性均未达到显著水平（$r=0.06$、0.06、-0.03，$ps>0.05$）；错误关注与父亲协同养育、养育胜任力呈显著负相关（$r=-0.19$、-0.29，$ps<0.001$），与养育压力呈显著正相关（$r=0.35$，$p<0.001$）；父亲协同养育与养育胜任力呈正相关（$r=0.40$，$p<0.001$），与养育压力呈负相关（$r=-0.50$，$p<0.001$）。

表 7.4　各变量的描述性统计与相关分析

变量	M	SD	1	2	3	4	5
1. 追求完美	4.78	1.03					
2. 错误关注	3.81	1.16	0.46***				
3. 父亲协同养育	3.77	0.63	0.06	-0.19***			
4. 养育胜任力	2.69	0.44	0.06	-0.29***	0.40***		
5. 养育压力	2.38	0.62	-0.03	0.35***	-0.50***	-0.70***	
6. 养育倦怠	1.62	0.80	-0.11*	0.15**	-0.36***	-0.49***	0.52***

注：* $p<0.05$，** $p<0.01$，*** $p<0.001$。

进一步地，在控制错误关注后，对追求完美与其他变量进行偏相关分析，结果发现追求完美与其他变量的相关性大幅提高并达到显著性水平，其中追求完美与父亲协同养育、养育胜任力呈正相关（$r=0.16$、0.22，$ps<0.001$），与养育压力、养育倦怠呈负相关（$r=-0.22$、-0.20，$ps<0.001$）。这说明追求完美与其他变量之间的关系受到错误关注的影响。同时，在控制追求完美后，对错误关注与其他变量进行偏相关分析，结果发现，错误关注与其他变量仍显著相关，且相关性有所提高，其中错误关注与父亲协同养育、养育胜任力呈负相关（$r=-0.24$、-0.35，$ps<0.001$），与养育压力、养育倦怠呈正相关（$r=0.41$、0.23，$ps<0.001$）。这说明错误关注与其他变量之间的关系受追求完美的影响。

（三）完美主义与母亲养育倦怠：直接预测作用

为检验完美主义（追求完美、错误关注）对母亲养育倦怠的直接预测作用，以追求完美、错误关注为自变量，母亲养育倦怠为因变量进行回归分析，具体如表 7.5 所示。结果表明，追求完美对母亲养育倦怠有显著负向预测作用（$\beta=-0.22$，$p<0.001$），错误关注对母亲养育倦怠有显著正向预测作用（$\beta=0.25$，$p<0.001$），故假设 1a 与假设 1b 得到支持。

表 7.5　追求完美、错误关注与母亲养育倦怠的回归分析

结果变量	预测变量	R	R^2	ΔR^2	F	β	t	p
养育倦怠	追求完美	0.25	0.06	0.06	16.71	-0.22	-4.57	0.000
	错误关注					0.25	5.23	0.000

（四）养育胜任力的中介作用与父亲协同养育的调节作用

有调节的中介效应是指中介变量对自变量与因变量关系的中介作用大小受调节变量影响。为探究养育胜任力在追求完美、错误关注与母亲养育倦怠之间的中介作用以及父亲协同养育对追求完美、错误关注与养育胜任力的调节作用，首先，将父亲协同养育、追求完美与错误关注作中心化处理，以避免多重共线性的影响；其次，建立以追求完美、错误关注为自变量，父亲协同养育为调节变量，养育胜任力为中介变量，母亲养育倦怠为因变量的结构方程模型。获得如图 7.9 所示的模型，并对该模型进行进一步模型拟合检验，发现该模型的拟合度良好，$\chi^2/df = 4.913$，RMSEA = 0.088，NFI = 0.919，IFI = 0.934，CFI = 0.933，GFI = 0.974。

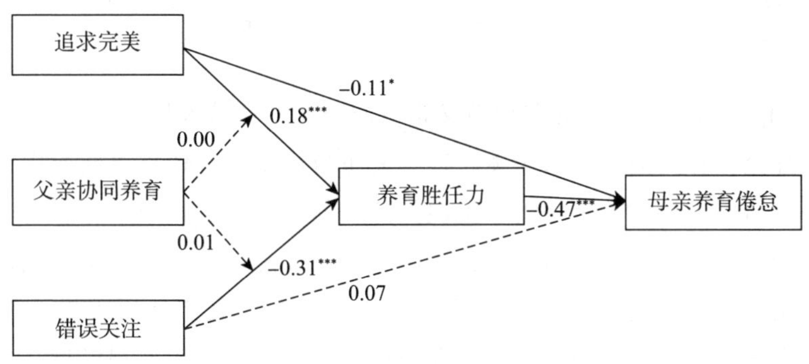

图 7.9 结构方程模型路径

说明：路径系数均为标准化系数，虚线表示路径不显著；$^{*}p<0.05$，$^{***}p<0.001$。

（1）养育胜任力的中介作用检验

图 7.9 结果显示，追求完美能直接预测母亲养育倦怠（$\beta = -0.11$，$p<0.05$），错误关注不能直接预测母亲养育倦怠（$\beta = 0.07$，$p>0.05$），二者均能通过养育胜任力的中介作用预测母亲养育倦怠（$\beta = -0.47$，$p<0.001$）。

依据方杰等（2014）的建议，采用非参数 Bootstrap 方法通过重复取样 5000 次对养育胜任力的中介作用进行检验。结果如表 7.6 所示，养育胜任力在追求完美与母亲养育倦怠的中介效应的 95% 置信区间为［-0.10，-0.03］，不包含 0，说明其中介效应显著；同时，养育胜任力在错误关注与母亲养育倦怠的中介效应的 95% 置信区间为［0.07，0.14］，不包含 0，说明其中介效应显著。因此，假设 2a 与假设 2b 得到支持。

表 7.6　中介效应检验的 Bootstrap 分析（n =507）

路径	效应值	标准误	Boot CI 下限	Boot CI 上限	p
PP→PC→PB	-0.06	0.02	-0.10	-0.03	0.001
NP→PC→PB	0.10	0.02	0.07	0.14	0.000

注：PP，追求完美；NP，错误关注；PC，养育胜任力；PB，养育倦怠。

（2）父母协同养育的调节作用检验

图 7.9 结果显示，父亲协同养育与追求完美的交互项对养育胜任力的路径系数不显著（$\beta = 0.00$，$p > 0.05$），表明父亲协同养育在追求完美与养育胜任力的关系中不存在调节作用；同时，父亲协同养育与错误关注的交互项对养育胜任力的路径系数不显著（$\beta = 0.01$，$p > 0.05$），表明父亲协同养育在错误关注与养育胜任力的关系中也不存在调节作用。因此，假设 3a 与假设 3b 未得到支持。

（五）养育压力的中介作用与父亲协同养育的调节作用

为探究养育压力在追求完美、错误关注与母亲养育倦怠之间的中介作用以及父亲协同养育对追求完美、错误关注与养育压力的调节作用，首先，将父亲协同养育、追求完美与错误关注作中心化处理，以避免多重共线性的影响。其次，构建以追求完美、错误关注为自变量，父亲协同养育为调节变量，养育压力为中介变量，母亲养育倦怠为因变量的结构方程模型。获得如图 7.10 所示的模型，并对该模型进一步进行拟合检验，发现该模型的拟合度良好，$\chi^2/df = 3.212$，RMSEA = 0.06，NFI = 0.954，IFI = 0.968，CFI = 0.967，GFI = 0.983。

（1）养育压力的中介作用检验

图 7.10 结果显示，追求完美能直接预测母亲养育倦怠（$\beta = -0.10$，$p < 0.05$），错误关注不能直接预测母亲养育倦怠（$\beta = 0.02$，$p > 0.05$），二者均能通过养育压力的中介作用预测母亲养育倦怠（$\beta = 0.51$，$p < 0.001$）。

依据方杰等（2014）的建议，采用非参数 Bootstrap 方法通过重复取样 5000 次对养育压力的中介作用进行检验，结果如表 7.7 所示。养育压力在追求完美与母亲养育倦怠的中介效应的 95% 置信区间为［-0.10，-0.03］，不包含 0，说明其中介效应显著；同时，养育压力在错误关注与母亲养育倦怠的中介效应的 95% 置信区间为［0.09，0.16］，不包含 0，说明其中介效应显著。因此，假设 4a 与假设 4b 得到支持。

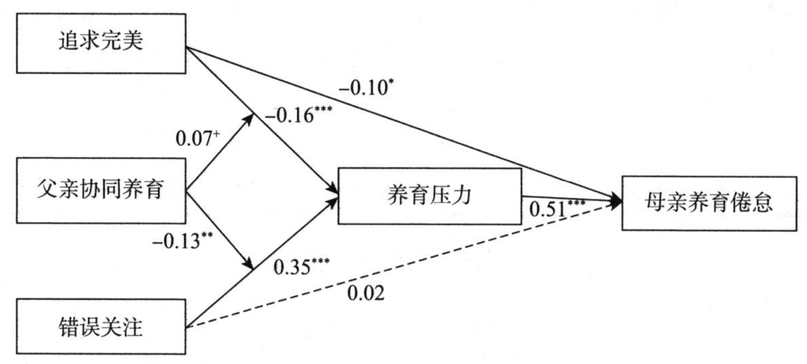

图 7.10　结构方程模型路径

注：路径系数均为标准化系数，虚线表示路径不显著；† $p<0.10$，* $p<0.05$，** $p<0.01$，*** $p<0.001$。

表 7.7　中介效应检验的 Bootstrap 分析（$n=507$）

路径	效应值	标准误	Boot CI 下限	Boot CI 上限	p
PP→PS→PB	-0.06	0.02	-0.10	-0.03	0.001
NP→PS→PB	0.12	0.02	0.09	0.16	0.000

注：PP，追求完美；NP，错误关注；PS，养育压力；PB，养育倦怠。

（2）父母协同养育的调节作用检验

图 7.10 结果显示，父亲协同养育与追求完美的交互项对养育压力的路径系数边缘显著（$\beta=0.07$，$p<0.10$），表明父亲协同养育在追求完美与养育压力的关系中存在调节作用；同时，父亲协同养育与错误关注的交互项对养育压力的路径系数显著（$\beta=-0.13$，$p<0.01$），表明父亲协同养育在错误关注与养育压力的关系中也存在调节作用。因此，假设 5a 与假设 5b 得到支持。

进一步地，通过简单斜率分析检验父亲协同养育的调节作用。以平均数加减一个标准差将父亲协同养育分组，平均数加一个标准差为高分组，平均数减一个标准差为低分组。首先，从表 7.8、图 7.11 可以看出，追求完美对母亲养育压力的影响如何受到父亲协同养育的调节。当父亲协同养育水平较高时，随着母亲追求完美的增加，母亲的养育压力水平呈现下降趋势，但未达到显著水平（$\beta=-0.07$，$p>0.05$）；当父亲协同养育水平较低时，随着母亲追求完美的增加，母亲的养育压力水平呈现下降趋势（$\beta=-0.26$，$p<0.01$），父亲协同养育每增加一个标准差，母亲养育压力就降低 0.3 个标准

差，相对于父亲协同养育水平较高时，降低幅度显著提高。这说明母亲追求完美对养育压力的影响会因父亲协同养育水平的不同而表现出强度上的差异。

表 7.8 父亲协同养育在母亲追求完美与养育压力之间的调节效应检验

变量	效应值	标准误	Boot CI 下限	Boot CI 上限	p
M + SD	-0.07	0.07	-0.20	0.08	0.323
M	-0.16	0.05	-0.25	-0.07	0.001
M - SD	-0.26	0.09	-0.42	-0.09	0.003

其次，从表 7.9、图 7.12 可以看出，错误关注对母亲养育压力的影响如何受到父亲协同养育的调节。当父亲协同养育水平较高时，随着母亲错误关注的增加，母亲的养育压力水平呈现上升趋势（$\beta = 0.23$，$p < 0.01$），父亲协同养育每增加一个标准差，母亲养育压力就上升 0.5 个标准差；当父亲协同养育水平较低时，随着母亲错误关注的增加，母亲的养育压力水平呈现上升趋势（$\beta = 0.46$，$p < 0.001$），父亲协同养育每增加一个标准差，母亲养育压力就上升 0.7 个标准差，相对于父亲协同养育水平较高时，上升幅度显著提高。这说明母亲错误关注对养育压力的影响会因父亲协同养育水平的不同而表现出强度上的差异。

表 7.9 父亲协同养育在母亲错误关注与养育压力之间的调节效应检验

变量	效应值	标准误	Boot CI 下限	Boot CI 上限	p
M + SD	0.23	0.07	0.10	0.36	0.001
M	0.35	0.04	0.26	0.42	0.000
M - SD	0.46	0.07	0.32	0.59	0.000

五 讨论

（一）完美主义对母亲养育倦怠的影响

基于风险 - 资源平衡理论，养育倦怠是因过高的养育要求（风险因素）和有限的养育资源（保护因素）之间的不平衡所引起的（Mikolajczak & Roskam, 2018）。人格因素作为养育倦怠重要的前因变量，已有研究发现大五人格、依恋风格和完美主义都能对养育倦怠产生影响，但是针对完美主

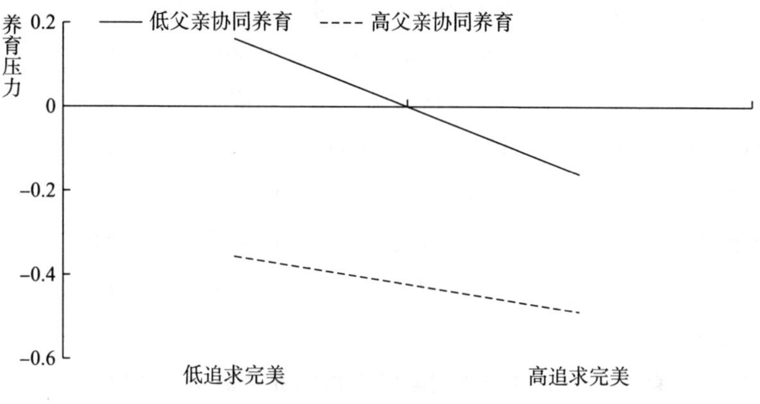

图 7.11　父亲协同养育调节追求完美对母亲养育倦怠的影响

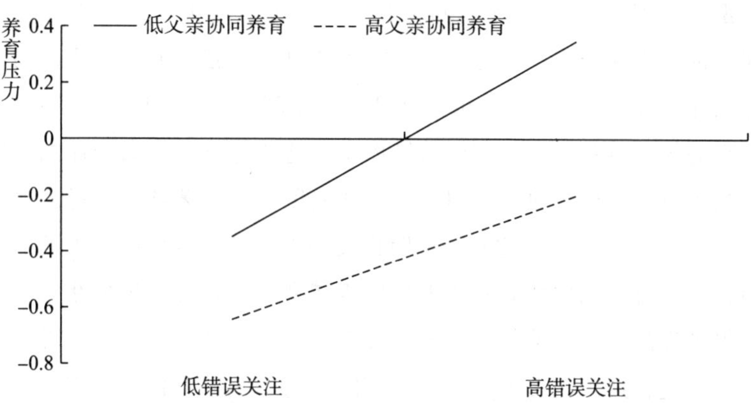

图 7.12　父亲协同养育调节错误关注对母亲养育倦怠的影响

义的积极成分却少有研究探讨。本研究从完美主义的积极与消极方面入手，探究其不同成分对母亲养育倦怠的影响。通过文献梳理，采用 Slaney 等（2001）的观点，将完美主义分为追求完美与错误关注。结果表明，追求完美负向预测母亲养育倦怠，错误关注正向预测母亲养育倦怠，假设 1a、假设 1b 成立。

此前已有学者发现，完美主义的消极成分会诱发养育倦怠（Kawamoto et al.，2018；Furutani et al.，2020；Szczygieł et al.，2020；Lin et al.，2021；Lin & Szczygieł，2021）。高错误关注的母亲总为自己设置不切实际的育儿目标，如果不能取得理想的效果，还会夸大此类事件造成的影响，过度否定自己此前的努力，无法从养育活动中获得满足，导致养育倦怠的产生。与以往研究不同的是，本研究还发现完美主义中的追求完美对养育倦怠的积极影响。追求完美的母亲在养育活动中具有较高的成就动机，并且为自己设置较为合理的养育目标，能够较好地应对养育需求，此时追求完美成为一种养育资源，起到降低养育倦怠水平的作用。本研究结果不仅呼应了既有结果（Kawamoto et al.，2018；Furutani et al.，2020；Szczygieł et al.，2020；Lin et al.，2021；Lin & Szczygieł，2021），而且进一步拓展了完美主义与养育倦怠的相关研究，为风险－资源平衡理论提供了支持。因此，在养育倦怠预防与干预的过程中，可以考虑从提升父母追求完美（保护性因素）、降低父母错误关注（风险性因素）的角度入手。

（二）养育胜任力的中介作用与父亲协同养育的调节作用

本研究发现，养育胜任力在完美主义与母亲养育倦怠的关系中起中介作用，假设 2a、2b 成立。首先，养育胜任力在追求完美与母亲养育倦怠的关系中起到部分中介作用。高追求完美的个体具有较强的时间管理能力，能够平衡好工作与家庭（Grant-Vallone & Ensher，2011），善于多途径获取资源，拥有较高的核心自我评价和积极情绪体验，这些都可能提高个体的自我效能感或者是满意度。以往研究表明，适应性完美主义显著预测父母的养育满意度（Snell et al.，2005），这充分说明积极完美主义与养育胜任力的关系。进一步地，在养育活动中体验到为人父母所带来的快乐等积极情绪，养育胜任力水平得到提高，这些情绪状态可能会影响整个养育过程，从而降低养育倦怠水平。因此，追求完美可能通过养育胜任力影响养育倦怠。其次，养育胜任力在错误关注与母亲养育倦怠之间起到完全中介作用。消极完美主义的母亲倾向于传统保守的消极养育方式（Greblo & Bratko，2014），过分在意他人的评价，追求平稳而谨小慎微，从而不能有效地获取资源，这些会导致她们体验到较高程度的挫败感，认为自己无法胜任母亲这一角色，从而导致养育胜任力的降低。进一步地，在养育胜任力水平较低的情况下，母亲在与子女的互动中失去耐心，不再享受与子女相处的时光，养育资源处于耗尽状态，仅有的资源可能已经不足以应对养育需求，在资源和需求长期失衡的情况下，容易诱发养育倦怠（Roskam et al.，2017）。因此，错误关注可能通过较低养育胜任力的方式对母亲养育倦怠产生影响。

此外，本研究并未发现父亲协同养育对母亲追求完美与养育胜任力的调节作用，也未发现其对错误关注与养育胜任力的调节作用，假设 3a、假设 3b 不成立。由此可见，追求完美、错误关注对养育胜任力的影响是直接的，并不受到其他变量的干扰；或者说养育胜任力更多的是对自身养育能力的评价（Ohan et al.，2000），相对于养育压力来说更不易受到配偶的影响。

（三）养育压力的中介作用与父亲协同养育的调节作用

本研究发现，养育压力在完美主义与母亲养育倦怠间起中介作用，假设4a、4b成立。首先，养育压力在追求完美与母亲养育倦怠中起到部分中介作用。这可以解释为，积极完美主义的母亲做事条理清晰，行动较为果断（訾非，2004），在养育活动中常以正向积极的态度追求合理的目标，关注自身与子女的积极成长，从而不易产生消极情绪，养育压力较低，此前研究者也发现适应性完美主义与焦虑呈负相关，能够负向预测压力（张妍等，2014），这都为本研究结果提供支持。进一步地，根据养育倦怠的定义可知父母在长期养育压力得不到解决的情况下会产生养育倦怠，与此情况相反，个体在养育资源丰富的情况下，能够自如地解决养育压力，从而缓解养育倦怠的产生（Mikolajczak & Roskam，2018）。因此，追求完美作为一种积极的人格因素可能会通过降低养育压力的方式对母亲养育倦怠产生影响。其次，养育压力在错误关注与母亲养育倦怠之间起完全中介作用。当母亲错误关注水平较高时，期待养育活动中与子女的互动顺畅，希望在互动过程中每次都能有完美的表现，行动犹豫不决，过分担忧出现过失（訾非，2004），从而容易体验到焦虑、挫折等消极情绪，进一步形成养育压力。Moretz和McKay（2009）探究了完美主义与特质焦虑的关系，消极完美主义与焦虑呈正相关，另有研究者发现非适应性完美主义可以显著预测压力（周伟，2010），这一结果在本研究中也得到证实。进一步地，错误关注较高的母亲，在养育压力较高的情况下，自身养育资源枯竭，当新的资源无法及时补充时，容易导致养育倦怠的产生。因此，错误关注作为一种消极的人格特质可能会成为一种风险性因素，通过养育压力对养育倦怠产生影响。

研究结果还发现，父亲协同养育对追求完美与养育压力起调节作用，以及父亲协同养育对错误关注与养育压力起调节作用，假设5a、假设5b成立。家庭系统理论在本研究中得到支持，家庭内部各子系统、家庭各成员之间相互影响，父亲和母亲构成家庭中的父母子系统，二者的情绪与行为均受到对方的影响（张志学，1990）。首先，母亲追求完美对养育压力的影响会因父亲协同养育水平的不同而表现出强度上的差异，具体来说，当父亲协同养育水平较高时，母亲追求完美对养育压力的影响较小，未达到显著水平，随着父亲协同养育水平的降低，母亲追求完美对养育压力的影响逐渐增大，达到显著水平。这可以解释为，父亲较高的协同养育是母亲外部资源的主要来源，当这些资源足以应对压力事件时，母亲将不必再调用自身原有资源应对，所以在父亲协同养育水平较高时，母亲追求完美对养育压力的影响较小；反之，当父亲表现出较低的协同养育行为时，母亲只能运用自身的资源应对压力事件，所以在此条件下，母亲追求完美（自身资源）对养育压力的影响较大。

其次，母亲错误关注对养育压力的影响会因父亲协同养育水平的不同而表现出强度上的差异，具体来说，当父亲协同养育水平较低时，母亲错误关注对养育压力的影响较大，随着父亲协同养育水平的升高，母亲错误关注对养育压力的影响逐渐减弱。母亲守门理论认为，父亲更多地参与到养育活动中，可以有效地分担母亲的养育责任，缓解母亲的养育压力（邹盛奇等，2016），这为本研究结果提供了支持。高错误关注的母亲较为关注他人对自己的负面评价，如果父亲能够鼓励支持她们的养育行为，则会减少母亲养育压力水平；反之，如果父亲不能为母亲分忧解难，母亲的养育压力则会进一步增加。

需要说明的是，虽然本研究中父亲协同养育在追求完美与母亲养育压力之间的调节作用，以及在错误关注与母亲养育压力之间的调节作用均得到验证，但父亲协同养育在追求完美与母亲养育压力之间的调节方向与假设预想的方向有所差别。笔者在构思之初，试图从家庭系统理论出发探究父亲协同养育在母亲养育活动中的积极作用。结果表明，母亲在面对压力事件时，如果无法得到配偶提供的有效资源，就只能运用自身原有的资源应对，因此在父亲协同养育水平较低时，母亲追求完美对养育压力的影响较大。但养育活动不是“孤军奋战”，而是需要父母的共同努力，为对方提供养育支持，丰富养育资源，这也正说明了父亲在养育活动中的不容忽视的作用。

六　研究局限与未来研究展望

本研究结果为养育倦怠的预防与干预提供了新的视角，具有一定的理论和实践意义。需要说明的是，本研究也存在一些局限与不足，主要包括以下方面。首先，本研究为控制共同方法偏差等影响，采用时间滞后设计，对母亲进行数据收集。由于疫情防控采取线上收集数据的方式，参与者需要进行

3 次问卷作答，参与度无法得到有效控制，导致流失率较高，后续研究可以采取线上与线下相结合的数据收集等方式降低样本流失率。此外，本研究分 3 次进行数据收集，且采用的是参与者自我报告的问卷收集法，数据来源较为单一，此后研究可以将父亲与子女纳入报告范围，丰富数据来源。其次，完美主义长期以来是重要的人格变量，从概念发展之初就受到学者较多的关注，关于完美主义的测量工具也是多种多样。本研究为了减少被试者回答题量，保证问卷质量，采用简版近乎完美量表测量完美主义，虽然所得结果比较理想也支持了本研究的部分假设，但是仍有改进的地方，如追求完美与其他变量的相关性受到错误关注的影响。此后研究可以对该量表进行进一步修订，形成更适用于本土的简式完美主义量表，并将其应用于养育领域。

第八章　养育压力与养育倦怠的关系及作用机制

依据风险 - 资源平衡理论（the Balance between Risks and Resources，BR^2；Mikolajczak & Roskam，2018），当养育资源不足以应对养育风险时，就会产生养育倦怠。其中，养育资源是指能够降低养育压力的相关因素，如父母的自我同理心、较高的情绪调节能力、良好的养育习惯等，而养育风险因素则会增加养育压力，如缺乏配偶支持、养育完美主义等。受传统观念的影响，中国父母可能更为重视子女成长及自身的养育责任（Liu & Wu，2018）。同时，面对社会“高质量育儿”的呼吁，为人父母者也面临比以往更大的养育压力（Mikolajczak & Roskam，2020）。从养育倦怠的概念可知，个体在长期处于养育压力却得不到缓解的情况下，就会产生养育倦怠（Roskam et al.，2017）。因此，养育压力作为养育倦怠的直接影响因素，应该得到更多的关注。养育子女是父母共同的活动，但是由于双方在养育活动中所扮演的角色不同，其养育体验也会有所差异。以往关于养育倦怠的研究，多聚焦于母亲群体，而随着养育观念的转变，父亲也越来越多地参与到养育活动中来，在子女成长过程中扮演着重要的角色（邹盛奇等，2016）。因此，本章前两节将介绍笔者及团队成员围绕父亲群体所开展的两项研究，在探讨父亲养育倦怠与养育压力关系的同时，从初中生的心理健康和问题行为两个方面入手，兼顾考察父亲在养育活动中对子女多方面的影响。此外，学习作为子女日常生活的重要组成部分，是家长关注较多的领域，中国独特的中考与高考的淘汰机制使得学生竞争异常激烈，这在无形之中也增加了父母的养育压力，更有可能导致父母的教育焦虑（陈华仔、肖维，2014）。那么教育焦虑又会给父母和子女带来哪些负面影响呢？教育焦虑能够预测父母养育倦怠吗？本章

第三节将详细介绍父母教育焦虑、养育倦怠与初中生学业焦虑的关系。

第一节　养育压力、养育倦怠与初中生心理健康

一　引言与问题提出

子女是婚姻与家庭生活的重要组成部分，与子女共度的美好时光与经历也是为人父母日常快乐的源泉之一（Nelson et al.，2014）。然而，养育子女的过程并不总是充满欢乐的，也有可能充满了压力与挑战。相关研究指出，父母在养育过程中经常会遭遇各种挫折和阻碍，子女的一些行为也可能会导致父母的困惑、沮丧以及烦恼，进而产生养育压力（Crnic & Low，2002）。养育压力指的是父母在其亲子系统内所感受到的压力，即父母亲在承担其角色和任务时，受到自身人格特质、子女特质、亲子互动关系不良或是家庭及其他情境因素的影响，而感受到的压力程度（Abidin，1990；郝金莲等，2014）。研究表明，养育压力不仅会影响父母自身的身心健康，降低其养育满意度和主观幸福感（Jarvis & Creasey，1991），而且还会影响其养育观念和教养风格，进而影响子女的健康成长。例如，养育压力较大的父母倾向于较为消极地解读子女的行为，较为易怒，其子女较容易形成不安全型依恋（Roskam et al.，2017）。

如果父母的养育压力长期得不到有效应对与缓解，还可能会导致其养育倦怠的出现（Roskam et al.，2017）。从概念内涵上来讲，养育倦怠是养育压力不能得到有效应对的结果（Roskam et al.，2017），然而，由于养育倦怠概念的提出时间较短，针对这一主题的实证研究还不多，针对养育压力与养育倦怠二者关系的实证研究仍比较缺乏。与此同时，养育倦怠也可能带来一系列严重的后果。有研究表明，高养育倦怠水平的个体可能会出现较高的逃避倾向和自杀意向，并伴随着较高的药物成瘾可能性以及较多的睡眠问题，更容易与配偶之间发生争吵（Micolajczak et al.，2018a）。也有证据表明，倦怠的父母倾向于忽视孩子的需求，增加对孩子的暴力行为（Micolajczak et al.，2019）。综上所述，个体长期的养育压力会影响其子女的健康成长，并导致其养育倦怠的出现，而陷入倦怠泥潭的父母，则可能会降低其养育质量。基于 Baron 等关于中介效应的理论阐述，养育倦怠很可能在父母养育压力与子

女健康成长之间扮演着中介变量的角色（Baron & Kenny, 1986）。本研究的主要目的就在于对养育倦怠的中介作用进行考察。既有研究多聚焦于母亲的养育倦怠问题（Le Vigouroux et al., 2017; Sorkkila & Aunola, 2020），而随着时代的进步与社会的发展，“男主外、女主内”这一中国传统的家庭分工模式逐渐淡化，越来越多的男性也参与到了子女的日常养育活动中（高雯等，2020），这在一定程度上提高了父亲养育压力与养育倦怠的可能性。因此，本研究聚焦于父亲样本，对其养育倦怠的现状进行了解，并考察其在养育压力与初中生心理健康之间的中介作用。

二 研究方法

（一）研究对象

本研究以中国中部某城市八年级学生及其父亲为研究对象。问卷包括2个版本，分别为学生回答版本和父亲回答版本。问卷于课堂上发放，告知学生带回家后由父亲和自己分别独立完成，并将回答完毕的问卷带回学校进行回收。回收的问卷中，仅有父亲或仅有学生版本的回答被剔除。进而对问卷的回答质量进行检查，存在缺失性回答或规律性作答的问卷也被剔除。最终获得211对父亲与子女（男孩103人，女孩108人）的配对数据，并纳入最终的统计分析。其中，父亲平均年龄为41.9（SD = 4.08）岁，孩子的平均年龄为13.8（SD = 1.03）岁。

（二）测量工具

（1）养育压力

采用任文香（1995）翻译的Abidin（1990）所编制的养育压力简表（Parenting Stress Index-Short Form, PSI-SF）。该量表包括36个项目，采用Likert 5点计分法，“1”为“非常不同意”，“5”为“非常同意”。该问卷在本研究中的Cronbach's α系数为0.90。

（2）养育倦怠

采用Cheng等（2020）翻译的Roskam等（2018）所编制的养育倦怠量表（Parental Burnout Assessment, PBA）。该量表包括21个项目，采用Likert 7点计分法，“1”为“从不”，“7”为“每天”，得分越高表示倦怠水平越高。该问卷在本研究中的Cronbach's α系数为0.94。

（3）孤独感

采用王登峰（1995）翻译的 UCLA 孤独量表（UCLA Loneliness Scale; Russell et al.，1980）。该量表共 18 个项目，采用 Likert 4 点计分法，“1”为“从不”，“4”为“一直”，得分越高代表孤独感水平越高。本研究中该量表的 Cronbach's α 系数为 0.89。

（4）焦虑

采用焦虑自评量表进行测量。共 20 个项目，采用 Likert 5 点计分法，“1”为“非常不同意”，“5”为“非常同意”，得分越高，焦虑水平越高。本研究中该量表的 Cronbach's α 系数为 0.77。

（5）生活满意度

采用张兴贵等（2004）编制的青少年学生生活满意度量表。共 36 个项目，采用 Likert 7 点计分法，“1”为“完全不符合”，“7”为“完全符合”，得分越高表示生活满意度越高。本研究中该量表的 Cronbach's α 系数为 0.94。

三 统计方法

采用 SPSS 22.0 对数据进行处理和统计分析。采用 Process 插件检验养育倦怠在养育压力与初中生心理健康间的中介作用。

四 研究结果

（一）父亲养育倦怠的现状分析

本次调查中，父亲养育倦怠的得分为 1.59 ± 0.79。依据 Roskam 等（2017）的观点，个体得分在平均值 1.5 个标准差之上，可被认定为具有较高的养育倦怠风险。本研究计算所得的临界值为 $1.59 + 0.79 \times 1.5 = 2.80$。样本中得分高于 2.80 的个体共有 17 人（子女性别为男的 10 人，性别为女的 7 人），父亲养育倦怠的发生率为 8.1%。χ^2 检验结果显示，父亲养育倦怠的发生率在子女性别上没有显著差异（$\chi^2 = 1.30$，$df = 1$，$p > 0.05$）。

（二）各变量的描述性统计及相关分析

各变量描述性统计及相关分析如表 8.1 所示。相关分析表明，父亲养育压力与初中生孤独感、焦虑呈显著正相关，与初中生生活满意度呈显著负相关。父亲养育倦怠与初中生焦虑呈显著正相关，与初中生生活满意度呈显著负相关。

表 8.1　各变量的描述性统计与相关分析

变量	M	SD	1	2	3	4	5
1. 父亲养育压力	2.35	0.61	1				
2. 父亲养育倦怠	1.59	0.79	0.42**	1			
3. 初中生孤独感	1.83	0.55	0.25**	0.13**	1		
4. 初中生焦虑	1.83	0.43	0.19**	0.25**	0.46**	1	
5. 初中生生活满意度	4.93	0.1	-0.32**	-0.25**	-0.71**	-0.58**	0.25**

注：** $p<0.01$。

（三）父亲养育倦怠的中介效应

采用 Process 插件（Hayes，2013），以父亲养育压力为自变量，养育倦怠为中介变量，初中生的孤独感、焦虑以及生活满意度为因变量分别进行中介效应检验。依据方杰等（2014）的建议，采用非参数 Bootstrapping 方法（$n=5000$），并使用 Bias-corrected bootstrapping 法计算 95% 的置信区间。结果如图 8.1 至图 8.3 所示，在投入中介变量父亲养育倦怠之前，父亲养育压力对初中生焦虑的直接作用为 $\beta=0.19$（$p<0.01$），而投入中介变量后，其直接效应变为 $\beta=0.10$（$p>0.05$），因此父亲养育倦怠中介了养育压力与初中生焦虑之间的关系（中介效应 = 0.09，SE = 0.02，95% CI 为［0.03，0.11］）。同时，在投入中介变量父亲养育倦怠之前，父亲养育压力对于初中生生活满意度的直接作用为 $\beta=-0.33$（$p<0.01$），而投入中介变量后，其直接效应变为 $\beta=-0.28$（$p<0.01$），因此，父亲养育倦怠中介了父亲养育压力与初中生生活满意度之间的关系（中介效应 = -0.05，SE = 0.04，95% CI 为［-0.18，-0.01］）。而鉴于父亲养育倦怠与初中生孤独感之间的关系不显著，其中介效应也不显著（中介效应 = -0.002，SE = 0.027，95% CI 为［-0.06，0.05］）。

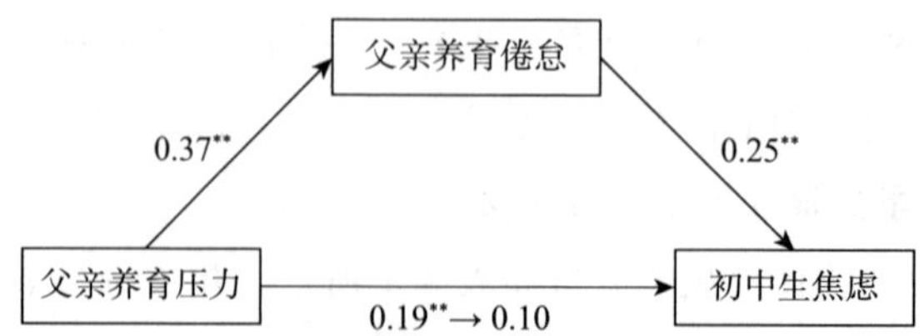

图 8.1　父亲养育倦怠在养育压力与初中生焦虑之间的中介效应

说明：* $p<0.05$，** $p<0.01$；路径上的数字为标准化回归系数，"→"的左、右分别为中介变量投入前、后的系数；下同。

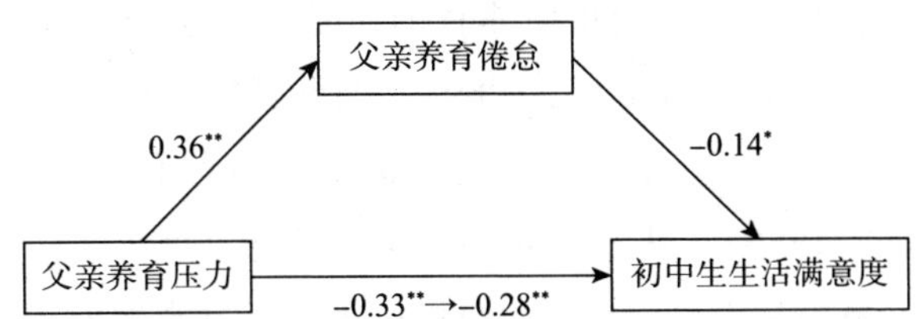

图 8.2 父亲养育倦怠在养育压力与初中生生活满意度之间的中介效应

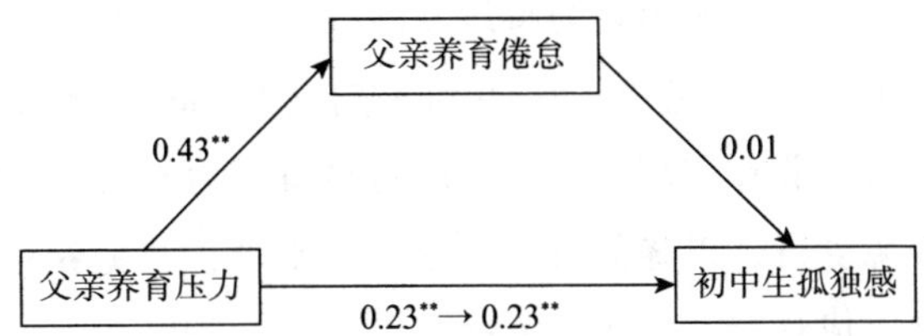

图 8.3 父亲养育倦怠在养育压力与初中生孤独感之间的中介效应

五 讨论

受传统的"男主外、女主内"家庭分工观念的影响，在很长一段时间内，父亲在家庭教育中的地位和作用都为学者们所忽视（邹盛奇等，2016），其所承受的养育压力与倦怠风险也在一定程度上未得到充分关注。本研究结果表明，父亲养育倦怠的发生率为 8.1%。欧洲学者的调查表明，父母样本（未单独计算父亲样本和母亲样本）中养育倦怠的发生率为 8.8% 和 5.9%（Roskam et al.，2017；Roskam et al.，2018），与本研究的结果较为接近。而日本学者则发现父亲样本中的养育倦怠发生率为 2.3%（Kawamoto et al.，2018），与本调查的结果差异较大，这可能与日本文化有关。有数据表明，超过七成的日本女性会在生育后辞掉工作，聚焦于家庭事务与养育活动。与之相对应的是，日本职场长时间工作的组织文化导致父亲几乎很少参与到子女养育活动中去，进而父亲养育倦怠的发生率较低。

本研究以孤独感、焦虑和生活满意度作为初中生心理健康的测评指标，考察了养育倦怠在养育压力与初中生心理健康之间的中介作用。研究结果表明，父亲养育压力与养育倦怠显著负向影响初中生的心理健康，这一方面支持了养育压力与初中生心理健康关系的既有研究结果，另一方面也表明，养育倦怠作为养育压力应对不良的长期后果（Roskam et al.，2017），虽然有着与养育压力不同的概念内涵，但其与养育压力一样，在影响父母自身幸福程度与婚姻质量的同时，也会指向养育的质量，影响子女的身心健康与发展。依据资源保存理论（Hobfoll, 1989），当父母面对较高的养育压力，而应对资源有限时，父母就会倾向于较为消极地解读孩子的行为（Middlebrook & Forehand, 1985），从而导致养育环境恶化，而在这种高养育压力环境下成长的子女更容易表现出更多的消极行为，反过来增加了父母的养育难度，加剧了其有效资源的消耗，进一步提高了其养育压力和倦怠水平，导致亲子间消极沟通互动循环的出现与持续发展（Mash & Johnston, 1990），最终对子女的顺利成长与身心健康产生不利影响（Thompson et al. , 1994）。因此，父母在丰富自身养育资源的同时，应对自身压力水平保持密切关注，并有效寻求外部资源支持，以降低自身养育压力水平，避免养育倦怠症状的出现，为子女的健康成长营造良好的家庭环境。

六　研究局限与未来研究展望

养育倦怠在父亲的养育压力与初中生的心理健康之间起中介作用。说明与养育压力相比，父亲养育倦怠对子女的心理健康有着更为直接的影响，对于养育倦怠的关注与深入研究在干预与预防层面也更为重要。然而，当前关于养育倦怠的研究尚未得到充分的展开，且研究主要集中于欧洲国家，亚洲地区仅有日本与中国在近期展开（Cheng et al. , 2020; Kawamoto et al. , 2018）。未来的研究应当厘清养育倦怠的概念内涵，发展科学的测量与评价工具，重视养育倦怠与结果变量之间的关系及其作用机制，并充分关注文化因素在养育倦怠研究中的地位和作用，从而为提高养育质量，促进孩子的健康成长奠定理论与实践的基础。

第二节　养育压力、养育倦怠与初中生问题行为

一　引言与问题提出

关于养育倦怠的现有研究主要集中在测量方式的编制与修订（Cheng et al. , 2020; Kawamoto et al. , 2018; Szczygieł et al. , 2020）和前因变量的探索上（Brianda et al. , 2020; Sorkkila & Aunola, 2020），还存在一些不足。第一，基于养育倦怠的定义（Mikolajczak & Roskam, 2018），养育压力是其重

要的前因变量，二者的关系虽已被普遍接受，但仍需要更多的实证研究来支持。第二，教养方式体现在养育活动的各个方面，不同的教养方式可能导致不同的养育体验，如养育满意度或养育倦怠。因此，教养方式与养育倦怠之间的关系还有待进一步讨论。第三，此前关于养育倦怠后果的研究主要集中于对父母本身的影响（Mikolajczak & Roskam, 2020），对子女的影响关注较少。而养育的最终目的是让子女能够健康发展，需要更多的研究来探讨养育倦怠与子女身心发展之间的关系。第四，以往研究主要聚焦于母亲的养育倦怠，大部分的样本只有母亲，即使有研究包含了父亲和母亲两个样本，大多数也是将父亲和母亲合并为一个样本（Le Vigouroux et al., 2017; Sorkkila & Aunola, 2020），随着父亲越来越多地参与到养育子女的工作中（解梦园等，2021），我们需要更多地关注父亲的养育倦怠。

综上所述，本研究主要考察父亲的养育压力、教养方式和养育倦怠之间的关系。此外，由于初中阶段也是子女出现问题行为的关键时期，且此前研究显示养育倦怠对初中生的问题行为有正向的预测作用（Chen et al., 2021），因此，本研究进一步探究父母养育倦怠在养育压力、教养方式和初中生问题行为之间的中介效应。研究框架如图 8.4 所示。

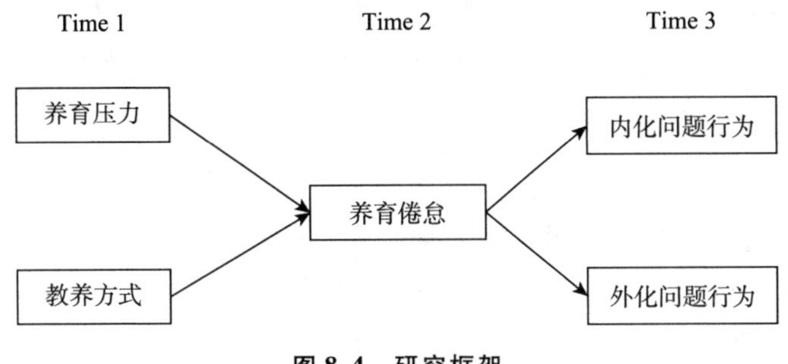

图 8.4　研究框架

（一）养育压力与养育倦怠

关于养育压力的定义将不再赘述，本章第一节已对其进行了较为细致的描述。此处主要从风险－资源平衡理论（BR^2）出发，从理论角度入手，论述养育压力与养育倦怠的关系。根据 BR^2 理论，父母需要努力获得各种养育资源以应对养育需求。养育资源是个体可以用来减少养育压力的任何事物，如父母的自我同情心、高情商、足够的休闲时间、来自祖父母和配偶的情感或物质支持、积极的共同养育、温暖的家庭环境等。在育儿活动中，父母需要耗费自身的资源来满足不同的养育需求。当父母长期缺乏处理养育压力所需的资源时，他们就有可能出现养育倦怠（Mikolajczak & Roskam, 2018）。具体来说，当父亲长期处于养育压力下而不能有效应对时，就可能会失去养育活动的乐趣，在与子女相处的过程中变得疲惫不堪，从而出现对子女的情感疏远，甚至无法忍受自己作为父亲的角色（Le Vigouroux & Scola, 2018）。因此，父亲更有可能经历养育倦怠。然而，养育倦怠的实证研究正处于起步阶段，直接关注养育压力和养育倦怠之间关系的实证研究较少。基于此，我们提出假设1：父亲的养育压力会正向预测养育倦怠。

（二）教养方式与养育倦怠

教养方式是父母教养态度、观念和行为以及非言语表达的综合，具有跨情境的稳定性（Darling & Steinberg, 1993）。教养方式对儿童的发展起着深刻而持久的作用（Marcone et al., 2020），不同的教养方式会形成不同的养育经验。依据 BR^2 理论，积极的教养方式可能与获得充足的养育资源有关，而消极的养育方式可能与养育资源的耗尽有关（Mikolajczak & Roskam, 2018）。

受中国古代父权社会"严父慈母"的传统家庭观念的影响（凌琳，2019），中国的父亲倾向于采取严厉的教养行为，如对子女的权威性控制、限制和干涉（Marcone et al., 2020）。此类教养行为可能会导致子女形成焦虑或回避的亲子依恋，反过来又会导致父亲养育压力的增加（Smyth et al., 2015）、养育方式效率低下（Adam et al., 2004）、不良的亲子关系（Holstein et al., 2021），并降低父亲的养育效能感（Mikolajczak et al., 2018b; Roskam & Mikolajczak, 2021），从而增加养育倦怠的风险（Cheng et al., 2020; Mikolajczak et al., 2019）。与之相反，积极的教养方式可能会形成健康的亲子关系、温暖的家庭氛围，以及增加父亲的养育效能感（Mikolajczak et al., 2018b; Roskam & Mikolajczak, 2021）。此外，积极的教养方式与减少对角色限制的感知和增加应对养育风险因素的外部资源有关，这可能导致养育倦怠的降低（Marcone et al., 2020; Roskam & Mikolajczak, 2021; 张金荣等，2019）。已有研究也表明，教养方式影响养育需求和养育资源（Mikolajczak & Roskam, 2018），而养育倦怠正是养育需求和资源的不平衡导致的。因此，提出假设2：父亲消极教养方式正向预测养育倦怠，父亲积极教养方式负向预测养育倦怠。

（三）养育倦怠与问题行为

问题行为是指个人在成长过程中出现的妨碍其社会适应和产生消极影响的反常行为，其严重程度和持续时间超出了社会道德规范所允许的年龄范围，可分为内化问题行为和外化问题行为（Achenbach，1991）。外化问题行为是指具有破坏性的行为，包括攻击他人和逃课（Kovacs & Devlin，1998），其中负面情绪是指向他人的（Campbell et al.，2000；Roeser et al.，1998）；而内化问题行为与焦虑和情绪障碍有关，包括抑郁、焦虑和退缩（Eisenberg et al.，2001；Roeser et al.，1998），其中负面情绪是指向内部的，而非指向他人（Roeser et al.，1998）。

根据家庭系统理论，家庭成员之间是相互影响的（Bowen，1976）。养育倦怠可能发生在家庭系统中，不仅会影响到父母自身，也会对子女造成影响。因此，养育倦怠可能是初中生问题行为的预测变量（Chen et al.，2021）。此前研究表明，父母的养育倦怠会增加夫妻冲突（Mikolajczak & Roskam，2020），初中生遭受父母冲突后，可能会增加他们的内化问题（Philbrook et al.，2018；Xuan et al.，2018）和外化问题（Peng et al.，2021；Petersen et al.，2015）。此外，养育倦怠会增加父母对子女的忽视与暴力行为（Brianda et al.，2020；Mikolajczak et al.，2019；Sorkkila & Aunola，2020）。父母忽视已被确定为初中生犯罪的风险因素（Mak，1994），并能预测初中生的内化问题（Tirfeneh & Srah，2020）、退缩（Choi et al.，2020）和心理障碍（Sajid & Shah，2021）。此外，父母暴力可能引发初中生的创伤后应激障碍（Haj-Yahia et al.，2019），降低初中生的自我控制能力（Willems et al.，2018），并增加初中生的攻击性或受害的可能性（Davis et al.，2020；Xia et al.，2018）。前人的研究已经支持了父母养育倦怠对初中生问题行为的预测作用（Chen et al.，2021），因此，提出假设3：父亲养育倦怠正向预测初中生的内化问题行为和外化问题行为。

（四）养育倦怠的中介作用

正如前文所述，根据 BR^2 理论（Mikolajczak & Roskam，2018），养育压力和教养方式可能与养育倦怠有关。同时，依据家庭系统理论（Bowen，1976），父亲的养育倦怠可能与初中生的问题行为有关。此外，先前研究表明，父亲的养育压力可能会增加子女的外化问题（Barroso et al.，2018；Silinskas et al.，2020）或内化问题（Silinskas et al.，2020）。同时，消极的教养方式与子女的暴力行为（Ong et al.，2018）和攻击性行为（Russ et al.，2003）密切相关。然而，当父母采取积极的教养方式时，温暖和谐的家庭氛围为子女提供了额外的资源，从而降低了子女出现问题行为的可能性（Skinner et al.，2022）。综上所述，我们将 BR^2 理论（Mikolajczak & Roskam，2018）和家庭系统理论（Bowen，1976）相结合，并根据假设 1～假设 3，提出以下假设。假设 4：父亲养育倦怠在养育压力与初中生问题行为之间起到中介作用；假设 5：父亲养育倦怠在教养方式与初中生问题行为之间起到中介作用。

（五）研究目的及设计

本研究旨在探讨父亲的养育压力和教养方式与初中生的问题行为的关系，以及养育倦怠在其中的中介作用。初中阶段处于青春期的早期，此阶段涉及寻求自主权和叛逆行为的产生。此外，当子女进入青春期后，大多数父母会经历更多的压力、不确定性和脆弱性，从而导致养育压力增加（Crnic & Coburn，2021）。因此，本研究选取初中生和他们的父亲作为研究对象。

目前，关于养育倦怠的文献主要聚焦于母亲（Chen et al.，2021；Meeussen & Laar，2018），导致父亲的养育倦怠没有得到足够的关注。在中国的传统文化中，“子不教，父之过”这句俗语广为人知，强调了父亲在子女教育中的重要作用（高书国、张卜琪，2021）。随着社会的进步，中国传统的“男主外，女主内”的家庭分工模式发生了变化（王玮等，2021a），父亲也越来越多地参与到养育子女的活动中。因此，本研究选取父亲为研究对象。

二　研究方法

（一）研究对象

本研究调查对象来自河南省某中学七年级的 455 名学生及其父亲，分 3 个时间点收集数据，间隔时间为 15 天。告知参与者本研究旨在考察“工作和学习情况”。要求父亲在时间 1 报告自身的养育压力和教养方式，在时间 2 报告养育倦怠，初中生在时间 3 报告其内化与外化问题行为。在时间 1 和时间 2，研究者将问卷发放给学生，并要求他们将问卷带给父亲。当父亲完成问卷后，由学生将问卷交还给研究者。在时间 3 的数据收集中，初中生在课堂上完成问卷。

为保证问卷填写的真实性，本研究采用父亲手机号最后 4 位数字对数据进行编码与配对，对3次编码不一致以及仅有父亲版本或仅有学生版本的问卷予以剔除，最终保留有效问卷236组，并纳入最终的数据分析。其中，父亲的平均年龄为39.24（SD=5.13）岁，166人具有高中或以下学历，70人具有本科或以上学历，学生性别分布为133名女生（56.4%）和103名男生（43.6%）。

采用Gpower 3.1软件进行样本量估算，计算Power=0.95，α=0.05，Effect Size=0.15，得出最小样本量应为129组，本研究最终获得有效样本量为236组，远超于建议的最小样本量。这说明本研究最终样本量符合数据分析要求。

（二）测量工具

（1）养育倦怠

采用王玮等（2021b）修订的简式养育倦怠量表中文版（Short Parental Burnout Assessment），该量表为单因子结构，共7个项目，如“为了扮演好父母的角色，我已经累得筋疲力尽了”。量表采用Likert 7点计分法，1为“从不”，7为“每天”，得分越高，表示父亲感知到的养育倦怠水平越高。在本研究中，该量表的Cronbach's α系数为0.85。

（2）养育压力

采用Abidin（1990）编制，由台湾省学者任文香（1995）翻译并修订的养育压力简表（Parenting Stress Index-Short Form，PSI-SF）测量父母养育压力。问卷包括3个维度：育儿压力（Parenting Distress；如“自从有了孩子以后，我觉得自己被为人父母责任绑定了”）、亲子互动失调（Parent-child Dysfunctional Interaction；如“我因为不能和孩子培养更亲密、更温暖的感情而烦恼”）和困难儿童（Difficult child；如“我的小孩对父母的要求比一般的小孩多”）。每个维度12个项目，共36个项目。该问卷采用Likert 5点计分法，“1~5”分别表示“非常不同意”、“不同意”、“不确定”、“同意”和“非常同意”，得分越高，表明父亲养育压力越大。该问卷由初中生父亲根据项目与自身情况作答。在本研究中，养育压力量表的Cronbach's α系数为0.90。

（3）教养方式

采用李彦章和许东民（2001）编制的父母教养方式问卷。共有75个项目，包括负面教养行为、正面教养行为、家庭氛围和教育期望及困惑4个维度。在本研究中只采用负面教养（如“孩子做错事我经常威胁他”）与正面教养（如“孩子做了错事，我会耐心地用说理的方式表达出自己真实的想法”）两个维度的54个项目。采用Likert 5点计分法，“1～5”分别表示“非常不符合”、“比较符合”、“不确定”、“比较符合”和“非常符合”，得分越高，表明此种教养方式使用越多。问卷由父亲根据项目与自身的情况填写。在本研究中正面教养和负面教养的Cronbach's α系数分别为0.88和0.86。

（4）问题行为

采用Achenbach（1991）编制，王静等（2005）修订的中文青少年自评量表（the Youth Self-Report，YSR）。原量表包含8个因子，共112个项目。本研究只选取其中53个项目，包括退缩（Withdrawn；如“我宁愿独处也不愿意和别人在一起”）、焦虑/抑郁（Anxious/Depressed；如“我经常哭泣”）、违纪行为（Delinquent Behavior；如“我做了不应该做的事也不感到内疚”）、攻击行为（Aggressive Behavior；如“我经常争辩”）。采用Likert 3点计分法，“0～2”分别表示“从不”、“有时”和“经常”。所有的项目都为正向计分，得分越高，表明该初中生出现问题行为的可能性越大。本研究中两个维度的Cronbach's α系数分别为0.84和0.82。

三　统计方法

采用SPSS 22.0和AMOS 24.0软件进行数据处理。第一，对共同方法偏差和缺失数据进行分析。第二，采用描述性统计分析与相关分析，对各变量的关系进行计算。第三，构建结构方程模型，计算各变量之间的路径系数，采用Bootstraping分析检验父亲的养育倦怠在养育压力、教养方式和问题行为之间的中介效应。此外，我们对数据的分布进行检验，父亲养育倦怠得分并没有显示出正态分布。与既有研究一致（Mikolajczak et al.，2018b），对养育倦怠得分进行对数转化，转化后的样本更趋近于正态分布（偏度＝1.995，峰度＝3.875）。对转化后的得分进行相关性分析，转化后的分数与原始得分的结果不存在显著差异。因此研究仍报告原始数据的结果。

四　研究结果

（一）共同方法偏差检验

采用Harman单因素检验法进行检测，将在研究中用到问卷的所有项目放到一起进行探索性因素分析，包括养育倦怠、教养方式、养育压力和问题行为问卷。结果表明，初始特征值大于1的有46个，最大因子方差解释率为12.64%（小于40%），因此本研究不存在严重的共同方法偏差问题。

（二）缺失值分析

在进行数据分析之前，部分问卷大部分是空白的，应属于非完全随机缺失，因此，排除所有包含缺失值的数据。进一步地，为了检验移除这些数据是否会对本研究结论产生影响，研究针对保留的样本和删除的样本进行了Welch检验。结果表明，在父亲年龄（$t=-0.81$，$df=446.81$，$p=0.42$）、父亲受教育程度（$t=-0.78$，$df=452.92$，$p=0.44$）以及子女性别（$t=-1.21$，$df=449.89$，$p=0.23$）上，两组均未显示出显著差异。上述结果表明，删除缺失值数据并不会对本研究结论产生显著影响。

（三）各变量的描述性统计及相关分析

各变量的描述性统计及相关分析如表8.2所示。父亲养育压力、父亲消极教养方式与父亲养育倦怠呈正相关（$r=0.31$，$p<0.001$；$r=0.26$，$p<0.001$），而父亲积极教养方式与父亲养育倦怠呈负相关（$r=-0.23$，$p<0.001$）。此外，父亲养育倦怠与初中生外化问题行为（$r=0.32$，$p<0.001$）和初中生内化问题行为（$r=0.19$，$p<0.01$）呈正相关。

表8.2 各变量的描述性统计及相关分析

变量	M	SD	1	2	3	4	5
1. T1 父亲养育压力	2.29	0.58					
2. T1 父亲消极教养方式	2.35	0.46	0.45***				
3. T1 父亲积极教养方式	4.03	0.52	-0.32***	-0.35***			
4. T2 父亲养育倦怠	1.37	0.54	0.31***	0.26***	-0.23***		
5. T3 初中生内化问题行为	0.27	0.18	0.05	0.11†	-0.10	0.19**	
6. T3 初中生外化问题行为	0.33	0.26	0.12†	0.09	-0.12†	0.32***	0.67***

注：†$p<0.10$，*$p<0.05$，**$p<0.01$，***$p<0.001$；T1，时间1；T2，时间2；T3，时间3。

（四）父亲养育倦怠的中介效应

以父亲养育压力与教养方式为自变量、养育倦怠为中介变量、初中生外化问题行为和初中生内化问题行为为因变量，构建结构方程模型。该模型拟合指数较好，$\chi^2=3.9$，$p=0.000$，CFI $=1.000>0.95$，NFI $=0.987>0.95$，

TLI = 1.019 > 0.95，RMSEA = 0.000 < 0.08，SRMR = 0.02 < 0.08（Hu & Bentler，1999；MacCallum et al.，1996）。路径分析结果如表 8.3 所示。

表 8.3　路径分析

路径	β	SE
直接效应		
养育压力→养育倦怠	0.22***	0.06
消极教养方式→养育倦怠	0.12†	0.08
积极教养方式→养育倦怠	-0.11†	0.07
养育倦怠→外化问题行为	0.32***	0.03
养育倦怠→内化问题行为	0.19**	0.02
间接效应		
养育压力→养育倦怠→外化问题行为	0.01**	0.01
养育压力→养育倦怠→内化问题行为	0.03**	0.01
消极教养方式→养育倦怠→外化问题行为	0.01*	0.01
消极教养方式→养育倦怠→内化问题行为	0.02*	0.01
积极教养方式→养育倦怠→外化问题行为	-0.01	0.01
积极教养方式→养育倦怠→内化问题行为	-0.02	0.01

注：† $p<0.10$，* $p<0.05$，** $p<0.01$，*** $p<0.001$。

如表 8.3 所示，养育压力对养育倦怠有正向的预测作用（$\beta=0.22$，$p<0.001$）。因此，假设 1 得到支持。消极教养方式（$\beta=0.12$，$p<0.10$）和积极教养方式（$\beta=-0.11$，$p<0.10$）对养育倦怠的预测作用都为边缘性显著，同样表明消极和积极的教养方式是养育倦怠的预测因素。因此，假设 2 得到支持。养育倦怠也能正向预测内化问题行为（$\beta=0.19$，$p<0.01$）和外化行为问题（$\beta=0.32$，$p<0.001$）。因此，假设 3 得到支持。

养育倦怠在父亲养育压力和初中生问题行为之间的中介作用显著（内化，$\beta=0.03$，$p<0.01$，95% CI 为［0.011，0.065］；外化，$\beta=0.01$，$p<0.01$，95% CI 为［0.003，0.035］）。因此，假设 4 得到支持。此外，在父亲消极教养方式和初中生问题行为之间的关系中，养育倦怠在其中的中介效应显著（内化，$\beta=0.02$，$p<0.05$，95% CI 为［0.003，0.062］；外化，$\beta=0.01$，$p<0.05$，95% CI 为［0.001，0.032］）。然而，在父亲积极教养方式和初中生问题行为之间的关系中，养育倦怠在其中的中介效应并不显著（内

化，$\beta = -0.02$，$p > 0.10$，95% CI 为［-0.059，0.002］；外化，$\beta = -0.01$，$p > 0.10$，95% CI 为［-0.027，0.001］）。因此，假设 5 得到部分支持。结果如图 8.5 所示。

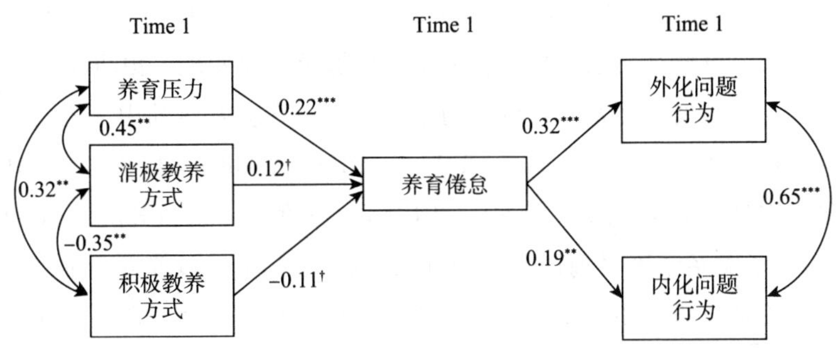

图 8.5　结构方程模型

说明：$\chi^2 = 3.9$，$p = 0.000$，CFI = 1.000 > 0.95，NFI = 0.987 > 0.95，TLI = 1.019 > 0.95，RMSEA = 0.000 < 0.08，SRMR = 0.02 < 0.08，$^{\dagger}p < 0.10$，$^{**}p < 0.01$，$^{***}p < 0.001$。

五　讨论

当父母的养育压力较大却长期得不到缓解（Mikolajczak et al.，2019）或采用消极的教养方式时（Mikolajczak et al.，2018b），父母就有可能会出现养育倦怠。倦怠的父母会增加对子女的忽视与暴力行为（Mikolajczak et al.，2018a），进而导致子女的内化和外化问题行为（Beckmann，2021）。本研究旨在探讨父亲的养育压力和教养方式通过养育倦怠对初中生的问题行为产生影响。总的来说，研究结果基本支持了假设。

本研究发现，父亲养育压力和教养方式可以预测养育倦怠，这与以往研究结论一致。当父亲的养育压力超过他们的应对资源时，父母倦怠的风险就会增加（Mikolajczak et al.，2019；Mikolajczak & Roskam，2020）。在中国，父亲受到“一家之主”传统观念的影响，可能会采取严厉的教养方式，如权威性控制。因此，他们不善于与子女交流，这进一步损害了亲子关系，反过来又增加了自身的养育倦怠水平（Holstein et al.，2021）。相反，父亲在采取积极教养方式的情况下，更有可能形成良好的亲子关系（Skinner et al.，2022），提高他们的养育效能感，并减少发生养育倦怠的可能性（Mikolajczak & Roskam，2020）。

此外，本研究结果还表明，父亲养育倦怠对初中生的内化问题行为和外化问题行为有预测作用。进入青春期，个体出现问题行为的风险升高。父亲作为与子女较为亲近的人（Silinskas et al., 2020），可能会对子女产生较大的影响。当他们出现养育倦怠时，可以更容易导致初中生出现问题行为（Mikolajczak et al., 2019; Roskam et al., 2018）。因此，以后的研究应该较多地关注父亲，以便在父亲出现养育倦怠时能够及时地发现、预防和干预。

本研究还发现了父亲养育倦怠的中介作用。在养育活动中，当父亲因感受到较高的养育要求（Meeussen & Laar, 2018; Mikolajczak et al., 2018b）、缺乏配偶支持（Mikolajczak et al., 2018b）、家庭收入低（Kawamoto et al., 2018）、亲子关系紧张（俞国良，2021），以及采用消极教养方式难以维持良好的亲子关系（龚榆超，2020）而长期面临养育压力时，就会出现养育倦怠。父亲可能出现与养育子女有关的无力感，并逐渐厌烦自身的父亲角色（Mikolajczak et al., 2019），从而可能会疏远子女（Mikolajczak et al., 2018a）。青春期是问题行为的高发期，当初中生感知到父亲的疏远时，就可能会损害他们的亲子关系，并导致初中生的自我怀疑和内化问题，如抑郁和退缩（沈梓锋等，2021）。此前研究还发现，经历倦怠的父母在日常养育活动中也会出现对子女的暴力行为（Mikolajczak et al., 2018a）。初中生的自尊心比童年时更强，父亲的暴力行为可能会增加他们的叛逆行为，进而导致他们问题行为的增加（丁鑫，2020）。因此，父亲的养育压力和消极教养方式可能通过父亲的养育倦怠间接影响初中生的内化问题行为和外化问题行为。

六 理论和实践意义

本研究探讨了中国文化背景下父亲养育倦怠的影响因素，以及父亲养育倦怠对初中生问题行为的预测作用，进一步提升了该领域对父亲养育倦怠的理解（Mikolajczak et al., 2019），丰富了父母养育倦怠与初中生问题行为之间的研究，并为养育倦怠对子女发展的负面影响提供了新的见解。以往关于养育方面的研究主要聚焦于母亲（Chen et al., 2021; Hubert & Aujoulat, 2018），然而，在养育活动中，父亲对子女的发展起着至关重要的作用。本研究从父亲的角度关注养育倦怠与养育压力、教养方式和问题行为之间的关系，为初中生问题行为的发现途径提供了理论和实践依据。

本研究进一步证明了父亲在养育方面的重要性。父亲需要意识到自身的养育倦怠（Roskam et al., 2018; Sorkkila & Aunola, 2020）、养育压力（Silinskas et al., 2020）和教养方式（Ong et al., 2018；Skinner et al., 2022）对子女成长的影响，还需要学会如何更好地缓解养育压力，从而以积极和支持的态度对待孩子，进而发展良好的亲子关系。社会应该为父亲提供较多的外部支持，以便他们能够及时应对养育活动中的挑战，并做出适当的、及时的调整。

七 研究局限和未来研究展望

研究为中国文化背景下的父亲养育倦怠提供了新的证据，需要注意的是，本研究仍然存在一些问题。首先，本研究采取方便抽样法，只选取中国中部一所中学的七年级学生和他们的父亲作为研究对象，没有涉及其他地区和年级的群体，所得结果的可推广性有待确定。因此，未来研究应该扩大抽样地区和年级，用不同背景的样本评估假设模型，以验证本研究结论的普遍性。

其次，本研究仅采用积极和消极两种较为普遍的方式分类，来评估父亲教养方式。有研究者指出，教养方式并不局限于积极和消极两个方面（Maccoby & Martin, 1983），不同的教养方式可能对父母及其子女有着不同的影响（Beckmann, 2021；Marcone et al., 2020）。因此，未来研究应该用更细化的教养方式来探究其与养育倦怠和初中生问题行为之间的关系。

最后，为避免共同方法偏差（Podsakoff et al., 2003），本研究采用时间滞后设计，并在统计分析中对父亲和初中生的问卷进行匹配，但还是不属于纵向设计。因此，未来研究可以采用其他数据收集及数据分析方法，如以首次收集的所有变量测量数据为基线数据，并采用潜变量增长模型，或在统计分析中采用交叉滞后模型来推断变量间的因果关系。

第三节 教育焦虑、养育倦怠与初中生学业倦怠

一 引言与问题提出

中国的传统成语“孟母三迁”，讲述的是母亲努力为子女找到最好的教育环境的事情，表明中国人自古以来就重视子女的教育问题。科举制度建立于隋朝，为出身普通的人提供了封官进爵的机会，同时也加强了对子女教育

评价的结果导向性。随着养育方式和环境的巨大转变，父母对子女教育产生了一种高期望甚至对教育失败产生了恐惧感，当子女没有达到自己的期望或预期时，父母便容易产生焦虑情绪（Nelson & Nelson，2010；Eibach & Mock，2011；Lan，2018）。

社会经济的快速发展为养育子女提供了更多的资源（Thompson et al.，1994；Hillman & Jenkner，2004），也加剧了社会竞争，促使父母愈加重视对子女的教育（Roskam et al.，2017）。具体来说，父母对教育失败的恐惧感增加，家长对教育过分投资，对孩子施加压力，期望过高，惧怕子女在教育竞争中失败，自身也产生过高的焦虑（成方琪，2019），对教育的过高期望和教育成果的不确定性体验已经成为中国父母面临的普遍问题。最近，热播电视剧《小舍得》真实地再现了"教育内卷""鸡娃式焦虑"等现象，引起了公众的广泛讨论与共鸣，说明了当代中国教育焦虑的普遍性。

（一）教育焦虑

"教育焦虑"一词最早出现在新闻报道中，普遍存在于中国社会（陈华仔、肖维，2014），得到了学者的广泛关注（成方琪，2019）。成方琪（2019）指出，教育焦虑来自父母对教育过程及结果的不确定性体验，教育焦虑主要表现为对子女学习机会、学业成绩和就业前景过度恐慌；因担心浪费子女学习时间而刻意回避，对子女学习和考试成绩过分敏感甚至对其课余生活过度控制等。此外，家长教育焦虑的内容还可能涉及子女成长的方方面面，如子女的身高、体型是否符合标准，学习动机是否强烈，是否有良好的学习习惯，是否擅长人际交往，等等。也就是说，父母的教育焦虑会在子女的各个发展阶段出现，取决于子女是否达到父母期望的水平。

由于中国独特的中考与高考的淘汰机制，学生的初中教育质量决定了他们是否能够进入重点高中学习，也决定了他们能否考上知名大学。因此，子女进入初中后，父母的教育焦虑开始变得更为凸显（常秀芹等，2020）。此外，处于青春期的子女，身心正在经历快速发展，自我意识开始觉醒，对独立的向往以及叛逆思维显现，在子女情绪波动较大的情况下，子女与父母沟通的难度增大（Bailen et al.，2019），目前的寄宿制初中也减少了子女与父母沟通的机会（Zhang & Cao，2018）。因此，亲子之间缺乏沟通可能会加剧父母的教育焦虑。

（二）教育焦虑与学业倦怠

教育焦虑是一种对子女综合成长的多方面的焦虑，教育焦虑的概念中也包括父母对子女成就的焦虑，而初中生的主要任务是学习，所以父母会焦虑子女的学业，焦虑他们是否会取得好的成绩，自己是否可以给子女良好的教育使他们的成绩更加优异。此外，父母的负面情绪会导致其在教育过程中减少采用积极教养行为，增加采用消极教养行为（Dallaire et al.，2006）。因此，父母教育焦虑在子女的教育过程中是百害而无一利的，并有可能在无形中增加子女在学业上的压力，导致子女产生学业倦怠（成方琪，2019）。

学业倦怠（learning burnout）一词是从工作倦怠中演变出来的，因为学生的日常生活包括结构化的活动，如上课和提交作业，这可以被视为“工作”（Lin & Huang, 2014）。学者指出，在学生的学习过程、课业压力、课业负担等方面都会出现情感耗竭、人格解体和个人成就感低的情况（Balogun et al.，1996；Lingard et al.，2007）。Walburg（2014）考察了高中生的学业倦怠，证实了学业倦怠的三维构造。此外，学业倦怠能够正向预测学生抑郁症的发生率和辍学现象。学业压力、同辈关系和学校参与等都是学业倦怠的风险因素。

根据社会学习理论（Bandura，1989），父母具有角色榜样的符号意义，父母是子女接触时间比较多的人，是他们的主要学习对象，子女在与父母的日常交流相处中学习到父母的情绪及行为的反应模式。比如，焦虑的父母在遇到压力和挫折的情况下可能会表现出紧张等负性情绪，当子女遇到压力时，他们也可能表现出一系列的负面症状，模仿他们父母的反应模式，产生紧张、焦虑和厌恶。具体来说，子女可能会失去对学习和学校活动的热情，与同学或朋友沟通困难，并可能无法从学习中获得成就感（吴艳等，2007）。此前研究也表明，父母的教育焦虑与子女的学业倦怠呈正相关关系（成方琪，2019）。因此，提出假设1：父母的教育焦虑与子女的学业倦怠呈正相关。

（三）教育焦虑与养育倦怠

根据风险－资源平衡理论（BR^2，Mikolajczak & Roskam，2018），养育倦怠源于高养育要求（养育完美主义、低情绪调节能力、不良养育习惯、缺乏家庭和配偶的支持等）和有限的养育资源（缺乏物质或情感支持等），可以概括为养育倦怠是在父母自身的养育资源难以应对较高的养育需求的情况下发生的。此外，对教育的高期望（父母的高要求）和对教育资源不足以满足子女需求的焦虑（父母的有限资源）是教育焦虑的主要来源（成方琪，2019）。因此，根据 BR^2 理论可以推出，教育焦虑很有可能是养育倦怠的前因变量，进一步提出假设 2：父母的教育焦虑与其养育倦怠呈正相关。

（四）养育倦怠与学业倦怠

养育倦怠和学业倦怠的概念都源于工作倦怠（Pines et al.，1981；Roskam et al.，2017）。虽然养育倦怠侧重于父母在养育过程中的内心体验（Roskam et al.，2018），而学业倦怠侧重于学生在学习过程中的主观感受（Farina et al.，2020），但二者有很大的重叠。基于社会学习理论（Bandura，1989），父母是子女的第一任老师、榜样和主要学习对象，子女会从父母那里获得知识，学习他们的行为和情绪表达方式（Bian et al.，2016）。当子女观察到父母的负面情绪体验（养育倦怠）时，就有可能会学习父母的表达方式，并相应地在学习环境中重现类似的情绪（学业倦怠）。因此，父母的养育倦怠可能是子女学业倦怠的前因。结合此前研究（成方琪，2019）与假设 2，提出假设 3：父母养育倦怠在其教育焦虑和子女学业倦怠之间起中介作用。

（五）家庭功能的调节作用

根据 BR^2 模型（Mikolajczak & Roskam，2018），养育方面的过度需求不一定会引起养育倦怠。具体来说，当父母的养育资源不足以满足需求时，焦虑的父母可能没有额外的资源来应对他们的焦虑，在这种情况下，教育焦虑可能会引起养育倦怠；然而，当父母有足够的资源来应对需求时，就有可能会避免养育倦怠的产生。因此，父母养育资源可能调节养育需求和养育倦怠之间的关系。家庭功能反映了家庭成员之间的亲密关系、相互支持和合作，也可以用来衡量个人感知到的社会支持和情感支持（张艳，2013），它还与个体的心理状态密切相关（Beavers & Voeller，1983），在家庭功能良好的情况下，各家庭成员之间彼此照顾有加，能够促进子女自尊和自我接纳能力的发展（包淑雅，2019）。因此，高水平的家庭功能意味着家庭可以为各个家庭成员提供重要的情感和社会支持（Danzeng et al.，2015），可以形成养育资源。

养育子女是夫妻双方共同的责任和义务（程华斌等，2021），二者扮演着不同的养育角色。具体来说，主要照顾者的角色可能比次要照顾者的角色更重要。当主要照顾者面临高育儿要求并经历教育焦虑时，来自次要照顾者的高家庭功能或来自其他家庭成员的社会支持可能会减少他们的养育压力，丰富家庭的养育资源。此前研究表明，社会支持可以降低父母的养育倦怠水平（Ardic, 2020; Szczygieł et al., 2020）。此外，伴侣支持不仅可以减少养育压力，还有助于平衡养育需求和资源（Séjourné et al., 2012; Parfitt & Ayers, 2014）。因此，提出假设 4：家庭功能在教育焦虑和养育倦怠之间起调节作用。

（六）研究目的及设计

综上所述，基于 BR^2 理论，本研究旨在探讨父母的教育焦虑对儿童学业倦怠的影响和机制，采用主要照顾者和子女的配对数据，以养育倦怠为中介变量，家庭功能为调节变量，构建有调节的中介模型。研究框架如图 8.6 所示。

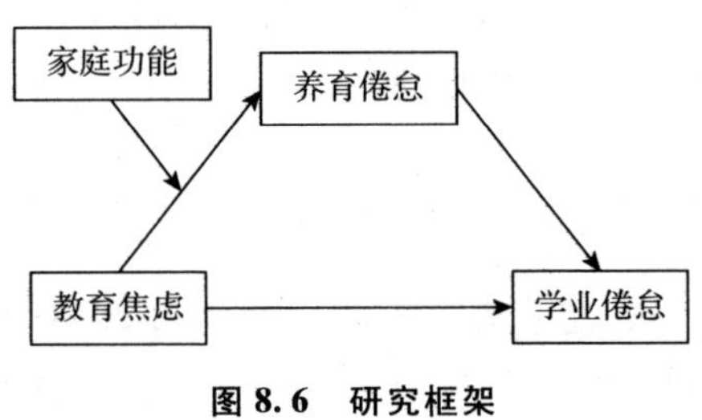

图 8.6　研究框架

二　研究方法

（一）研究对象

本研究采用方便取样的方法，选取开封市及郑州市两所中学初中生与其主要抚养者（父亲或母亲）为研究对象，进行配对数据的收集。采用纸质版问卷进行数据收集，学生问卷以班级为单位统一发放，填写完毕立即收回。家长问卷由学生当天晚上带回给父母填写，填写完毕后用信封密封，第二天由学生带回学校收回。家长填写教育焦虑问卷、养育倦怠问卷以及家庭关怀度问卷，学生填写学业倦怠问卷。研究参与者需要提供签名的知情同意书，其中详细说明是自愿参与调查，拒绝参与不会产生任何影响，而且可以随时退出。本次调查得到了笔者所在学术机构的研究伦理委员会的批准。

子女问卷包含“谁是你的主要照顾者?”,父母问卷包含“谁是孩子的主要照顾者?”。学生以父亲、母亲或其他人为选项，而父母则以自己、配偶或其他人为选项。如果父母和子女对主要照顾者的回答不一致，则排除配对。如果主要照顾者的答案是“其他”，也将其排除。最终匹配259组数据并进行统计分析。关于主要照顾者，有206名母亲（79.54%）和53名父亲（20.46%）；平均年龄为40.47（SD=3.76）岁；在受教育水平上，123人具有高中以下学历，126人具有本科以上学历，10人没有回答；在子女方面，有118名男生（45.56%），132名女生（50.97%），9人没有回答（3.47%），129名来自七年级，130名来自八年级，子女平均年龄为12.89（SD=0.69）岁。

（二）测量工具

（1）教育焦虑

教育焦虑问卷由武汉大学的成方琪（2019）编制，该量表由成就焦虑、能力焦虑、健康焦虑3个维度构成，共12个项目（如“我觉得自己非常缺乏教育孩子方面的知识”），采用Likert 5点计分法。该量表的Cronbach's α系数为0.872。

（2）养育倦怠

采用中文版的养育倦怠量表（Roskam et al.，2018；Cheng et al.，2020）。该量表采用Likert 7点计分法，共21个项目（如“我真的不知道该如何养育孩子了”），该量表的Cronbach's α系数为0.927。

（3）学业倦怠

采用吴艳等（2010）编制的青少年学业倦怠量表。该量表包括低成就感、学业疏离和身心耗竭3个维度，共16个项目（如“我学习太差了，真想放弃”）。采用Likert 5点计分法，从1“很不符合”到5“非常符合”，部分项目反向计分，得分越高，表明学业倦怠越严重。该量表的Cronbach's α系数为0.877。

（4）家庭功能

采用Smilkstein（1983）编制的家庭关怀度指数问卷（Family APGAR Index，APGAR），由Chen等（1980）进行修订。该问卷包含适应度、合作度、成长度、情感度和亲密度5个维度，共5个项目（如“当遇到问题时，可以从家人得到满意的帮助”）。每题包括3个选项，“经常这样”“有时这样”“几乎很少”，分别计2、1、0分，得分相加即总分。该量表的Cronbach's α系数为0.862。

(5) 人口学变量

人口统计学变量包括父母的年龄、性别、受教育水平及其子女的性别和年龄。

三 研究方法

采用 SPSS 22.0 以及 PROCESS 宏程序进行统计分析。具体包括对研究工具的信度检验、共同方法偏差检验，对收集数据的描述性统计分析、回归分析、Bootstrap 检验等。

四 研究结果

(一) 共同方法偏差

依据周浩和龙立荣的建议，采用 Harman 单因素检验法进行检测，将在研究中用到问卷的所有项目放到一起进行探索性因素分析，包括教育焦虑、养育倦怠、家庭功能和学业倦怠问卷。结果表明在未进行旋转时，特征根大于 1 的第一个主成分的方差解释率为 23.62% （小于 40%），因此本研究不存在严重的共同方法偏差问题（Ashford & Tsui，1991）。进一步使用“控制未测量单一方法潜因子法”对共同方法偏差进行检验（Podsakoff et al.，2003）。首先，建构验证性因素分析模型 M1，让每一个概念的项目都负荷到其原所属概念上。其次，构建包含方法因子的模型 M2，使各项目都负荷到该潜在变量上，并强制路径系数相等。结果表明，该潜变量可以解释各项目变异的 2.4%，低于已发表文献中的中位数 25% （Williams et al.，1989）。因此，本研究的共同方法偏差不明显。

(二) 各变量的描述性统计及相关分析

对教育焦虑、养育倦怠与学业倦怠进行独立样本 t 检验，考察各变量在人口学变量上的差异。结果表明，教育焦虑、养育倦怠和家庭功能在父母的性别上无显著差异（教育焦虑，$t = -0.08$，$df = 251$，*n. s.*；养育倦怠，$t = -0.96$，$df = 251$，*n. s.*；家庭功能，$t = 1.46$ ，$df = 251$，*n. s.*）；在教育水平上也无显著差异（教育焦虑，$t = -0.08$，$df = 251$，*n. s.*；养育倦怠，$t = -0.96$，$df = 251$，*n. s.*；家庭功能，$t = 1.46$，$df = 251$，*n. s*）。此外，学业倦怠在学生群体上无显著差异（$t = -0.72$，$df = 248$，*n. s.*）。各变量的描述性统计与相关分析如表 8.4 所示。

表 8.4 各变量的描述性统计与相关分析

变量	M	SD	1	2	3	4	5	6	7	8	9
1	1.49	0.78	1								
2	13.83	1.01	0.88**	1							
3	41.99	0.91	0.81**	0.52**	1						
4	40.88	0.90	0.75**	0.50**	0.51**	1					
5	1.64	0.75	0.45**	0.42**	0.32**	0.36**	1				
6	1.79	0.61	0.21**	0.19**	0.24**	0.06	0.23**	1			
7	2.08	0.89	0.10	0.06	0.17**	-0.01	0.18**	0.76**	1		
8	2.00	0.72	0.21**	0.19**	0.24**	0.06	0.28**	0.83**	0.57**	1	
9	3.00	0.71	0.20**	0.19**	0.19**	0.09	0.13*	0.83**	0.37**	0.51**	1
10	3.04	0.51	-0.20**	-0.20**	-0.17	-0.09	-0.27**	-0.25**	-0.16**	-0.22**	-0.23**

注：1 = 教育焦虑，2 = 成就焦虑，3 = 能力焦虑，4 = 健康焦虑，5 = 养育倦怠，6 = 学业倦怠，7 = 身心耗竭，8 = 学业疏离，9 = 低成就感，10 = 家庭功能；* $p < 0.05$，** $p < 0.01$。

（三）有调节的中介效应检验

依据温忠麟和叶宝娟（2014）的建议，本研究采用多元回归分析来检验教育焦虑对学业倦怠的直接影响，以及养育倦怠的中介作用和家庭功能的调节作用。在第一个模型中，将教育焦虑作为自变量，学业倦怠作为因变量。在第二个模型中，加入养育倦怠作为自变量。在第三个模型中，将养育倦怠作为因变量，将教育焦虑、家庭功能，以及二者的交互项作为自变量。回归分析结果如表 8.5 所示。

表 8.5　回归分析结果

变量	方程一		方程二		方程三	
	学业倦怠		学业倦怠		学业倦怠	
	β	t	β	t	β	t
教育焦虑	0.21	3.45**	0.13	1.96+	0.46	8.18***
家庭功能					-0.14	-2.56*
教育焦虑×家庭功能					-0.20	-3.68***
养育倦怠			0.17	2.57*		
R^2	0.04		0.07		0.27	
ΔR^2	0.04		0.03		0.27	
F	11.91**		9.39***		31.958***	

注：$^{+}p<0.10$，$^{*}p<0.05$，$^{**}p<0.01$，$^{***}p<0.001$。

父母教育焦虑对子女学业倦怠有正向预测作用（$\beta=0.21$，$t=3.45$，$p<0.01$），假设 1 得到支持；当加入养育倦怠后，父母养育倦怠对学业倦怠有显著预测作用（$\beta=0.17$，$t=2.57$，$p<0.05$），教育焦虑对学业倦怠的预测作用有所降低（$\beta=0.13$，$t=1.96$，$p<0.10$），假设 2 得到支持；此外，教育焦虑（$\beta=0.46$，$t=8.18$，$p<0.001$）、家庭功能（$\beta=-0.14$，$t=-2.56$，$p<0.05$），以及教育焦虑和家庭功能的交互项（$\beta=-0.20$，$t=-3.68$，$p<0.001$）都能够预测学业倦怠，假设 3 得到支持。

采用 Process 插件中的模型 14（Hayes，2013），以父母教育焦虑为自变量、养育倦怠为中介变量、家庭功能为调节变量、子女学业倦怠为自变量分别进行有调节的中介效应检验。依据方杰等（2014）的建议，采用非参数 Bootstrapping 方法（$n=5000$），并使用 Bias-corrected bootstrapping 法计算 95% 的置信区间。结果显示，该模型是显著的（中介效应 = -0.015，SE =

0.010，95% CI 为［-0.042，-0.002］）。中介效应检验结果如表 8.6 所示。

表 8.6　中介效应检验结果

变量	家庭功能	中介效应	SE	95% 置信区间	
				下限	上限
养育倦怠	M - SD	0.122	0.062	0.016	0.264
	M	0.083	0.039	0.012	0.168
	M + SD	0.044	0.021	0.009	0.094

为进一步探讨家庭功能的调节作用，我们进行了简单斜率检验（见图 8.7），无论家庭功能水平高低，教育焦虑对养育倦怠都有正向的预测作用。在家庭功能较低时，教育焦虑对养育倦怠的预测作用（效应值 =0.15，t = 7.57，p <0.001）要高于家庭功能较高的组（效应值 =0.12，t =3.36，p <0.001）。结果表明，家庭功能可以帮助主要照顾者应对教育焦虑的消极影响，并进一步支持了假设 3。

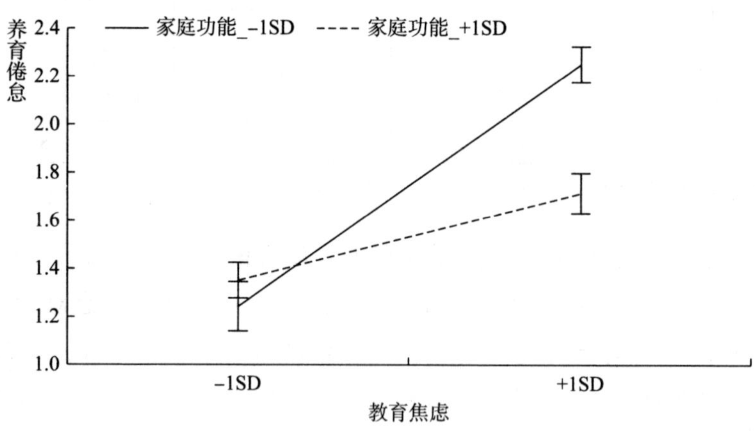

图 8.7　家庭功能的调节作用

五　讨论

目前，父母对子女教育的关注和投入的资源较多，期望值较高。此外，由于教育结果的不确定性，家长的教育焦虑也越来越普遍。以往研究表明，教育焦虑不仅会对父母的睡眠质量产生负面影响，而且还会加剧子女的学业倦怠（成方琪，2019）。然而，少有研究从子女角度关注教育焦虑对学业倦怠的影响并探讨其内部机制。因此，本研究通过使用配对数据，构建有调节的中介模型，考察了父母养育倦怠的中介效应和家庭功能的调节效应。本研究假设基本上得到了支持。

虽然“教育焦虑”一词在各种新闻报道中很常见，但对这一社会现象的实证研究却很少（李金洲，2021）。本研究根据中国家庭教育的特点和现状，考察了教育焦虑和养育倦怠之间的关系。结果表明，父母的教育焦虑可能与其养育倦怠呈显著正相关，这一结果支持了养育倦怠的 BR^2 理论（Mikolajczak & Roskam, 2018）。此外，父母的教育焦虑可能部分源于完美主义，而完美主义也是父母倦怠的前因（Meeussen & Laar, 2018；Furutani et al.，2020）。此后研究应该进一步控制完美主义的影响，并研究教育焦虑和养育倦怠之间的关系。

依据 BR^2 模型，对高教育期望的焦虑、教育结果的不确定性的担忧以及对教育失败的恐惧，都可以作为养育需求。当这些需求超过父母的资源时，可能会导致资源枯竭，从而产生养育倦怠。本研究为探索父母养育倦怠的前因后果提供了一个新的视角。因此，可以通过降低教育焦虑来对养育倦怠进行预防和干预。家长应采取科学的养育方法，调整他们的养育期望，并制定可行的养育目标，以减少教育焦虑和养育倦怠。

父母的教育行为中最重要的是亲子之间的互动（郭东艳，2011）。焦虑程度高的家长可能会难以调整自己的行为。加之较高的期望值，他们可能会更强调子女知识和技能的学习，而忽视了子女的情感需求，进一步导致不恰当的养育行为。例如，迫使子女参加过多的辅导班、减少子女的休息和娱乐时间等。与此同时，初中生却没有意识到父母的期望。因此，父母的消极教养行为可能会损害亲子关系，导致亲子冲突（韩海棠，2018），从而破坏亲子关系，进而使子女遭受严重的心理伤害。

本研究进一步探讨了养育倦怠在教育焦虑与子女学业倦怠之间的关系。研究结果为解释教育焦虑对学业倦怠的影响机制提供了新的证据。此外，有研究表明工作倦怠和婚姻倦怠呈正相关（Pines et al.，2011；Dacey，2019），本研究也进一步拓展了相关研究，表明不同类型的倦怠可能相互关联。未来研究应该采用更全面的视角，从家庭的角度研究养育倦怠和父母婚姻倦怠之间的关系，从工作的角度研究工作倦怠，从子女发展的角度研究学业倦怠。

根据社会学习理论（Bandura，1989），父母作为榜样，是子女的主要学习对象。儿童不仅观察父母的行为，还能捕捉父母的情绪反应，并将父母的行为模式和情绪反应内化，并在某些情况下重现（Bandura，1989；Bian et al.，2016）。养育倦怠的父母在与子女互动时，往往会表现出一系列的负面症状，如心理疏离、情绪冷漠和逃避责任（Roskam et al.，2018），子女观察并学习这些反应，将其表现在日常生活中。具体来说，在教育背景下，子女可能会表现出相应的学业倦怠。因此，倦怠的相关症状会从父母传递给子女。

从 BR^2 模型的角度来看，养育倦怠是养育要求和资源之间长期不平衡的结果。因此，养育资源在养育要求和养育倦怠的关系中起着调节作用。家庭不仅是养育活动的主要场所（程华斌等，2021），也是亲密关系、伴侣沟通和亲子互动的基础领域（Liu et al.，2018）。因此，家庭可能为养育活动提供主要资源。较高水平的家庭功能是家庭功能发挥作用的理想状态（Lv & Gu，2005），因此可以被视为养育资源。本研究考察家庭功能对教育焦虑和养育倦怠的调节作用。结果显示，与低水平家庭功能相比，高家庭功能的个体在教育焦虑增加时表现出较少的养育倦怠。因此，为了避免产生养育倦怠，个人应该努力丰富自己的养育资源，并在遇到焦虑时及时寻求其他家庭成员的帮助。

此外，本研究在实践方面也有所贡献。从父母的角度来看，他们应该制定科学的养育目标，避免出现焦虑状况。同时，应该警惕焦虑或倦怠的症状，防止将这些情绪传递给子女。家庭咨询师应注重建立和改善教育焦虑父母的家庭功能，并引导他们的家人、伴侣或其他成员提供足够的支持。

六　研究局限和未来研究展望

本研究有以下几点局限性。第一，本研究对主要照顾者和子女采用了成对数据收集的方法，但横断研究无法推论变量之间因果关系的结果。未来研究应该采用纵向研究设计，在多个时间点收集数据，从而更深入地研究变量之间的关系。第二，初中是子女教育的关键时期，他们的生理和心理特征处于快速发展阶段。因此，初中生及其父母是研究教育焦虑、养育倦怠和学业倦怠的理想对象。然而，养育活动是长期的亲子互动过程，不同年龄的幼儿、儿童和初中生有不同的身心发展任务，父母也有不同的养育压力。因此，在儿童的不同发展阶段，父母可能会有不同程度的教育焦虑或养育倦怠。但本研究只包括初中生及其父母，所得结果是否可以推广到其他发展阶段的父母及其子女，还需要进一步探讨。第三，本研究主要关注教育焦虑对学业倦怠的整体影响，并未探究教育焦虑的各个维度与学业倦怠之间的关系。未来研究可以关注这些问题，并进行细致的设计，探讨各个维度之间的关系。

参考文献

包华，2006，《内化与外化问题行为中学生的归因特点研究》，硕士学位论文，曲阜师范大学。

包淑雅，2019，《中学生家庭关怀度、同伴关系与自尊的研究》，硕士学位论文，山东大学。

卞赛薇、魏永婷，2020，《手术室护士自我怜悯、应对方式与职业倦怠的相关性分析》，《中华现代护理杂志》第8期。

常秀芹、靳小玲、董伟，2020，《在裹挟中纠结与妥协：家长教育焦虑现状的质性研究》，《唐山师范学院学报》第4期。

陈福美、苑春永、王耘等，2018，《父母冲突对3～5岁幼儿问题行为的影响机制：亲子关系和情绪反应强度的作用》，《中国临床心理学杂志》第4期。

陈华仔、肖维，2014，《中国家长“教育焦虑症”现象解读》，《国家教育行政学院学报》第2期。

陈京军、范兴华、程晓荣等，2014，《农村留守儿童家庭功能与问题行为：自我控制的中介作用》，《中国临床心理学杂志》第2期。

陈天勇、韩布新、李德明，2003，《工作记忆中央执行功能研究新进展》，《南京师大学报》（社会科学版）第5期。

成方琪，2019，《父母教育焦虑的产生、影响及作用机制研究》，硕士学位论文，武汉大学。

程华斌、刘霞、李艺敏等，2021，《养育是一种幸福的体验吗？养育倦怠述评》，《心理发展与教育》第1期。

程华斌，2020，《养育倦怠评估量表的修订及试用报告》，硕士学位论文，河南大学。

程丽萍、王玮、王胜男等，2021，《依恋风格与母亲养育倦怠：应对方式的中介作用》，《中国临床心理学杂志》第6期。

程祁，2009，《家庭文化资本及其对幼儿数学学习的影响研究》，硕士学位论文，华东师范大学。

迟新丽、陈诗韵、王秋英等，2021，《家庭功能对青少年问题行为的影响：有调节的中介效应》，《中国临床心理学杂志》第2期。

崔亚男，2018，《促进高中生证据推理能力的化学实验教学研究》，硕士学位论文，广西师范大学。

邓珂文、尹霞云、姜圣秋，2016，《幼儿情绪行为问题与父亲参与教养的关系》，《当代教育理论与实践》第3期。

邓丽芳、徐田丽、郑日昌，2009，《大学生家庭功能与情绪表达性、情感体验的关系》，《心理发展与教育》第4期。

邓云龙、潘辰、唐秋萍等，2007，《儿童心理虐待与忽视量表的初步编制》，《中国行为医学科学》第2期。

丁鑫，2020，《小学高段学生问题行为与父母教养方式、亲子关系的关系研究》，硕士学位论文，西南大学。

董光恒，2005，《3～5岁幼儿自我控制能力结构验证性因素分析及其发展特点的研究》，硕士学位论文，辽宁师范大学。

段飞艳、李静，2012，《近十年国内外隔代教养研究综述》，《上海教育科研》第4期。

范秀娟，2001，《小班新入园幼儿适应性情况的调查研究》，《上海教育科研》第3期。

方杰、温忠麟、张敏强等，2014，《基于结构方程模型的多重中介效应分析》，《心理科学》第3期。

方晓义、董奇，1998，《初中一、二年级学生的亲子冲突》，《心理科学》第2期。

费立鹏、沈其杰、郑延平等，1991，《“家庭亲密度和适应性量表”和“家庭环境量表”的初步评价——正常家庭与精神分裂症家庭成员对照研究》，《中国心理卫生杂志》第5期。

费孝通，1998，《乡土中国生育制度》，北京大学出版社。

冯琳琳，2015，《父母心理控制和行为控制研究述评》，《中国健康心理学杂志》第12期。

冯喜珍、王京、宋丽娜等，2001，《幼儿入园适应行为研究》，第九届全国心理学学术会议文摘选集，广东广州。

付瑶，2018，《学前儿童父辈与祖辈教养冲突的研究》，硕士学位论文，四川师范大学。

高黎亚，2010，《2～3岁婴幼儿数概念发展及其家庭亲子数学互动的研究》，硕士学位论文，华东师范大学。

高书国、张卜琪，2021，《中学生父亲在位与社会交往能力的关系研究》，《教育与教学研究》第11期。

高雯、朱进慧、方臻，2020，《父亲参与教养对小学生攻击行为的影响：母亲育儿压力的部分中介效应》，《心理发展与教育》第1期。

龚榆超，2020，《父母教养方式对亲子关系影响的实证研究——基于中国教育追踪调查的数据》，《中小学心理健康教育》第28期。

顾芬芬，2005，《分析隔代教育利弊原因及解决方法》，上海市闵行区家庭教育现代化试点学校校长会议正式材料打印稿。

郭东艳，2011，《初中生问题行为与亲子沟通的关系研究》，硕士学位论文，内蒙古师范大学。

郭海英、刘方、刘文等，2017，《积极青少年发展：理论、应用与未来展望》，《北京师范大学学报》(社会科学版)第6期。

郭佳乐，2018，《父亲参与教养与3～6岁幼儿独立性相关研究》，硕士学位论文，河北师范大学。

郭筱琳，2014，《隔代抚养对儿童言语能力、执行功能、心理理论发展的影响：一年追踪研究》，《中国临床心理学杂志》第6期。

韩海棠，2018，《中产阶层家长的教育焦虑：现状、问题与原因》，硕士学位论文，华中科技大学。

韩磊、许玉晴、孙月等，2019，《亲子冲突对青少年社交回避与苦恼的影响：情绪管理和安全感的链式中介作用》，《中国特殊教育》第7期。

韩丕国、林庆楠、卞玉龙等，2018，《羞怯对小班幼儿内化问题行为的预测：师幼关系的调节作用》，《中国临床心理学杂志》第6期。

郝金莲、陈素芬、贺彦丽等，2014，《学龄前儿童焦虑情绪与父母亲职压力的关联分析》，《中国儿童保健杂志》第3期。

侯娟、蔡蓉、方晓义，2010，《夫妻依恋风格、婚姻归因与婚姻质量的关系》，《应用心理学》第1期。

侯莉敏、罗兰兰、吴慧源，2019，《祖辈教养方式与农村留守幼儿问题行为的关系：师幼关系的调节作用》，《学前教育研究》第7期。

侯忠伟，2007，《父母参与教养、共同教养与儿童行为的关系》，硕士学位论文，山东师范大学。

胡宁、邓林园、张锦涛等，2009，《家庭功能与青少年问题行为关系的追踪研究》，《心理发展与教育》第4期。

胡平、孟昭兰，2000，《依恋研究的新进展》，《心理学动态》第2期。

黄瑾，2006，《家庭与儿童早期数学认知能力发展》，《幼儿教育》（教育科学版）第11期。

黄小凡，2021，《初中生父母控制与亲子冲突的关系共情的中介作用》，硕士学位论文，闽南师范大学。

黄月胜、谭青蓉，2019，《亲子分离与农村小学留守儿童的同伴接纳：社交淡漠的中介作用》，《中小学心理健康教育》第27期。

贾晓明、郭潇萌，2015，《大学生分离个体化与其亲密关系适应的关系研究》，《北京理工大学学报》（社会科学版）第1期。

贾晓珊、朱海东、孙桂芹，2022，《主观社会地位与青少年消极冒险行为的关系：自我控制的中介作用和性别的调节作用》，《中国健康心理学杂志》第2期。

姜乾金，2001，《领悟社会支持量表》，《中国行为医学科学》第10期。

蒋启梦、周楠，2020，《中国隔代教养和幼儿健康关系的研究进展》，《中国学校卫生》第12期。

解梦园、范露丹、王玮等，2021，《养育倦怠在父亲心理控制与子女攻击行为和抑郁间的中介作用》，《河南大学学报》（医学版）第5期。

解亚宁，1998，《简易应对方式量表信度和效度的初步研究》，《中国临床心理学杂志》第2期。

金艳，2006，《不同依恋类型的大学生心理健康研究》，硕士学位论文，江西师范大学。

鞠文静、朱立婉、王苗等，2021，《大学生10岁前心理攻击和体罚对焦虑及健康危险行为的影响》，《中国学校卫生》第5期。

寇建华、杜亚松、夏黎明，2007，《长处和困难问卷（学生版）上海常模的制订》，《中国健康心理学杂志》第1期。

黎志华、尹霞云、蔡太生等，2012，《父亲参与教养程度、父子依恋关系对儿童亲社会行为的影响》，《中国临床心理学杂志》第5期。

李金洲，2021，《中小学生家长教育焦虑的形成机理研究》，硕士学位论文，重庆工商大学。

李菁菁、窦凯、聂衍刚，2018，《亲子依恋与青少年外化问题行为：情绪调节自我效能感的中介作用》，《中国临床心理学杂志》第6期。

李婧，2020，《初中生父母心理控制、友谊质量与问题行为的关系及其干预研究》，硕士学位论文，渤海大学。

李丽，2009，《从生物本能到人类道德的超越——达尔文论人类道德进化机制的复杂性》，《南京林业大学学报》（人文社会科学版）第4期。

李露、叶宝娟、倪林英等，2020，《家庭亲密度对大学生亲社会行为的影响：有调节的中介效应》，《中国临床心理学杂志》第1期。

李美华，2006，《不同年级和学业成绩儿童青少年执行功能发展研究》，博士学位论文，天津师范大学。

李萌，2015，《幼儿父亲角色研究》，硕士学位论文，南京师范大学。

李晴霞，2001，《试论幼儿教育中的隔代教养问题》，《学前教育研究》第3期。

李若璇、朱文龙、刘红瑞等，2018，《家长教育期望对学业倦怠的影响：家长投入的中介及家庭功能的调节》，《心理发展与教育》第4期。

李松、冉光明、张琪等，2019，《中国背景下自我效能感与心理健康的元分析》，《心理发展与教育》第6期。

李晓巍，2016，《父亲教育参与对幼儿社会适应的影响》，《中国临床心理学杂志》第5期。

李晓巍、魏晓宇，2017，《父亲参与的现状及其与幼儿社会能力的关系——母亲教养效能的中介作用》，《北京师范大学学报》（社会科学版）第5期。

李晓巍、谢娟、宋雅婷，2016，《祖辈-父辈共同养育的特点及其与母亲养育压力、幼儿问题行为的关系》，《中国特殊教育》第4期。

李亚林、鞠睿、张珊珊等，2022，《留守中学生自我控制和外化问题行为的关系：链式中介效应分析》，《中小学心理健康教育》第17期。

李彦章、许东民，2001，《父母教养方式问卷的编制及试用》，《第三军医大学学报》第12期。

李艳，2019，《国外关于“家长参与”研究的问题域分析》，《比较教育研究》第4期。

李燕，2001，《通过数学排序活动对幼儿进行思维训练初探》，《广西教育》第Z3期。

李阳阳，2017，《父亲参与教养与3~6幼儿自理能力的相关研究——以河北省石家庄市为例》，硕士学位论文，河北师范大学。

李永鑫，2003，《工作倦怠及其测量》，《心理科学》第3期。

李永鑫、李艺敏，2014，《职业健康心理学：本土化的研究》，中国科学技术出版社。

李永鑫、吴瑞霞，2009，《婚姻倦怠问卷的信效度检验》，《中国临床心理学杂志》第3期。

李永鑫、张阔、赵国祥，2005，《工作倦怠结构的验证性因素分析》，《心理学探新》第4期。

李永占，2018，《父母教养方式对高中生学习投入的影响：一个链式中介效应模型》，《心理发展与教育》第5期。

李志红、杨林华、朱丽莎等，2018，《父母养育心理灵活性问卷中文版的信效度初步研究》，《中国心理卫生杂志》第2期。

李卓悦，2015，《成人依恋、应对风格与心理压力关系研究》，硕士学位论文，哈尔滨工程大学。

林崇德，2018，《发展心理学》，人民教育出版社。

林崇德，2013，《发展心理学》，人民教育出版社。

林崇德，2003，《心理学大辞典》，上海教育出版社。

林兰、高珠峰，2020，《小班幼儿入园适应过程中的冲突与规约应对——基于儿童立场的质性研究》，《学前教育研究》第9期。

林昕潞，2019，《华侨留守儿童亲子亲合、友谊质量与孤独感的现状及关系》，硕士学位论文，浙江理工大学。

凌琳，2019，《幼儿家庭教育中“父母一致性”问题的探析》，《才智》第14期。

刘春雷、霍珍珍、梁鑫，2018，《父母教育卷入对小学生学习投入的影响：感知母亲教育卷入和学业自我效能感的链式中介作用》，《心理研究》第5期。

刘电芝，2006，《小学四年级儿童简算策略获得的认知发展实验研究》，中国心理学会发展心理学专业委员会、中国心理学会教育心理学专业委员会二〇〇六年度学术年会，广东广州。

刘广增、张大均、朱政光等，2020，《家庭社会经济地位对青少年问题行为的影响：父母情感温暖和公正世界信念的链式中介作用》，《心理发展与教育》第2期。

刘河舟，2018，《母亲教养能力感、教养压力、心理控制与智力障碍儿童问题行为的关系》，硕士学位论文，上海师范大学。

刘靖东、钟伯光、姒刚彦，2013，《自我决定理论在中国人人群的应用》，《心理科学进展》第10期。

刘莉、吴倩，2021，《父母心理攻击与儿童问题行为：另一方父母支持的调节作用》，《中国临床心理学杂志》第6期。

刘梦祺，2020，《隔代教养儿童社交退缩问题的小组工作研究》，硕士学位论文，大连海事大学。

刘世杰，2012，《分离——个体化研究综述》，《青年文学家》第1期。

刘贤臣、戴郑生、唐茂芹等，1994，《抑郁自评量表（SDS）医学生测查结果的因子分析》，《中国临床心理学杂志》第3期。

刘亚鹏、邓慧华、张光珍等，2015，《父母养育压力对儿童问题行为的影响：养育方式的中介作用》，《心理发展与教育》第3期。

刘玉莹，2012，《5～6岁儿童排序与推理能力发展研究》，硕士学位论文，陕西师范大学。

刘洊、方晓义、兰菁等，2020，《工作家庭冲突对婚姻质量的即时和长时效应：配偶支持的中介作用》，《中国临床心理学杂志》第5期。

路阳阳，2018，《隔代教养对幼儿生活自理能力的影响研究》，硕士学位论文，信阳师范学院。

罗杰、戴晓阳，2015，《人格测验中条目呈现方式与记分方式的效应初探》，《中国临床心理学杂志》第2期。

罗杰、戴晓阳，2015，《中文形容词大五人格量表的初步编制Ⅰ：理论框架与测验信度》，《中国临床心理学杂志》第3期。

罗娟、杨彩霞、朱晓宇等，2020，《社会支持对家庭育儿压力的缓解作用——基于儿童早期发展社区家庭支持服务项目的分析》，《学前教育研究》第7期。

罗云、陈爱红、王振宏，2016，《父母教养方式与中学生学业倦怠的关系：自我概念的中介作用》，《心理发展与教育》第1期。

骆承烈，2008，《孟子论孝与“无后为大”》，《孔子研究》第2期。

马虹、姚梅林、吉雪岩，2015，《家长投入对中小学生学业投入的影响：有中介的调节模型》，《心理发展与教育》第6期。

缪子梅、闫明，2013，《大学新生父母教养方式、应对效能和心理适应性的关系》，《中国健康心理学杂志》第8期。

牛凯宁、李梅、张向葵，2021，《青少年友谊质量和主观幸福感的关系：一项元分析》，《心理发展与教育》第3期。

潘允康、林南，1992，《中国的纵向家庭关系及对社会的影响》，《社会学研究》第6期。

彭咏梅、刘琴、周世杰，2012，《父母教养能力感量表在中国小学生父母中的因素结构研究》，《中国临床心理学杂志》第2期。

齐晓安，2009，《社会文化变迁对婚姻家庭的影响及趋势》，《人口学刊》第3期。

阙攀，2011，《隔代教育的不良影响及解决对策》，《盐城师范学院学报》（人文社会科学版）第2期。

任文香，1995，《幼儿母亲亲职压力、因应策略与亲子关系满意之间关系研究》，硕士学位论文，台湾师范大学。

沈卫华，2001，《论祖孙关系在幼儿家庭教育中的作用》，《湖州师范学院学报》第5期。

沈智豪、刘倩华、余俊毅等，2014，《大学生安全感与家庭环境因素的关系》，《中国健康心理学杂志》第1期。

沈梓锋、黄丽梅、叶铭姗等，2021，《父母心理控制对青少年问题行为的影响：亲子关系的中介作用》，《贵州师范学院学报》第12期。

生笑笑、李静雅、牛骅等，2019，《父母严厉管教与青少年外化问题行为的关系：青春发育时相与性别的调节作用》，《中国临床心理学杂志》第

6 期。
石贤磊，2015，《1.5 岁～2.5 岁婴儿数概念的发展与母婴数学互动的关系研究》，硕士学位论文，西南大学。
苏林雁、李雪荣、蒋少艾，1991，《家庭因素对幼儿行为的影响》，《中国心理卫生杂志》第 5 期。
苏英、郭菲、陈祉妍，2019，《父亲共同养育与儿童行为问题的关系：母亲焦虑及心理控制的多重中介作用》，《中国临床心理学杂志》第 6 期。
孙丽萍、鞠佳雯、蒋柳青等，2018，《父母心理控制与青少年焦虑的关系：一项交叉滞后研究》，《心理发展与教育》第 6 期。
谭恒，2017，《农村初入园幼儿适应对教师教育观念与行为意识的冲击——基于隔代教养的分歧》，《成都师范学院学报》第 10 期。
谭树华、郭永玉，2008，《大学生自我控制量表的修订》，《中国临床心理学杂志》第 5 期。
陶沙，2000，《从生命全程发展观论大学生入学适应》，《北京师范大学学报》（人文社会科学版）第 2 期。
田微微、杨晨晨、孙丽萍等，2018，《父母冲突对初中生外显问题行为的影响：亲子关系和友谊质量的作用》，《中国临床心理学杂志》第 3 期。
涂翠平、夏翠翠、方晓义，2008，《西方心理分离的研究回顾》，《心理科学进展》第 1 期。
汪向东、王希林、马弘，1999，《心理卫生评定量表手册》，中国心理卫生杂志社。
汪鑫鑫、王娟、谢晗等，2020，《自闭症儿童母亲的教养自我效能感、社会支持与主观幸福感的关系》，《心理技术与应用》第 6 期。
王登峰，1995，《Russell 孤独量表的信度与效度研究》，《中国临床心理学杂志》，第 1 期。
王登峰、崔红，2006，《人格结构的行为归类假设与中国人人格的文化意义》，《浙江大学学报》（人文社会科学版）第 1 期。
王静、张雨青、梁永亮，2005，《Achenbach 初中生自评量表在北京市中学生中的测查结果分析》，《中国临床心理学杂志》第 2 期。
王美芳、刘莉、金英娣，2015，《父母心理攻击与小学儿童焦虑的关系：儿童自尊的中介作用》，《中国临床心理学杂志》第 2 期。

王美芳、王学思、杨肖肖等，2017，《父母拒绝与儿童青少年心理适应的关系：另一方父母接受的调节作用》，《中国临床心理学杂志》第2期。

王青，2017，《隔代教育背景下幼儿问题行为研究》，硕士学位论文，河南师范大学。

王清莉，2018，《高中生父母拒绝、学业自我概念与学业成绩的关系及建议》，硕士学位论文，河南大学。

王秋英、黄巧敏、刘晓凤等，2020，《家庭功能对青少年早期外化问题行为的影响：心理韧性的中介作用和性别的调节作用》，《心理与行为研究》第5期。

王瑞晴，2019，《城市隔代教养冲突对儿童行为问题的影响》，硕士学位论文，中国青年政治学院。

王玮、王胜男、程华斌等，2021a，《父亲养育倦怠在养育压力与青少年心理健康之间的中介作用》，《中国临床心理学杂志》第4期。

王玮、王胜男、程华斌等，2021b，《简式养育倦怠量表中文版的修订》，《中国心理卫生杂志》第11期。

王玮、王云鹤、宋婷婷等，2022，《父母养育倦怠与幼儿问题行为——幼儿自我控制的中介作用》，《信阳师范学院学报》（哲学社会科学版）第3期。

王秀玲，2007，《论婚姻社会功能的嬗变及其价值回归》，《海南师范大学学报》（社会科学版）第4期。

王艳辉、李董平、孙文强等，2017，《亲子依恋与初中生亲社会行为：有调节的中介效应》，《心理学报》第5期。

王跃生，2006，《当代中国家庭结构变动分析》，《中国社会科学》第1期。

王征宇、迟玉芬，1984，《焦虑自评量表（SAS）》，《上海精神医学》第2期。

魏燕，2006，《幼儿问题行为的家庭原因分析》，《中华女子学院学报》第3期。

温小艳，2014，《高中生依恋、自尊与学习压力应对方式的关系研究》，硕士学位论文，福建师范大学。

温忠麟、叶宝娟，2014，《中介效应分析：方法和模型发展》，《心理科学进展》第5期。

温忠麟、张雷、侯杰泰等，2004，《中介效应检验程序及其应用》，《心理学报》第5期。

文萍、张莉、李红等，2007，《儿童执行功能对数学能力的预测模型》，《心理发展与教育》第3期。

吴海霞，2009，《母亲教养方式、母子依恋与小班幼儿入园适应的关系研究》，硕士学位论文，首都师范大学。

吴佳铭、李广隽、赵红，2017，《中文版简易共同养育量表的信度和效度的研究》，《中国妇幼健康研究》第4期。

吴薇莉、方莉，2004，《成人依恋测量研究》，《中国临床心理学杂志》第2期。

吴薇莉、张伟、刘协等，2004，《成人依恋量表（AAS－1996 修订版）在中国的信度和效度》，《四川大学学报》（医学版）第4期。

吴艳、戴晓阳、温忠麟等，2010，《青少年学习倦怠量表的编制》，《中国临床心理学杂志》第2期。

吴艳、戴晓阳、张锦，2007，《初中生学习倦怠问卷的初步编制》，《中国临床心理学杂志》第2期。

武晓婷，2014，《父亲参与教养的现状及其对幼儿自尊影响的调查研究》，硕士学位论文，鞍山师范学院。

夏敏、梁宗保，2016，《父母的心理与行为控制在儿童社会适应中的作用》，《心理研究》第6期。

肖长根、唐秋萍、邓云龙等，2007，《儿童心理虐待与忽视同父母养育方式的关系》，《中国健康心理学杂志》第3期。

肖婕婷，2016，《父母控制对初中生问题行为的影响》，《中小学心理健康》第22期。

肖娟，2007，《4～6岁儿童长度理解能力的发展》，硕士学位论文，华东师范大学。

肖倩、洪黛玲，2008，《学龄前儿童行为问题与家庭功能的相关性分析》，《中国健康心理学杂志》第5期。

邢晓沛、孙晓丽、王争艳等，2017，《父母心理控制与儿童自我控制和问题行为：有中介的调节模型》，《心理科学》第3期。

徐东、李璐，2019，《近五年我国关于父亲参与幼儿教养的研究综述》，《吉林师范大学学报》（人文社会科学版）第1期。

闫玉，2008，《当代中国婚姻伦理的演变与合理导向研究》，博士学位论文，吉林大学。

阳小玲、吴云霞，2021，《高中生社会支持与问题行为的关系：自我控制的中介作用》，《赣南师范大学学报》第5期。

杨发祥，2004《当代中国计划生育史研究》，博士学位论文，浙江大学。

杨慧芳、刘金花，1997，《西方对父母控制模式与儿童自我控制关系的研究》，《心理发展与教育》第2期。

杨建锋，王重鸣，2008，《类内相关系数的原理及其应用》，《心理科学》第2期。

杨丽，2008，《完美主义、应激、应对、社会支持和抑郁的关系研究》，博士学位论文，天津师范大学。

杨丽珠、沈悦，2013，《儿童自我控制的发展与促进》，安徽教育出版社。

杨逸群、陈亮、陈光辉等，2020，《同伴拒绝、友谊支持对青少年抑郁的影响：有中介的调节模型》，《中国临床心理学杂志》第2期。

叶宝娟、孙原、高良等，2020，《主动性人格与大学生职业成熟度的关系：一个有调节的中介模型》，《心理发展与教育》第3期。

尹霞云、黎志华、杨新华等，2012，《父亲参与教养问卷（中文版）的信效度检验》，《中国心理卫生杂志》第7期。

于千茵，2020，《父母冲突对大学生友谊质量的影响》，硕士学位论文，沈阳师范大学。

余小霞、杨之旭、傅鑫媛等，2021，《父母心理控制与青少年适应不良：动态关系与文化差异》，《心理学进展》第10期。

余延满，2004，《论婚姻的成立》，《法学评论》第5期。

俞国良，2021，《家庭教育中的“父母倦怠”：心理健康视角》，《清华大学教育研究》第6期。

岳坤，2018，《父辈为主、祖辈为辅的教养方式有利于儿童的健康成长——中国城市家庭教养中的祖辈参与状况调查》，《少年儿童研究》第1期。

翟培鑫、胡玉香、刘莉，2021，《父母严厉管教与儿童焦虑的关系：家庭亲密度的中介作用》，《心理与行为研究》第2期。

张安慰、吕宁、郑锐等，2020，《父母婚姻质量对初中生自我导向学习的影响：父母共同养育的调节作用》，《中小学心理健康教育》第20期。
张光珍、梁淼、梁宗保，2021，《父母教养方式影响学前儿童社会适应的追踪研究：自我控制的中介作用》，《心理发展与教育》第6期。
张焕、李琨煜、苏晓芳，2020，《青少年攻击行为倾向与情感忽视的关系》，《中国学校卫生》第12期。
张晖、何凯、罗军等，2016，《95后大学新生心理适应与心理健康的关系：自我接纳的中介作用》，《中国健康心理学杂志》第5期。
张会姣，2020，《父母控制与高中生心理幸福感的关系》，硕士学位论文，河北师范大学。
张建平，2010，《中国"男主外，女主内"的刻板印象探析——基于社会性别视角》，《法制与社会》第17期。
张金荣、邹瑶雯、沈王艳等，2019，《父母养育倦怠——家庭教养研究的新视角》，《中国特殊教育》第7期。
张灵聪，2001，《自我控制的一种机制——平衡需求》，《漳州师范学院学报》（哲学社会科学版）第2期。
张明园、任福民、樊彬等，1987，《正常人群中的抑郁症状的调查和CES-D的应用》，《中华神经科杂志》第2期。
张盼，2018，《父母婚姻质量、亲子关系对青少年校园人际关系影响的研究》，硕士学位论文，山西大学。
张文新、王美萍、Andrew等，2006，《青少年的自主期望、对父母权威的态度与亲子冲突和亲合》，《心理学报》第6期。
张晓、李龙凤、白柳等，2017，《父母婚姻质量对青少年行为的影响：父母教养能力感的中介作用》，《心理与行为研究》第2期。
张馨尹，2013，《农村5~6岁幼儿数概念发展研究》，硕士学位论文，华中师范大学。
张兴贵、何立国、郑雪，2004，《青少年学生生活满意度的结构和量表编制》，《心理科学》第5期。
张妍、李飞、王志寰等，2014，《硕士生压力知觉、状态-特质焦虑、完美主义与睡眠质量的关系》，《心理科学》第6期。
张艳，2013，《家庭养育环境对依恋形成及社会情绪发展的影响》，硕士学位论文，山东大学。

张迎春、李荣风、邵先成，2012，《青少年亲子关系与同伴友谊的特点及其关系》，《青少年研究》（山东省团校学报）第6期。

张雨晗，2021，《父母教养倦怠对小学中高年级学生学业成绩的影响：家庭环境与自我效能的中介作用》，硕士学位论文，辽宁师范大学。

张云运、陈嘉仪、杨妙等，2021，《父母学业参与、父母学业压力与青少年早期的学业投入：有调节的中介模型》，《心理发展与教育》第2期。

张志学，1990，《家庭系统理论的发展与现状》，《心理学探新》第1期。

赵欢欢、克燕南、张和云等，2016，《家庭功能对青少年道德推脱的影响：责任心与道德认同的作用》，《心理科学》第4期。

赵洁，2017，《父母控制与中学生问题性网络使用：孤独感的中介作用》，硕士学位论文，西安体育学院。

赵金霞、王美芳，2010，《母亲教养方式与幼儿行为问题、同伴交往的关系》，《中国临床心理学杂志》第5期。

赵珺，2020，《早产儿母亲心理弹性与应对方式、社会支持的相关性》，《中国健康心理学杂志》第6期。

赵欣乐，2020，《父亲参与教养与3～6岁幼儿安全感的相关研究》，硕士学位论文，河北师范大学。

赵银琴，2019，《昆明市G幼儿园中班数学教学活动游戏化的行动研究》，硕士学位论文，云南师范大学。

郑淑杰、石松山、郑彬，2008，《小学生攻击、情绪问题发展趋势与自我控制关系的追踪研究》，《中国学校卫生》第10期。

郑月清，2013，《父母控制对大学生亲社会行为倾向的影响研究》，硕士学位论文，福建师范大学。

周浩、龙立荣，2004，《共同方法偏差的统计检验与控制方法》，《心理科学进展》第6期。

周世杰、杨娟、张拉艳，2006，《工作记忆、执行功能、加工速度与数学障碍儿童推理和心算能力的关系》，《中国临床心理学杂志》第6期。

周伟，2010，《大学生完美主义对情绪适应的影响机制研究》，硕士学位论文，陕西师范大学。

周晓林，2004，《执行控制：一个具有广阔理论前途和应用前景的研究领域》，《心理科学进展》第5期。

周宗奎、孙晓军、赵冬梅等，2015，《同伴关系的发展研究》，《心理发展与教育》第1期。

周宗奎、万晶晶，2005，《初中生友谊特征与攻击行为的关系研究》，《心理科学》第3期。

朱晶晶、张云、李燕等，2018，《母亲依恋风格和幼儿焦虑：亲子依恋的中介作用》，《中国临床心理学杂志》第4期。

朱智贤，1989，《心理学大词典》，北京师范大学出版社。

竺智伟、陈维军、朱丽等，2011，《学龄前儿童社会适应能力与父亲参与的关系》，《中华行为医学与脑科学杂志》第9期。

訾非，2004，《完美主义心理研究的历史和现状》，《心理科学》第4期。

邹盛奇、伍新春、刘畅，2016，《母亲守门员效应——概念结构、理论解释与研究展望》，《北京师范大学学报》（社会科学版）第6期。

Abidin, R. R., & Brunner, J. F., 1995, Development of a parenting alliance inventory. *Journal of Clinical Child Psychology*, 24 (1): 31 - 40.

Abidin, R. R., 1990, Introduction to the special issue: The stresses of parenting. *Journal of Clinical Child Psychology*, 19 (4): 298 - 301.

Abidin, R. R., 1990, Parenting Stress Index (PSI). Pediatric Psychology Press.

Abidin, R. R., 1992, The Determinants of Parenting Behavior. *Journal of Clinical Child Psychology*, 21 (4): 407 - 412.

Achenbach, T. M., & Edelbrock, C., 1987, Manual for the Youth Self-Report and Profile. Burlington, VT: University of Vermont, Department of Psychiatry.

Achenbach, T. M., Howell, C. T., Quay, H. C., et al., 1991, National Survey of Problems and Competencies among Four-to Sixteen-Year-Olds: Parents' Reports for Normative and Clinical Samples. *Monographs of the Society for Research in Child Development*, 56 (3): 131 - 133.

Achenbach, T. M., 1991, Manual for the self-report and 1991 YSR profile. University of Vermont, Department of Psychiatry.

Adam, E. K., Gunnar, M. R., & Tanaka, A., 2004, Adult attachment, parent emotion, and observed parenting behavior: Mediator and Moderator Models. *Child Development*, 75 (1): 110 - 122.

Allport, G. W., 1937, *Personality: A Psychological Interpretation*. New York, NY:

Holt.

Ardic, A. , 2020, Relationship between Parental Burnout Level and Perceived Social Support Level Sofparents of Children with Autisms Pectrum Disorder. *Int. J. Educ. Methodol*, 6: 533 -543.

Aryee, S. , 1992, Antecedents and Outcomes of Work-family Conflict among Married Professional Women: Evidence from Singapore. *Human Relations*, 45 (8): 813 -837.

Asendorpf, J. B. , 2015, Person-centered Approaches to Personality. *In* M. Mikulincer, P. R. Shaver, M. L. Cooper, & R. J. Larsen (Eds.), *APA Handbook of Personality and Social Psychology*, Vol. 4. Personality processes and individual differences : 403 -424. American Psychological Association.

Ashford, S. J. , & Tsui, A. S. , 1991, Self-regulation for Manageriale Ectiveness: The Roleofactive Feedback Seeking. *Acad. Manag. J.* , 34: 251 -280.

Aunola, K. , Sorkkila, M. , Tolvanen, A. , et al. , 2021, Development and Validation of the Brief Parental Burnout Scale (BPBS). *Psychological Assessment*, 33 (11): 1125 -1137.

Aunola, K. , Sorkkila, M. & Tolvanen, A. , 2020, Validity of the Finnish Version of the Parental Burnout Assessment (PBA). *Scandinavian Journal of Psychology*, 61 (5): 714 -722.

Bailen, N. H. , Green, L. M. , & Thompson, R. J. , 2019, Understanding Emotionin Adolescents: a Review of Emotional Frequency, Intensity, Instability, and Clarity. *Emot. Rev*, 11: 63 -73.

Bakker, A. B. , Demerouti, E. , & Schaufeli, W. B. , 2005, The Crossover of Burnout and Work Engagement among Working Couples. *Human Relations*, 58 (5): 661 -689.

Bakker, A. B. , & Demerouti, E. , 2007, The Job Demands-resources Model: State of the Art. *Journal of Managerial Psychology*, 22 (3): 309 -328.

Bakker, A. B. , Schaufeli, W. B. , Demerouti, E. , et al. , 2006, An Organizational and Social Psychological Perspective on Burnout and Work Engagement. *In* M. Hewstone, H. Schut, J. de Wit, K. van den Bos & M. Stroebe (Eds.). *The scope of social psychology: Theory and applications. Andover*, UK:

Psychology Press.

Bakker, A. B., Schaufeli, W. B., Demerouti, E., et al., 2000, Using Equity Theory to Examine the Difference between Burnout and Depression. *Anxiety, Stress & Coping*, 13 (3): 247 – 268.

Balogun, J. A., Hoeberlein-Miller, T. M., Schneider, E., et al., 1996, Academic Perform Anceisnota Viable Determinant of Physical Therapy students' "Burnout". *Percept. Mot. Skills*, 83: 21 – 22.

Bandura, A., 1973, Aggression: A Social Learning Analysis. *Stanford Law Review*, 26 (1): 239.

Bandura, A., 1989, Human Agency in Social Cognitive Theory. *Am. Psychol*, 44: 1175 – 1184.

Barber, B. K., Stolz, H. E., & Olsen, J. A., 2005, Parental Support, Psychological Control, and Behavioral Control. Assessing Relevance Across Time, Culture, and Method. *Monographs of the Society for Research in Child Development*, 70 (4): 1 – 147.

Baron, R. M., & Kenny, D. A., 1986, The Moderator-Mediator Variable Distinction in Social Psychological Research: Concept Strategic and Statistical Considerations. *Journal of Personality & Social Psychology*, 51: 1173 – 1182.

Barroso, N. E., Mendez, L., Graziano, P. A., & Bagner, D. M., 2018, Parenting Stress through the Lens of Different Clinical Groups: A Systematic Review & Meta-analysis. *Journal of Abnormal Child Psychology*, 46 (3): 449 – 461.

Bastiaansen, C., Verspeek, E., & van Bakel, H., 2021, Gender Differences in the Mitigating Effect of Co-Parenting on Parental Burnout: The Gender Dimension Applied to COVID – 19 Restrictions and Parental Burnout Levels. *Social Sciences*, 10 (4): 127.

Baumeister, R. F., Bratslavsky, E., Muraven, M., et al., 1998, Ego Depletion: Is the Active Self a Limited Resource? *Journal of Personality and Social Psychology*, 74 (5): 1252 – 1265.

Baumeister, R. F., Vohs, K. D., & Tice, D. M., 2007, The Strength Model of Self-Control. *Current Directions in Psychological Science*, 16 (6): 351 – 355.

Baumrind, D., 1978, Parental Disciplinary Patterns and Social Competence in

Children. *Youth & Society*, 9 (3): 239 – 267.

Beavers, W. R., & Voeller, M. N., 1983, Family Models: Comparing the Olson Circumplex Model with the Beavers Systems Model. *Fam. Process*, 22: 85 – 98.

Becker, T. E., 2005, Potential Problems in the Statistical Control of Variables in Organizational Research: A Qualitative Analysis with Recommendations. *Organizational Research Methods*, 8 (3): 274 – 289.

Beckmann, L., 2021, Does Parental Warmth Buffer the Relationship Between Parent-to-child Physical and Verbal Aggression and Adolescent Behavioural and Emotional Adjustment? *Journal of Family Studies*, 27 (3): 366 – 387.

Beheshtipour, N., Nasirpour, P., Yektatalab, S., et al., 2016, The Effect of Educational-spiritual Intervention on the Burnout of the Parents of School Age Children with Cancer: A Randomized Controlled Clinical Trial. *International Journal of Community Based Nursing and Midwifery*, 4 (1): 90 – 97.

Belsky, J., 1984, The Determinants of Parenting: A Process Model. *Child Development*, 55 (1): 83 – 96.

Bianchi, R., Truchot, D., Laurent, E., Brisson, R., & Schonfeld, I. S., 2014, Is Burnout Solely Job-Related? A Critical Comment. *Scandinavian Journal of Psychology*, 55: 357 – 361.

Bian, Y. F., Liang, L. C., & Zhang, Y. E., 2016, Ectsoffamily on Children's Mental Development. *J. Beijing Norm. Univ*, 5: 46 – 54.

Blair, C., Raver, C. C., & Berry, D. J., 2014, Two Approaches to Estimating the Effect of Parenting on the Development of Executive Function in Early Childhood. *Dev Psychol*, 50 (2): 554 – 565.

Blondal, K. S., & Adalbjarnardottir, S., 2014, Parenting in Relation to School Dropout through Student Engagement: A Longitudinal Study. *Journal of Marriage and Family*, 76 (4): 778 – 795.

Bolger, N., De Longis, A., Kessler, R. C., et al., 1989, The Contagion of Stress across Multiple Roles. *Journal of Marriage and Family*, 51 (1): 175 – 183.

Bowen, F., Vitaro, F., Kerr, M., & Pelletier, D., 1995, Childhood Internalizing Problems: Prediction from Kindergarten, Effect of Maternal Overprotectiveness, and Sex Differences. *Development & Psychopathology*, 7 (3): 481 - 498.

Bowen, M., 1974, Alcoholism as Viewed through Family Systems Theory and Family Psychotherapy. *Annals of the New York Academy of Sciences*, 233 (1): 115 - 122.

Bowen, M., 1976, Theory in the Practice of Psychotherapy. *Family therapy: Theory and Practice*, 4 (1): 2 - 90.

Bowlby, J., 1988, A Secure Base: Parent-Child Attachment and Healthy Human Development. New York: Basic Books.

Bowlby, J., 1969, Attachment and Loss: Vol. 1. Attachment. New York: Basic Books.

Brassell, A. A., Rosenberg, E., Parent, J., et al., 2016, Parent's Psychological Flexibility: Associations with Parenting and Child Psychosocial Well-being. *Journal of Contextual Behavioral Science*, 5 (2): 111 - 120.

Brianda, M. E., Roskam, I., Gross, J. J., et al., 2020, Treating Parental Burnout: Impact of Two Treatment Modalities on Burnout Symptoms, Emotions, Hair cortisol, and Parental Neglect and Violence. *Psychotherapy and Psychosomatics*, 89 (5): 330 - 332.

Bronfenbrenner, U., 1979, Contexts of Child Rearing: Problems and Prospects. *American Psychologist*, 34 (10): 844 - 850.

Bronfenbrenner, U., & Morris, P. A., 1998, *The Ecology of Developmental Processes*. In: Handbook of Child Psychology, 5th Edition, John Wiley and Sons, New York.

Brown, A. L., & French, L. A., 1976, Construction and Regeneration of Logical Sequences Using Causes or Consequences as the Point of Departure, *Child Development*, 47 (4), 930.

Brown, B. B., Mounts, N., Lamborn, S. D., et al., 1993, Parenting Practices and Peer Group Affiliation in Adolescence. *Child Development*, 64 (2), 467.

Brown, F. L., Whittingham, K., & Sofronoff, K., 2014, Parental Experiential Avoidance as a Potential Mechanism of Change in a Parenting Intervention for Parents of Children with Pediatric Acquired Brain Injury. *Journal of Pediatric*

Psychology, 40 (4): 464 – 474.

Bukowski, W. M., Laursen, B., & Hoza, B., 2010, The Snowball Effect: Friendship Moderates Escalations in Depressed Affect among Avoidant and Excluded Children. *Development and Psychopathology*, 22 (4): 749 – 757.

Bull, R., & Lee, K., 2014, Executive Functioning and Mathematics Achievement. *Child Development Perspectives* (1), 36 – 41.

Bunch, J. M., Iratzoqui, A., & Watts, S. J., 2018, Child Abuse, Self-control, and Delinquency: A General Strain Perspective. *Journal of Criminal Justice*, S004723521730260X.

Burke, K. & Moore, S., 2015, Development of the Parental Psychological Flexibility Questionnaire. *Child Psychiatry & Human Development*, 46 (4): 548 – 557.

Burke, R. J., & Greenglass, E. R., 2001, Hospital Restructuring, Work-family Conflict and Psychological Burnout among Nursing Staff. *Psychological Heath*, 16 (5): 583 – 594.

Calkins, & Susan, D., 2002, Self-regulatory Processes in Early Personality Development: A Multilevel Approach to the Study of Childhood Social Withdrawal and Aggression. *Dev Psychopathol*, 14 (3): 477 – 498.

Cambron, C., Kosterman, R., Catalano, R. F., et al., 2017, Neighborhood, Family, and Peer Factors Associated with Early Adolescent Smoking and Alcohol Use. *Journal of Youth and Adolescence*, 47 (2): 369 – 382.

Campbell, S. B., Shaw, D. S., & Gilliom, M., 2000, Early Externalizing Behavior Problems: Toddlers and Preschoolers at Risk for Later Maladjustment. *Development and Psychopathology*, 12 (3): 467 – 488.

Carapito, E., Ribeiro, M. T., Pereira, A. I., et al., 2020, Parenting Stress and Preschoolers' Socio-emotional Adjustment: The Mediating Role of Parenting Styles in Parent-child Dyads. *Journal of Family Studies*, 26 (4): 594 – 610.

Carlson, D. S., Kacmar, K. M., & Williams, L. J., 2000, Construction and Initial Validation of A Multidimensional Measure of Work-family Conflict. *Journal of Vocational Behavior*, 56 (2): 249 – 276.

Chang, H., Olson, S. L., Sameroff, A. J., et al., 2011, Child Effortful Control as a Mediator of Parenting Practices on Externalizing Behavior: Evidence for a Sex-differentiated Pathway Across the Transition from Preschool to School. *Journal of Abnormal Child Psychology*, 39 (1): 71 – 81.

Chen, B. B., Qu, Y., Yang, B., et al., 2021, Chinese Mothers' Parental Burnout and Adolescents' Internalizing and Externalizing Problems: The Mediating Role of Maternal Hostility. *Developmental Psychology*, 58 (4): 768 – 777.

Cheng, H. B., Wang, W., Wang, S. N., et al., 2020, Validation of a Chinese version of the Parental Burnout Assessment. *Frontiers in Psychology*, 11: 321.

Chen, Y. C., Hsu, C. C., Hsu, S. H., et al., 1980, A Preliminary Study of Family Apgarindex. *Acta Paediatr. Sin*, 21: 210 – 217.

Cherniss, C., 1980, *Staff Burnout: Job Stress in Human Service*. Beverly Hills, CA: Sage.

Cheung, C. S., & Pomerantz, E. M., 2011, Parents Involvement in Children's Learning in the United States and China: Implications for Children's Academic and Emotional Adjustment. *Child Development*, 82 (3): 932 – 950.

Cheung, C. S. S., & Pomerantz, E. M., 2015, Value Development Underlies the Benefits of Parents' Involvement in Children's Learning: A Longitudinal Investigation in the United States and China. *Journal of Educational Psychology*, 107 (1): 309 – 320.

Choi, O., Choi, J., & Kim, J., 2020, A Longitudinal Study of the Effects of Negative Parental Child-rearing Attitudes and Positive Peer Relationships on Social Withdrawal During Adolescence: An Application of a Multivariate Latent Growth Model. *International Journal of Adolescence and Youth*, 25 (1): 448 – 463.

Chui, W. H., & Chan, H. C. O., 2015, Self-control, School Bullying Perpetration, And Victimization Among Macanese Adolescents. *Journal of Child and Family Studies*, 24 (6): 1751 – 1761.

Cinamon, R. G., & Rich, Y., 2002, Gender Differences in the Importance of Work and Family Roles: Implications for Work-family Conflict. *Sex Roles*, 47 (11): 531 – 541.

Cobb, S., 1976, Social Support as a Moderator of Life Stress. *Psychosomatic*

Medicine, 38 (5): 300 – 314.

Cohen, S., & Wills, T. A., 1985, Stress, Social Support, and the Buffering Hypothesis. *Psychological Bulletin*, 98 (2): 310 – 357.

Coleman, P. K. & Karraker, K. H., 2000, Parenting Self-efficacy Among Mothers of School-age Children: Conceptualization, Measurement, and Correlates. *Family Relations: An Interdisciplinary Journal of Applied Family Studies*, 49 (1): 13 – 24.

Collins, N., & Read, S., 1990, Adult Attachment Relationships, Working Models and Relationship Quality in Dating Couples. *Journal of Personal and Social Psychology*, 58: 644.

Cook, W. L., & Kenny, D. A., 2005, The Actor-partner Interdependence Model: A Model of Bidirectional Effects in Developmental Studies. *International Journal of Behavioral Development*, 29 (2): 101 – 109.

Cooper, C. E., Mclanahan, S. S., Meadows, S. O., et al., 2009, Family Structure Transitions and Maternal Parenting Stress. *Journal of Marriage and Family*, 71 (3): 558 – 574.

Crnic, K. A., & Coburn, S. S., 2021, Stress and parenting, in M. H. Bornstein (Ed.), *Psychological insights for understanding COVID – 19 and families, parents, and children*: 103 – 130.

Crnic, K. A., Gaze, C., & Hoffman, C., 2005, Cumulative Parenting Stress Across the Preschool Period: Relations to Maternal Parenting and Child Behaviour at Age 5. *Infant and Child Development: An International Journal of Research and Practice*, 14 (2): 117 – 132.

Crnic, K., & Low, C., 2002, Everyday Stresses and Parenting. In M. H. Bornestein. Handbook of Parenting Volume 5 Practical Issues in Parenting. *Mahwah: Lawrence Erlbaum Associates*: 243 – 268.

Crouch, J. L., Behl, L. E., 2001, Relationships Among Parental Beliefs in Corporal Punishment, Reported Stress, and Physical Child Abuse Potential. *Child Abuse Neglect* (3), 413 – 419.

Crowther, B., Jessor, R., & Jessor, S. L., 1978, Problem Behavior and Psychosocial Development: A Longitudinal Study of Youth. *Contemporary Sociology*,

7 (6): 742.

Cummings, E. M., & Davies, P., 1996, Emotional Security as a Regulatory Process in Normal Development and the Development of Psychopathology. *Development and Psychopathology*, 8 (1): 123 - 139.

Dacey, E., 2019, Work-family Conflict, Job Burnout, and Couple Burnout in High-Stress Occupations [Doctoral dissertation]. Walden University.

Dadds, M. R., 1989, Child Behavior Therapy and Family Context: Research and Clinical Practice with Maritally Distressed Families. *Child & Family Behavior Therapy*, 11 (2): 27 - 44.

Dahlem, N. W., Zimet, G. D., & Walker, R. R., 1991, The Multidimensional Scale of Perceived Social Support: A confirmation study. *Journal of Clinical Psychology*, 47 (6): 756 - 761.

Dallaire, D. H., Pineda, A. Q., Cole, D. A., et al., 2006, Relation of Positive and Negative Parenting to Children's Depressive Symptoms. *J. Clin. ChildAdolesc. Psychol*, 35: 313 - 322.

Daly, M., 2007, Parenting in Contemporary Europe: A Positive Approach. Strasbourg, France: Council of Europe.

Daneman, M., & Merikle, P. M., 1996, Working Memory and Language Comprehension: A Meta-analysis, *Psychonomic Bulletin & Review*, 3 (4), 422 - 433.

Danzeng, D. Z., Chen, X., & Wang, Z., 2015, The Influence of Family Care on Psychological Condition of Adolescents from Pastoral are as Intibet-acasestudy of Junior School Student from Acounty in Shigatse. *J. TibetUniv*, 2: 110 - 114.

Darling, N., & Steinberg, L., 1993, Parenting Style as Context: An Integrative Model. *Psychlogical Bulletin*, 113 (3): 487 - 496.

Dasgupta, S., Matsumoto, M., & Xia, C., 2015, *Women in the Labour Market in China, ILO Asia-Pacific Working Paper Series*. Bangkok: ILO.

Davies, P. T., & Cummings, E. M., 1994, Marital Conflict and Child Adjustment: An Emotional Security Hypothesis. *Psychological Bulletin*, 116 (3): 387 - 411.

Davis, J. P. , Ingram, K. M. , Merrin, G. J. , et al. , 2020, Exposure to Parental and Community Violence and the Relationship to Bullying Perpetration and Victimization among Early Adolescents: A Parallel Process Growth Mixture Latent Transition Analysis. *Scandinavian Journal of Psychology*, 61 (1): 77 - 89.

Deater-deckard, K. , 2008, *Parenting Stress*. Yale, MI: University Press.

De Haan, A. D. , Prinzie, P. , & Dekovi, M. , 2009, Mothers' and Fathers' Personality and Parenting: The Mediating Role of Sense of Competence. *Developmental Psychology*, 45 (6): 1695 - 1707.

De Haan, A. D. , Soenens, B. , Dekovi, M. , et al. , 2013, Effects of Childhood Aggression on Parenting during Adolescence: The Role of Parental Psychological Need Satisfaction. *Journal of Clinical Child & Adolescent Psychology*, 42 (3): 393 - 404.

Delvecchio, E. , Sciandra, A. , Finos, L. , et al. , 2015, The Role of Co-parenting Alliance as a Mediator between Trait Anxiety, Family System Maladjustment, and Parenting Stress in a Sample of Non-clinical Italian Parents. *Frontiers in Psychology*, 6.

Demerouti, E. , Bakker, A. B. , Nachreiner, F. , et al. , 2001, The Job Demands-Resources Model of Burnout. *Journal of Applied Psychology*, 86 (3): 499.

Demirhan, E. , İçağasıoğlu, A. , Eriman, E. Ö. , et al. , 2011, Burnout of Primary Caregivers of Children with Cerebral Palsy. Nobel Medicus, 7 (3): 22 - 27.

Dollahite, D. C. , 2003, Fathering for Eternity: Generative Spirituality in Latter-Day Saint Fathers of Children with Special Needs. *Review of Religious Research*, 44 (3): 237 - 251.

d' Orsi, D. , Verı́ssimo, M. , & Diniz, E. , 2023, Father Involvement and Maternal Stress: The Mediating Role of Coparenting. *International Journal of Environment Research and Public Health*, 20 (8): 5457.

Dotterer, A. M. , & Wehrspann, E. , 2016, Parent Involvement and Academic Outcomes Among Urban Adolescents: Examining the Role of School Engagement. *Educational Psychology*, 36 (4): 812 - 830.

duRivage, N., Keyes, K., Leray, E., et al., 2015, Parental Use of Corporal Punishment in Europe: Intersection between Public Health and Policy. *Plos one*, 10 (2): e0118059.

Durtschi, J. A., Soloski, K. L., & Kimmes, J., 2016, The Dyadic Effects of Supportive Coparenting and Parental Stress on Relationship Quality Across the Transition to Parenthood. *Journal of Marital and Family Therapy*, 43 (2): 308 - 321.

Eibach, R. P., & Mock, S. E., 2011, Idealizing Parenthood to Rationalize Parental Investments. *Psychol. Sci*, 22: 203 - 208.

Eisenberg, N., Cumberland, A., Spinrad, T. L., et al., 2001, The Relations of Regulation and Emotionality to Children's Externalizing and Internalizing Problem Behavior. *Child Development*, 72 (4): 1112 - 1134.

Engle, R. W., Tuholski, S. W., Laughlin, J. E., & Conway, A, 1999, Working Memory, Short-term Memory, and General Fluid Intelligence: A Latent-variable Approach. *Journal of experimental psychology*, General, 128 (3), 309 - 331.

Eom, M., & Lee, Y., 2020, A Validation Study on Parental Burnout Assessment in South Korea. *Crisisonomy*, 16 (10): 119 - 133.

Epstein, N. B., Bishop, D. S., & Levin, S., 1978, The McMaster Model of Family Functioning. *Journal of Marital and Family Therapy*, 4 (4), 19 - 31.

Evans, G. W., 2003, A Multimethodological Analysis of Cumulative Risk and Allostatic Load Among Rural Children. *Developmental Psychology*, 39 (5): 924 - 933.

Evans, S. Z., Simons, L. G., & Simons, R. L., 2012, The Effect of Corporal Punishment and Verbal Abuse on Delinquency: Mediating Mechanisms. *Journal of Youth & Adolescence*, 41 (8): 1095 - 1110.

Fan, W., & Williams, C., 2010, The Effects of Parental Involvement on Students' Academic Self-efficacy, Engagement and Intrinsic Motivation. *Educational Psychology*, 30 (1): 53 - 74.

Farina, E., Ornaghi, V., Pepe, A., et al., 2020, Highschool Studentburnout:

Is Empathy a Protective or Risk Factor? *Front. Psychol*, 11: 897.

Feinberg, M. E., 2003, The Internal Structure and Ecological Context of Coparenting: A Framework for Research and Intervention. *Parenting*, 3 (2): 95 - 131.

Feldman, R., Eidelman, A. I., & Rotenberg, N., 2004, Parenting Stress, Infant Emotion Regulation, Maternal Sensitivity, and the Cognitive Development of Triplets: A Model for Parent and Child Influences in a Unique Ecology. *Child Development*, 75 (6): 1774 - 1791.

Finch, J. F., Baranik, L. E., Liu, Y., et al., 2012, Physical Health, Positive and Negative Affect, and Personality: A Longitudinal Analysis. *Journal of Research in Personality*, 46: 537 - 545.

Fischer, P., Greitemeyer, T., & Frey, D., 2008, Self-regulation and Selective Exposure: The Impact of Depleted Self-regulation Resources on Confirmatory Information Processing. *Journal of Personality and Social Psychology*, 94 (3): 382 - 395.

Fitzgerald, M., London, J. A., & Gallus, K. L., 2020, Intergenerational Transmission of Trauma and Family Systems Theory: An Empirical Investigation. *Journal of Family Therapy*, 42 (3): 406 - 424.

Floyd, F. J., Gilliom, L. A., & Costigan, C. L., 1998, Marriage and the Parenting Alliance: Longitudinal Prediction of Change in Parenting Perceptions and Behaviors. *Child Development*, 69 (5): 1461 - 1479.

Folkman, S., & Lazarus, R. S., 1985, If It Changes It Must be a Process: Study of Emotion and Coping during Three Stages of a College Examination. *Journal of Personality and Social Psychology*, 48 (1): 150.

Fraley, R. C., & Shaver, P. R., 2000, Adult Romantic Attachment: Theoretical Developments, Emerging Controversies, and Unanswered Questions. *Review of General Psychology*, 4: 132 - 154.

Freudenberger, H. J., 1974, Staff Burn-out. *Journal of Social Issues*, 30: 159 - 165.

Furutani, K., Kawamoto, T., Alimardani M., et al., 2020, Exhausted Parents in Japan: Preliminary Validation of the Japanese Version of the Parental Burnout Assessment. *New directions for child and adolescent development*, 174: 33 – 49.

Gard, A. M., McLoyd, V. C., Mitchell, C., et al., 2020, Evaluation of A Longitudinal Family Stress Model in a Population-based Cohort. *Social Development*, 29 (4): 1155 – 1175.

Gibaud-Wallston, J., & Wandersman, L. P., 1978, Development and Utility of the Parenting Sense of Competence Scale. Paper Presented at the Meeting of the American Psychological Association, Toronto, Canada.

Gillis, A., & Roskam, I., 2020, Regulation between Daily Exhaustion and Support in Parenting: A Dyadic Perspective. *International Journal of Behavioral Development*, 44 (3): 226 – 235.

Gioia, G. A., Isquith, P. K., Retzlaff, P. D., & Espy, K. A., 2002, Confirmatory Factor Analysis of the Behavior Rating Inventory of Executive Function (BRIEF) in a Clinical Sample. *Child Neuropsychology: A Journal on Normal and Abnormal Development in Childhood and Adolescence*, (4): 249 – 257.

Glozah, F. N., & Pevalin, D. J., 2016, Psychometric Properties of the Perceived Social Support from Family and Friends Scale: Data from an Adolescent Sample in Ghana. *Journal of Child and Family Studies*, 26 (1): 88 – 100.

Gottfredson, M. R., & Hirschi, T., 1990, A General Theory of Crime. *American Political Science Association*, 71 (2): 545.

Gérain, P., & Zech, E., 2018, Does Informal Caregiving Lead to Parental Burnout? Comparing Parents Having (or not) Children with Mental and Physical Issues. *Frontiers in psychology*, 9: 884.

Grant-Vallone, E. J., & Ensher, E. A., 2011, Opting In Between. *Journal of Career Development*, 38 (4): 331 – 348.

Graves Jr, S. L., & Wright, L. B., 2011, Parent Involvement at School Entry: A National Examination of Group Differences and Achievement. *School Psychology International*, 32 (1): 35 – 48.

Greblo, Z., & Bratko, D., 2014, Parents' Perfectionism and Its Relation to Child Rearing Behaviors. *Scandinavian Journal of Psychology*, 55 (2): 180 – 185.

Greenhaus, J. H., & Powell, G. N., 2006, When Work and Family are Allies: A

Theory of Work-family Enrichment. *Academy of Management Review*, 31 (1): 72 - 92.

Hagger, T. , 2011, Making Sense of an Untold Story: A Personal Deconstruction of the Myth of Motherhood. *Qualitative Inquiry*, 17: 35 - 44.

Haj-Yahia, M. M. , Sokar, S. , Hassan-Abbas, N. , et al. , 2019, The Relationship between Exposure to Family Violence in Childhood and Post-traumatic Stress Symptoms in Young Adulthood: The Mediating Role of Social Support. *Child Abuse & Neglect*, 92: 126 - 138.

Hakanen, J. J. , Bakker, A. B. , & Schaufeli, W. B. , 2006, Burnout and Work Engagement Among Teachers. *Journal of School Psychology*, 43: 495 - 513.

Hall, G. B. , Dollard, M. F. , Tuckey, M. R. , et al. , 2010, Job Demands, Work-family Conflict, and Emotional Exhaustion in Police Officers: A Longitudinal Test of Competing Theories. *Journal of Occupational and Organizational Psychology*, 83 (1): 237 - 250.

Hall, R. L. & Schaverien, L. , 2001, Families' Engagement with Young Children's Science and Technology Learning at Home. *Science Education* (4), 454 - 481.

Hammer, L. B. , & Zimmerman, K. L. , 2011, Quality of Work Life. *In* S. Zedeck (Ed.), *APA Handbook of Industrial and Organizational Psychology*, Vol. 3. *Maintaining, Expanding, and Contracting the Organization*: 399 - 431. American Psychological Association.

Hayes, A. F. , 2013, Introduction to Mediation, Moderation, and Conditional Process Analysis: A Regression-Based Approach. New York, NY: The Guilford Press.

Hillman, A. L. , & Jenkner, E. , 2001, Educating Children in Poor Countries. A vailable online at: https://www. imf. org/external/pubs/ft/issues/issues33/ (accessed November 17, 2021).

Hinkin, T. R. , 1998, A Brief Tutorial on the Development of Measures for Use in Survey Questionnaires. *Organizational Research Methods*, 1 (1): 104 - 121.

Hobfoll, S. E. , 1989, Conservation of Resources: A New Attempt at Conceptualizing Stress. *American Psychologist*, 44 (3): 513 - 524.

Hobfoll, S. E. , & Shirom, A. , 2001, Conservation of Resources Theory: Applications to Stress and Management in the Workplace. *Public Policy and Administration*, 87: 57 –80.

Holstein, B. E. , Pant, S. W. , Ammitzbøll, J. , et al. , 2021, Parental Education, Parent-child Relations and Diagnosed Mental Disorders in Childhood: Prospective Child Cohort Study. *European Journal of Public Health*, 31 (3): 514 –520.

Hope, T. L. , Grasmick, H. G. , & Pointon, L. J. , 2003, The Family in Gottfredson and Hirschi's General Theory of Crime: Structure, Parenting, and Self-control. *Sociological Focus*, 36 (4): 291 –311.

Hori, K. , 2005, Determination of Factor Number in Factor Analysis-Focusing on Parallel Analysis. *Kagawa Univ. Econ. Rev*, 77: 35 –70.

Hubert, S. , & Aujoulat, I. , 2018, Parental Burnout: When Exhausted Mothers Open Up. *Frontiers in Psychology*, 9: 1021.

Hu, G. , Bao, Z. , Nie, T. , et al. , 2018, The Association between Corporal Punishment and Problem Behaviors Among Chinese Adolescents: The Indirect Role of Self-control and School Engagement. *Child Indicators Research*, 12 (4): 1465 –1479.

Hughes, C. H. , & Ensor, R. A. , 2009, How do Families Help or Hinder the Emergence of Early Executive Function? . *New Directions for Child and Adolescent development* (123), 35 –50.

Hu, L. -t. , & Bentler, P. M. , 1999, Cutoff Criteria for Fit Indexes in Covariance Structure Analysis: Conventional Criteria Versus New Alternatives. *Structural Equation Modeling*, 6 (1): 1 –55.

Hutchison, L. , Feder, M. , Abar, B. , & Winsler, A. , 2016, Relations between Parenting Stress, Parenting Style, and Child Executive Functioning for Children with ADHD or Autism. *Journal of Child and Family Studies* (12): 3644 –3656.

International Social Survey Programme, 2002, Family and Changing Gender Roles. Cologne: Central Archive for Empirical Social Research at the University of Cologne.

Isquith, P. K. , Gioia, G. A. , & Espy, K. A. , 2004, Executive Function in Preschool Children: Examination through Everyday Behavior. *Developmental Neuropsychology* (1), 403 -22.

Jacobsen, S. L. , McKinney, C. H. , & Holck, U. , 2014, Effects of a Dyadic Music Therapy Intervention on Parent-child Interaction, Parent Stress, and Parent-child Relationship in Families with Emotionally Neglected Children: A Randomized Controlled Trial. *Journal of Music Therapy*, 51 (4): 310 -332.

Jaramillo, S. , Moreno, S. , & Rodríguez, V. , 2016, Emotional Burden in Parents of Children with Trisomy 21: Descriptive Study in a Colombian Population. *Universitas Psychological*, 15 (1): 29 -38.

Jarvis, P. A. , & Creasey, G. L. , 1991, Parental Stress, Coping, and Attachment in Families with an 18-month-old Infant. *Infant Behavior and Development*, 14: 383 -395.

Johnston, C. , & Mash, E. J. , 1989, A Measure of Parenting Satisfaction and Efficacy. *Journal of Clinical Child Psychology*, 18 (2): 167 -175.

Kaiser, H. F. , 1960, The Application of Electronic Computers to Factor Analysis. *Educational and Psychological Measurement*, 20 (1): 141 -151.

Karatepe, M. O. , & Kilic, H. , 2007, Relationships of Supervisor Support and Conflicts in the Work-family Interface with the Selected Job Outcomes of Frontline Employees. *Tourism Management*, 28: 238 -252.

Kawamoto, T. , Furutani, K. , & Alimardani, M. , 2018, Preliminary Validation of Japanese Version of the Parental Burnout Inventory and Its Relationship with Perfectionism. *Frontiers in Psychology*, 9: 970.

Kawamoto, T. , & Furutani, K. , 2018, The Mediating Role of Intolerance of Uncertainty on the Relationships Between Perfectionism Dimensions and Psychological Adjustment/Maladjustment Among Mothers. *Personality and Individual Differences*, 122: 62 -67.

Kayaalp, A. , Page, K. J. , & Rospenda, K. M. , 2021, Caregiver Burden, Work-family Conflict, Family-work Conflict, and Mental Health of Caregivers: A Mediational Longitudinal Study. *Work and Stress*, 35 (3): 217 -240.

Kenny, D. A. , & Ledermann, T. , 2010, Detecting, Measuring, and Testing Dyadic Patterns in the Actor-partner Interdependence Model. *Journal of Family Psychology*, 24 (3): 359 - 366.

King, L. A., Mattimore, L. K., King, D. W., et al., 1995, Family Support Inventory for Workers: A New Measure of Perceived Social Support from Family Members. *Journal of Organizational Behavior*, 16 (3): 235 - 258.

King, R. B., & Gaerlan, M. J. M., 2014, High Self-control Predicts More Positive Emotions, Better Engagement, and Higher Achievement in School. *European Journal of Psychology of Education*, 29 (1): 81 - 100.

Kinnunen, U., Feldt, T., Geurts, S., et al., 2006, Types of Work-family Interface: Well-being Correlates of Negative and Positive Spillover between Work and Family. *Scandinavian Journal of Psychology*, 47 (2): 149 - 162.

Kobasa, S. C., 1979, Stressful Life Events, Personality, and Health: An Inquiry into Hardiness. *Journal of Personality and Social Psychology*, 37 (1): 1 - 11.

Ko, K., & Hwang, W., 2021, Association Between Job Demands and Fathers' Involvement between Single-income and Dual-income Families: The Mediating Role of Work to Family Conflict. *Journal of Social Service Research*, 47 (4): 553 - 564.

Kok, R., Lucassen, N., Bakermans-Kranenburg, M. J., van IJzendoorn, M. H., Ghassabian, A., Roza, S. J., et al., 2014, Parenting, Corpus Callosum, and Executive Function in Preschool Children. *Child Neuropsychology: A Journal on Normal and Abnormal Development in Childhood and Adolescence* (5), 583 - 606.

Kovacs, M., & Devlin, B., 1998, Internalizing Disorders in Childhood. *Journal of Child Psychology and Psychiatry and Allied Disciplines*, 39 (1): 47 - 63.

Kraybill, J. H., & Bell, M. A., 2013, Infancy Predictors of Preschool and Post-kindergarten Executive Function. *Developmental Psychobiology*, 55 (5), 530 - 538.

Kremen, A. M., & Block, J., 1998, The Roots of Ego-control in Young Adulthood: Links with Parenting in Early Childhood. *Journal of Personality and Social Psychology*, 75 (4): 1062 - 1075.

Kwan, V. S. Y., John, O. P., Kenny, D. A., et al., 2004, Reconceptualizing Individual Differences in Self-Enhancement Bias: An Interpersonal Approach. *Psychological Review*, 111 (1): 94-110.

Lamb, M. E., 1986, (Ed.). *The father's role: Applied perspectives.* Wiley - Interscience.

Landry, S. H., Miller-Loncar, C. L., Smith, K. E., & Swank, P. R., 2002, The Role of Early Parenting in Children's Development of Executive Processes. *Developmental Neuropsychology* (1): 15-41.

Lan, P. C., 2018, Raising Global Families: Parenting, Immigration, and Class in Taiwan and the U. S. PaloAlto, CA: Stanford University Press.

Lanstrom, E., 1983, *Christian Parent Burnout*, Concordia Pub House.

Ledermann, T., Macho, S., & Kenny, D. A., 2011, Assessing Mediation in Dyadic Data Using the Actor-partner Interdependence Model. *Structural Equation Modeling*, 18 (4): 595-612.

Lee, M. A., Schoppe-Sullivan, S. J., & Kamp, D. C. M., 2012, Parenting Perfectionism and Parental Adjustment. *Personality and Individual Differences*, 52 (3): 454-457.

Leineweber, C., Falkenberg, H., & Albrecht, S. C., 2018, Parent's Relative Perceived Work Flexibility Compared to Their Partner is Associated with Emotional Exhaustion. *Frontiers in Psychology*, 9: 640.

Lent, R. W., Brown, S. D., & Hackett, G., 1994, Toward a Unifying Social Cognitive Theory of Career and Academic Interest, Choice, and Performance. *Journal of Vocational Behavior*, 45 (1): 79-122.

Lerner, R. M., 2004, Diversity in Individual↔Context Relations as the Basis for Positive Development Across the Life Span: A Developmental Systems Perspective for Theory, Research, and Application (The 2004 Society for the Study of Human Development Presidential Address). *Research in Human Development*, 1 (4): 327-346.

Le Vigouroux, S., & Scola, C., 2018, Differences in Parental Burnout: Influence of Demographic Factors and Personality of Parents and Children. *Frontiers in Psychology*, 9: 887.

Le Vigouroux, S., Scola, C., Raes, M. E., Mikolajczak, M., & Roskam, I., 2017, The Big Five Personality Traits and Parental Burnout: Protective and Risk Factors. *Personality and Individual Differences*, 119: 216 – 219.

Levy-Shiff, R., 1999, Fathers' Cognitive Appraisals, Coping Strategies, and Support Resources as Correlates of Adjustment to Parenthood. *Journal of Family Psychology*, 13: 554 – 567.

Li, J. B., Willems, Y. E., Stok, F. M., et al., 2019, Parenting and Self-Control Across Early to Late Adolescence: A Three-Level Meta-Analysis. *Perspectives on Psychological Science*, 14 (6): 967 – 1005.

Lindström, C., Aman, J., & Norberg, A. L., 2010, Increased Prevalence of Burnout Symptoms in Parents of Chronically Ill Children. *Acta Paediatrica*, 99 (3): 427 – 432.

Lindström, C., Aman, J., & Norberg, A. L., 2011, Parental Burnout in Relation to Sociodemographic, Psychosocial and Personality Factors as well as Disease Duration and Glycaemic Control in Children with Type 1 Diabetes Mellitus. *Acta Paediatrica*, 100 (7): 1011 – 1017.

Lingard, H. C., Yip, B., Rowlinson, S., et al., 2007, The Experience of Burnout Among Future Construction Professionals: Across-national Study. *Constr. Manage. Econ*, 25: 345 – 357.

Lin, G. X., Roskam, I., & Mikolajczak, M., 2021, Disentangling the Effects of Intrapersonal and Interpersonal Emotional Competence on Parental Burnout. *Current Psychology*: 1 – 4.

Lin, G. X., Szczygieł, D., Hansotte, L., et al., 2021, Aiming to be Perfect Parents Increases the Risk of Parental Burnout, but Emotional Competence Mitigates it. Current Psychology, Advance Online Publication.

Lin, G. X., & Szczygieł, D., 2021, Perfectionistic Parents are Burnt Out by Hiding Emotions from Their Children, but this Effect is Attenuated by Emotional Intelligence. *Personality and Individual Differences*, 184: 111187.

Lin, G. X., Szczygieł, D., & Piotrowski, K., 2022, Child-Oriented Perfectionism and Parental Burnout: The Moderating Role of Parents' Emotional Intelligence. *Personality and Individual Differences*, 198: 111805.

Lin, S. H., & Huang, Y. C., 2014, Life Stress and Academic Burnout. *Act. Learn. High. Educ*, 15: 77-90.

Liu, C., & Wu, X. C., 2018, Dyadic Effects of Marital Satisfaction on Coparenting in Chinese Families: Based on the Actor-partner Interdependence Model. *International Journal of Psychology*, 53 (3): 210-217.

Liu, J., 2004, Childhood Externalizing Behavior: Theory and Implications. *Journal of Child and Adolescent Psychiatric Nursing*, 17 (3): 93-103.

Liu, L., Xu, L., Luo, F., et al., 2018, Intergenerational Transmission of Interpersonal Strengths: the Role of Parent Gender, Family Processes, and Child Characteristics. *J. Adolesc*, 67: 66-76.

Lizano, E. L., & Barak, M. M., 2015, Job Burnout and Affective Wellbeing: A Longitudinal Study of Burnout and Job Satisfaction Among Public Child Welfare Workers. *Children and Youth Services Review*, 55: 18-28.

Lorente, L., Salanova, M., Martinez, I., & Schaufeli, W. B., 2008, Extension of the Job Demands Resources Model in the Prediction of Burnout and Engagement Among Teachers Over Time. *Psicothema*, 20: 354-360.

Lucy, C., & Camilla, G., 2014, Skills Underlying Mathematics: The Role of Executive Function in the Development of Mathematics Proficiency, *Trends in Neuroscience and Education*, (2), 63-68.

Lukeš, M., Feldmann, M., & Vegetti, F., 2019, Work Values and the Value of Work: Different Implications for Young Adults' Self-employment in Europe. *The Annals of the American Academy of Political and Social Science*, 682 (1): 156-171.

Lu, L., & Lin, Y., 1998, Family Roles and Happiness in Adulthood. *Personality and Individual Differences*, 25 (2): 195-207.

Lu, M. H., Wang, G. H., Lei, H., et al., 2018, Social Support as Mediator and Moderator of the Relationship Between Parenting Stress and Life Satisfaction Among the Chinese Parents of Children with ASD. *Journal of Autism and Developmental Disorders*, 48 (4): 1181-1188.

Luthar, S. S., Cicchetti, D., & Becker, B., 2000, The Construct of Resilience: A Critical Evaluation and Guidelines for Future Work. *Child Development*, 71

(3): 543 - 562.

Lv, F. , & Gu, Y. , 2005, "Family APGAR Index" in Hand Book of Behavioral Medicine Scale, ed. Z. Zhang (Beijing: Chinese Medical Multimedia Press).

MacCallum, R. C. , Browne, M. W. , & Sugawara, H. M. , 1996, Power Analysis and Determination of Sample Size for Covariance Structure Modeling. *Psychological Methods*, 1 (2): 130 - 149.

Maccoby, E. , & Martin, J. , 1983, Socialization in the Context of the Family: Parent-child Interaction. Handbook of Child Psychology Vol. 4. *Socialization, Personality, and Social Development*, 4: 1 - 101.

Maddi, S. R. , 2004, Hardiness: An Operationalization of Existential Courage. *Journal of Humanistic Psychology*, 44 (3): 279 - 298.

Mak, A. S. , 1994, Parental Neglect and Overprotection as Risk Factors in Delinquency. *Australian Journal of Psychology*, 46 (2): 107 - 111.

Marcone, R. , Affuso, G. , & Borrone, A. , 2020, Parenting Styles and Children's Internalizing-externalizing Behavior: The Mediating Role of Behavioral Regulation. *Current Psychology*, 39 (1): 13 - 24.

Marsh, H. W. , Nagengast, B. , Morin, A. J. , 2013, Measurement Invariance of Big-five Factors over the Life Span: ESEM Tests of Gender, Age, Plasticity, Maturity, and La Dolce Vita Effects. *Developmental Psychology*, 49: 1194 - 1218.

Mash, E. J. , & Johnston, C. , 1990, Determinants of Parenting Stress: Illustrations from Families of Hyperactive Children and Families of Physically Abused Children. [Special issue: The stresses of parenting]. *Journal of Clinical Child Psychology*, 19: 313 - 328.

Maslach, C. , & Jackson, S. E. , 1986 , *MBI: Maslach Burnout Inventory; Manual Research Edition*. Palo Alto, CA: University of California, Consulting Psychologists Press.

Maslach, C. , & Jackson, S. E. , 1981, The Measurement of Experienced Burnout. *Journal of organizational behavior*, 2 (2): 99 - 113.

Maslach, C. , Schaufeli, W. B. , & Leiter, M. P. , 2001, Job Burnout. *Annual Review of Psychology*, 52: 397 - 422.

Masten, A. S., & Coatsworth, J. D., 1995, The Structure and Coherence of Competence from Childhood through Adolescence. *Child Development*, 66 (6): 1635 - 1659.

Meeussen, L., & Laar, C. V., 2018, Feeling Pressure to be a Perfect Mother Relates to Parental Burnout and Career Ambitions. *Frontiers in psychology*, 9, 2113.

Megahead, H. A., & Deater-Deckard, K., 2017, Parenting Stress and Foster Children's Adjustment in an Egyptian Context. *Journal of Child and Family Studies*, 26 (8): 2266 - 2275.

Merrifield, K. A., & Gamble, W. C., 2013, Associations Among Marital Qualities, Supportive and Undermining Coparenting, and Parenting Self-efficacy Testing Spillover and Stress-buffering Processes. *Journal of Family Issues*, 34 (4): 510 - 533.

Michel, J. S., Kotrba, L., Deuling, J. K., et al., 2011, Antecedents of Work-family Conflict: A Meta-analytic Review. *Journal of Organizational Behavior*, 32 (5): 689 - 725.

Middlebrook, J. L., & Forehand, R., 1985, Maternal Perceptions of Deviance in Child Behavior as a Function of Stress and Clinic Versus Nonclinic Status of the Child: An Analogue Study. *Behavior Therapy*, 16: 494 - 502.

Mikolajczak, M., Brianda, M. E., Avalosse, H., et al., 2018a, Consequences of Parental Burnout: Its Specific Effect on Child Neglect and Violence. *Child Abuse and Neglect*, 80: 134 - 145.

Mikolajczak, M., Gross, J. J., & Roskam, I., 2019, Parental Burnout: What Is It, and Why Does It Matter? *Clinical Psychological Science*, 7 (6): 1319 - 1329.

Mikolajczak, M., Gross, J. J., Stinglhamber, F., et al., 2020, Is Parental Burnout Distinct from Job Burnout and Depressive Symptoms? *Clinical Psychological Science*, 8 (4): 673 - 689.

Mikolajczak, M., Raes, M. E., Avalosse, H., et al., 2018b, Exhausted Parents: Sociodemographic, Child-related, Parent-related, Parenting and Family-functioning Correlates of Parental Burnout. *Journal of Child and Family Studies*, 27

(2): 602 - 614.

Mikolajczak, M. & Roskam, I., 2018, A Theoretical and Clinical Framework for Parental Burnout: The Balance Between Risks and Resources (BR2). *Frontiers in Psychology*, 9: 886.

Mikolajczak, M., & Roskam, I., 2020, Parental Burnout: Moving the Focus from Children to Parents. *New Directions for Child and Adolescent Development*, 174: 7 - 13.

Miller-Perrin, C. L., Perrin, R. D., & Kocur, J. L., 2009, Parental Physical and Psychological Aggression: Psychological Symptoms in Young Adults. *Child Abuse & Neglect*, 33 (1): 1 - 11.

Minh, T. N., Quang, A. M. T., & Ha, T. A., 2022, The Influence of Children's Behavior Problems on Parents' Psychological Well-being: A Serial Mediation Model of Parental Psychological Control and Parental Burnout. *Children & Youth Services Review*, 134: 106366.

Moretz, M. W., & McKay, D., 2009, The Role of Perfectionism in Obsessive ComPulsive Symptoms: "Not Just Right" Experiences and Checking Compulsions. *Journal of Anxiety Disorders*, 23 (5): 640 - 644.

Mousavi, F. S., 2019, The Burnout and Exhaustion Due to Parental Responsibilities: The Role of Parent-Child Demographic Variables. *Middle Eastern Journal of Disability Studies*, 9, 23.

Naerde, A., Tambs, K., Mathiesen, K. S., et al., 2000, Symptoms of Anxiety and Depression Among Mothers of Pre-school Children: Effect of Chronic Strain Related to Children and Child Care-taking. *Journal of Affective Disorders*, 58 (3): 181 - 199.

Nauta, M. H., Scholing, A., Rapee, R. M., et al., 2004, A Parent-report Measure of Children's Anxiety: Psychometric Properties and Comparison with Child-report in a Clinic and Normal Sample. *Behaviour Research and Therapy*, 42 (7): 813 - 839.

Nelson, J. A., O'Brien, M., Blankson, A. N., et al., 2009, Family Stress and Parental Responses to Children's Negative Emotions: Tests of the Spillover, Crossover, and Compensatory Hypotheses. *Journal of Family Psychology*, 23

(5): 671 - 679.

Nelson, M. K., & Nelson, P. M. K., 2010, *Parenting Out of Control: Anxious Parents in Uncertain Times*. New York, NY: New York University Press.

Nelson, S. K., Kushlev, K., & Lyubomirsky, S., 2014, The Pains and Pleasures of Parenting: When, Why, and How Is Parenthood Associated With More or Less Well-being? . *Psychological Bulletin*, 140: 846 - 895.

Netemeyer, R. G., Boles, J. S., & McMurrian, R., 1996, Development and Validation of Work-family Conflict and Family-work Conflict Scales. *Journal of Applied Psychology*, 81 (4): 400 - 410.

Ngai, F. W., Wai-Chi Chan, S., Holroyd, E., 2007, Translation and Validation of a Chinese Version of the Parenting Sense of Competence Scale in Chinese Mothers. *Nursing Research*, 56 (5): 348 - 354.

Nisbett, R. E., Peng, K., Choi, I., et al., 2001, Culture and Systems of Thought: Analytic and Holistic Cognition. *Psychological Reivew*, 108: 291 - 310.

Norberg, A. L., 2007, Burnout in Mothers and Fathers of Children Surviving Brain Tumour. *Journal of Clinical Psychology in Medical Settings*, 14 (2): 130 - 137.

Norberg, A. L., Mellgren, K., Winiarski, J., et al., 2014, Relationship Between Problems Related to Child Late Effects and Parent Burnout After Pediatric Hematopoietic Stem Cell Transplantation. *Pediatric Transplantation*, 18 (3): 302 - 309.

Norberg, A. L., 2010, Parents of Children Surviving a Brain Tumor: Burnout and the Perceived Disease-related Influence on Everyday Life. *Journal of Pediatric Hematology Oncology*, 32 (7): 285 - 289.

Nunnaly, J. C., 1978, *Psychometric Theory, 2nd Edn*. New York, NY: McGraw-Hill.

Nyanamba, J. M., Liew, J., & Li, D., 2021, Parental Burnout and Remote Learning at Home During the COVID - 19 Pandemic: Parents' Motivations for Involvement. *School Psychology*, 37 (2): 160 - 172.

Ohan, J. L., Leung, D. W., & Johnston, C., 2000, The Parenting Sense of Competence Scale: Evidence of a Stable Factor Structure and Validity. *Canadian Journal of Behavioural Science*, 32 (4): 251 - 261.

Olson, D. H., 2000, Circumplex Model of Marital and Family Systems. *Journal of Family Therapy*, 22 (2): 144 - 167.

Olson, D. H., Fournier, D. G., & Druckman, J. M., 1987, *Prepare/Enrich Counselor's Manual*. Minneapolis, MN: Prepare/Enrich INC.

Ong, M. Y., Eilander, J., Saw, S. M., et al., 2018, The Influence of Perceived Parenting Styles on Socio-emotional Development from Pre-puberty into Puberty. *European Child & Adolescent Psychiatry*, 27 (1): 37 - 46.

Pallini, S., Baiocco, R., Schneider, B. H., et al., 2014, Early Child-parent Attachment and Peer Relations: A Meta-analysis of Recent Research. *Journal of Family Psychology: JFP: Journal of the Division of Family Psychology of the American Psychological Association*, 28 (1): 118 - 123.

Parfitt, Y., & Ayers, S., 2014, Transition to Parenthood and Mental Health in first-time Parents. *InfantMent. HealthJ*, 35: 263 - 273.

Pelsma, D. M., 1989, Parent Burnout: Validation of the Maslach Burnout Inventory with a Sample of Mothers. *Measurement and Evaluation in Counseling and Development*, 22: 81 - 87.

Peng, P., Namkung, J., Barnes, M., & Sun, C., 2016, A Meta-analysis of Mathematics and Working Memory: Moderating Effects of Working Memory Domain, Type of Mathematics Skill, and Sample Characteristics. *Journal of Educational Psychology*, 108 (4): 455 - 473.

Peng, Y., Yang, X., & Wang, Z., 2021, Parental Marital Conflict and Growth in Adolescents' Externalizing Problems: The Role of Respiratory Sinus Arrhythmia. *Journal of Psychopathology and Behavioral Assessment*, 43 (3): 518 - 531.

Perez-Brena, N. J., Duncan, J. C., de Jongh, C., et al., 2020, Parental Stress and Coparenting Among Adolescent Parents. *Family Relations*, 70 (3): 793 - 807.

Petersen, I. H., Louw, J., & Dumont, K., 2009, Adjustment to University and Academic Performance Among Disadvantaged Students in South Africa. *Educa-*

tional Psychology, 29 (1): 99 – 115.

Petersen, I. T., Bates, J. E., Dodge, K. A., et al., 2015, Describing and Predicting Developmental Profiles of Externalizing Problems from Childhood to Adulthood. *Development and Psychopathology*, 27 (3): 791 – 818.

Philbrook, L. E., Erath, S. A., Hinnant, J. B., et al., 2018, Marital Conflict and Trajectories of Adolescent Adjustment: The Role of Autonomic Nervous System Coordination. *Developmental Psychology*, 54 (9): 1687 – 1696.

Pines, A., & Aronson, E., 1988, *Career Burnout: Causes and Cures.* New York: Free Press.

Pines, A., Aronson, E., & Kafry, D., 1981, *Burnout: From Tedium to Personal Growth.* NewYork: Free Press.

Pines, A. M., 1996, *Couple Burnout: Causes and Cures Routledge.* New York: Routledge .

Pines, A. M., Neal, M. B., Hammer, L. B., et al., 2011, Job Burnout and Couple Burnout in Dual-earner Couples in the Sandwiched Generation. *Social Psychology Quarterly*, 74 (4): 361 – 386.

Pines, A. M., 1987, Sex Differences in Marriage Burnout. *Israel Social Science Research*, 5 (1 – 2): 60 – 75.

Pines, A., 1989, Sex Differences in Marriage Burnout. *Israel Social Science Research*, 5: 60 – 75.

Piotrowski, K., 2021, Parental Identity Status in Emerging and Early Adulthood, Personality, and Well-being: A Cluster Analytic Approach. *Scandinavian journal of psychology*, 62 (6): 820 – 832.

Podsakoff, P. M., MacKenzie, S. B., Lee, J. Y., et al., 2003, Common Method Biases in Behavioral Research: A Critical Review of the Literature and Recommended Remedies. *Journal of Applied Psychology*, 88 (5): 879 – 903.

Podsakoff, P. M., MacKenzie, S. B., & Podsakoff, N. P., 2012, Sources of Method Bias in Social Science Research and Recommendations on How to Control It. *Annual review of psychology*, 63: 539 – 569.

Preacher, K. J., & Coffman, D. L., 2006, Computing Power and Minimum Sample Size for RMSEA [Computer software].

Prikhidko, A., & Swank, J. M., 2020, Exhausted Parents Experience of Anger: The Relationship Between Anger and Burnout. *The Family Journal*, 28 (3): 283 – 289.

Prinzie, P., Stams, G. J., Dekovic, M., et al., 2009, The Relations Between Parents' Big Five Personality Factors and Parenting: A Meta-analytic Review. *Journal of Personality & Social Psychology*, 97 (2): 351 – 362.

Procaccini, J., & Kiefaver, M., 1983, Parent Burnout. New York: Double Day.

Raver, C. C., & Blair, C., 2016, Neuroscientific Insights: Attention, Working Memory, and Inhibitory Control. *The Future of Children* (2), 95 – 118.

Rice, K. G., Richardson, C. M. E., & Tueller, S., 2014, The Short form of the Revised Almost Perfect Scale. *Journal of Personality Assessment*, 96 (3): 368 – 379.

Richardson, H. A., Simmering, M. J., & Sturman, M. C., 2009, A Tale of Three Perspectives: Examining Post hoc Statistical Techniques for Detection and Correction of Common Method Variance. *Organizational Research Methods*, 12 (4): 762 – 800.

Roeser, R. W., Eccles, J. S., & Strobel, K. R., 1998, Linking the Study of Schooling and Mental Health: Selected Issues and Empirical Illustrations at... *Educational Psychologist*, 33 (4): 153 – 176.

Rohner, R. P., Kean, K. J., & Cournoyer, D. E., 1991, Effects of Corporal Punishment, Perceived Caretaker Warmth, and Cultural Beliefs on the Psychological Adjustment of Children in St. Kitts, West Indies. *Journal of Marriage and the Family*, 53 (3): 681.

Rohner, R. P., 1980, Worldwide Tests of Parental Acceptance-Rejection Theory: An Overview. *Behavior Science Research*, 15 (1): 1 – 21.

Roskam, I., Aguiar, J., Akgun, E., et al., 2021, (International Investigation of Parental Burnout Consortium). Parental Burnout around the Globe: A 42-Country study. *Affective Science*, 2: 58 – 79.

Roskam, I., Brianda, M. E., & Mikolajczak, M., 2018, A Step Forward in the Conceptualization and Measurement of Parental Burnout: The Parental Burnout Assessment (PBA). *Frontiers in Psychology*, 9: 758.

Roskam, I. , & Mikolajczak, M. , 2020, Gender Differences in the Nature, Antecedents and Consequences of Parental Burnout. *Sex Roles*, 83 (7 –8): 485 –498.

Roskam, I. , & Mikolajczak, M. , 2021, The Slippery Slope of Parental Exhaustion: A Process Model of Parental Burnout. *Journal of Applied Developmental Psychology*, 77: 101354.

Roskam, I. , Raes, M. E. , & Mikolajczak, M. , 2017, Exhausted Parents: Development and Preliminary Validation of the Parental Burnout Inventory. *Frontiers in Psychology*, 8: 163.

Russ, E. , Heim, A. , & Westen, D. , 2003, Parental Bonding and Personality Pathology Assessed by Clinician Report. *Journal of Personality Disorders*, 17 (6): 522 –536.

Russell, D. , Peplau, L. , & Cutrona, C. , 1980, The Revised UCLA Loneliness Scale: Concurrent and Discriminatevalidity Evidence. *Journal of Personality and SocialPsychology*, 39: 472 –480.

Rutter, M. , 1967, A Children's Behaviour Questionnaire for Completion by Teachers: Preliminary Findings. *Journal of Child Psychology and Psychiatry*, 8 (1): 1 –11.

Sajid, B. , & Shah, S. N. , 2021, Perceived Parental Rejection and Psychological Maladjustment Among Adolescents of Khyber Pakhtunkhwa, Pakistan. *Ilkogretim Online*, 20 (4): 1311 –1318.

Schaufeli, W. B. , 2017, Burnout: A Short Socio-cultural History. In S. Neckel, A. K. Schaffner, & G. Wagner (Eds.), Burnout, Fatigue, Exhaustion: An Interdisciplinary Perspective on a Modern Affliction: 105 –127. Palgrave MacMillan.

Schriesheim, C. , & Tsui, A. S. , 1980, Development and Validation of a Short Satisfaction Instrument for Use in Survey Feedback Interventions. Paper Presented at the Western Academy of Management Meeting.

Sekułowicz, M. , Kwiatkowski, P. , Manor-Binyamini, I. , et al. , 2022, The Effect of Personality, Disability, and Family Functioning on Burnout among Mothers of Children with Autism: A Path Analysis. *International Journal of*

Environmental Research and Public Health, 19 (3): 1187.

Shek, D. T. L., 2008, Perceived Parental Control and Parent-Child Relational Qualities in Early Adolescents in Hong Kong: Parent Gender, Child Gender and Grade Differences. *Sex Roles*, 58 (9-10): 666-681.

Shu, X., 2021, Word Ploicy. Available Online at: http://worldpolicy.org/2017/10/16/china-education-and familybonds/#:~: text=Even%20though%20bonds%20have%20weakened, for%20financial%20and%20interpersonal%20support. Accessed 3 Mar 2021.

Silinskas, G., Kiuru, N., Aunola, K., et al., 2020, Maternal Affection Moderates the Associations between Parenting Stress and Early Adolescents' Externalizing and Internalizing Behavior. *The Journal of Early Adolescence*, 40 (2): 221-248.

Séjourné, N., Sanchez-Rodriguez, R., Leboullenger, A., et al., 2018, Maternal Burn-out: An Exploratory Study. *Journal of Reproductive and Infant Psychology*, 36 (3): 276-288.

Séjourné, N., Vaslot, V., Beaumé, M., et al., 2012, The Impact of Paternity Leave and Paternal Involvement in Child Care on Maternal Postpartum Depression. *J. Reprod. InfantPsychol*, 30: 135-144.

Skinner, A. T., Gurdal, S., Chang, L., et al., 2022, Dyadic Coping, Parental Warmth, and Adolescent Externalizing Behavior in Four Countries. *Journal of Family Issues*, 43 (1): 237-258.

Slaney, R. B., Rice, K. G., Mobley, M., et al., 2001, The Revised Almost Perfect Scale. *Measurement and Evaluation in Counseling and Development*, 34 (3): 130-145.

Sloan, K., Rowe, J., & Jones, L., 2008, Stress and Coping in Fathers Following the Birth of a Preterm Infant. *Journal of Neonatal Nursing*, 14: 108-115.

Smilkstein, G., 1983, "Assessment of Family Function," in Fundamental sof Family Medicine, eds R. B. Taylor, M. G. Rosen, W. E. Jacott, E. P. Donatelle, and J. L. Buckingham (NewYork, NY: Springer).

Smyth, N., Thorn, L., Oskis, A., et al., 2015, Anxious Attachment Style Predicts an Enhanced Cortisol Response to Group Psychosocial Stress. *Stress*, 18

(2): 143 - 148.

Sánchez-Rodríguez, R., Perier, S., Callahan, S., et al., 2019, Revue de la Littérature Relative au Burnout Parental. *Canadian Psychology/Psychologie Canadienne*, 60 (2): 77 - 89.

Snell, W. E., Overbey, G. A., & Brewer, A. L., 2005, Parenting Perfectionism and the Parenting Role. *Personality and Individual Differences*, 39 (3): 613 - 624.

Sodi, T., Kpassagou, L. B., Hatta, O., et al., 2020, Parenting and Parental Burnout in Africa. *New Directions for Child and Adolescent Development*, 174: 101 - 117.

Soenens, B., Luyckx, K., Vansteenkiste, M., et al., 2008, Clarifying the Link between Parental Psychological Control and Adolescents' Depressive Symptoms: Reciprocal versus Unidirectional Models. *Merrill-Palmer Quarterly: Journal of Developmental Psychology*, 54 (4): 411 - 444.

Soenens, B., & Vansteenkiste, M., 2010, A Theoretical Upgrade of the Concept of Parental Psychological Control: Proposing New Insights on the Basis of Self-Determination Theory. *Developmental Review*, 30 (1): 74 - 99.

Sorkkila, M., & Aunola, K., 2021, Burned-out Fathers and Untold Stories: Mixed Methods Investigation of the Demands and Resources of Finnish Fathers. *The Family Journal*, 30 (4): 611 - 620.

Sorkkila, M., & Aunola, K., 2020, Risk Factors for Parental Burnout Among Finnish Parents: The Role of Socially Prescribed Perfectionism. *Journal of Child and Family Studies*, 23 (3): 648 - 659.

Staines, G. L., 1980, Spillover Versus Compensation: A Review of the Literature on the Relationship between Work and Nonwork. *Human Relations*, 33 (2): 111 - 129.

Starrels, M. E., 1994, Gender Differences in Parent-child Relations. *Journal of Family Issues*, 15 (1): 148 - 165.

Steinberg, L., 2008, A Social Neuroscience Perspective on Adolescent Risk-taking. *Developmental Review*, 28: 78 - 106.

Straus, M. A., Hamby, S. L., 1998, Finkelhor, D., et al. Identification of Child

Maltreatment with the Parent-child Conflict Tactics Scales: Development and Psychometric Data for a National sample of American Parents. *Child Abuse & Neglect*, 22 (4): 249 -70.

Stright, A. D. , & Bales, S. S. , 2003, Coparenting Quality: Contributions of Child and Parent Characteristics. *Family Relations*, 52 (3): 232 -240.

Sugawara, M. , Kitamura, T. , Toda-Aoki, M. , et al. , 1999, Development of Problem Behavior: a Longitudinal Study of Externalizing Problems from Infancy to Middle-childhood. *Japanese Journal of Developmental Psychology*, 10: 32 -45.

Sulik, M. J. , Blair, C. , Mills-Koonce, R. , Berry, D. G. M. , 2015, Early Parenting and the Development of Externalizing Behavior Problems: Longitudinal Mediation Through Children's Executive Function. *Child Development* (5), 1588 -603.

Suwansujarid, T. , Vatanasomboon, P. , Gaylord, N. , et al. , 2013, Validation of the Parenting Sense of Competence Scale in Fathers: Thai Version. *Southeast Asian Journal of Tropical Medicine & Public Health*, 44 (5): 916 -926.

Szczygieł, D. , Sekulowicz, M. , Kwiatkowski, P. , et al. , 2020, Validation of the Polish Version of the Parental Burnout Assessment (PBA). *New Directions for Child and Adolescent Development*, 174: 137 -158.

Tangney, J. P. , Baumeister, R. F. , & Boone, A. L. , 2004, High Self-Control Predicts Good Adjustment, Less Pathology, Better Grades, and Interpersonal Success. *Journal of Personality*, 72 (2): 271 -324.

Tan, T. X. , Camras, L. A. , Deng, H. , et al. , 2012, Family Stress, Parenting Styles, and Behavioral Adjustment in Preschool-age Adopted Chinese Girls. *Early Childhood Research Quarterly*, 27 (1): 128 -136.

ten Brummelhuis, L. L. , & Bakker, A. B. , 2012, A Resource Perspective on the Work-home Interface: The Work-home Resources Model. *American Psychologist*, 67 (7): 545 -556.

Thompson, R. O. , Goldstein, R. F. , Oehler, J. M. , et al. , 1994, Developmental Outcome of Very Low Birthweight Infants as a Function of Biological Risk and Psychosocial Risk. *Journal of Developmental and Behavioral Pediatrics*, 15:

232 - 238.

Tirfeneh, E., & Srah, M., 2020, Depression and Its Association with Parental Neglect Among Adolescents at Governmental High Schools of Aksum town, Tigray, Ethiopia, 2019: A Cross-sectional Study. Depression Research and Treatment, 6841390.

Tscholl, M., & Lindgren, R., 2016, Designing for Learning Conversations: How Parents Support Children's Science Learning Within an Immersive Simulation. *Science Education* (5), 877 - 902.

Twenge, J. M., & Kasser, T., 2013, Generational Changes in Materialism and Work Centrality, 1976 - 2007: Associations with Temporal Changes in Societal Insecurity and Materialistic Role Modeling. *Personality and Social Psychology Bulletin*, 39 (7): 883 - 897.

Van Bakel, H. J. A., Van Engen, M. L., & Pete, P., 2018, Validity of the Parental Burnout Inventory Among Dutch Employee. *Front. Psychol*, 9: 697.

Verhellen, E., 2000, Convention on the Rights of the Child: Background, Motivation, Strategies, Main Themes (3rd ed.). Leuven; Apeldoorn: Garant.

Vinayak, S., & Dhanoa, S., 2017, Relationship of Parental Burnout with Parental Stress and Personality Among Parents of Neonates with Hyperbilirubinemia. *International Journal Indian Psychology*, 4 (2): 102 - 111.

Vohs, K. D., Baumeister, R. F., Schmeichel, B. J., et al., 2008, Making Choices Impairs Subsequent Self-control: A Limited-resource Account of Decision Making, Self-regulation, and Active Initiative. *Journal of Personality and Social Psychology*, 94 (5): 883 - 898.

Walburg, V., 2014, Burnout Among High School Students: A Literature Review. *Child Youth Serv. Rev*, 42: 28 - 33.

Wang, M., & Liu, L., 2017, Reciprocal Relations Between Harsh Discipline and Children's Externalizing Behavior in China: A 5 - Year Longitudinal Study. *Child Development*, 89 (1): 174 - 187.

Wang, Q., Pomerantz, E. M., & Chen, H., 2007, The Role of Parents' Control in Early Adolescents' Psychological Functioning: A Longitudinal Investigation in the United States and China. *Child Development*, 78 (5): 1592 - 1610.

Wang, W., Wang, S. N., Liu, X., et al., 2021, Parental and Job Burnout in a Chinese Sample. Current Psychology, Advance online publication.

Waterman, E. A., & Lefkowitz, E. S., 2017, Are Mothers' and Fathers' Parenting Characteristics Associated with Emerging Adults' Academic Engagement?. *Journal of Family Issues*, 38 (9): 1239 - 1261.

West, M., Rose, S., & Sheldon-Keller, A., 1994, Assessment of Patterns in Insecure Attachment in Adults and Applicaton to Dependent and Schizoid Personality Disorder. *Journal of Personality Disorders*, 8 (3): 249 - 256.

Wickman, E. K., 1928, Children's Behavior and Teachers' Attitudes. New York: Division of Publication.

Willems, Y. E., Li, J. B., Hendriks, A. M., et al., 2018, The Relationship between Family Violence and Self-control in Adolescence: A Multi-level Meta-analysis. *International Journal of Environmental Research and Public Health*, 15 (11): 2468 - 2468.

Williams, L. J., Cote, J. A., & Buckley, M. R., 1989, Lack of Method Variance in Self-reported Affect and Perceptions at Work: Reality or Artifact? *Journal of Applied Psychology*, 74 (3): 462 - 468.

Wu, K., Wang, F., Wang, W., et al., 2022, Parents' Education Anxiety and Children's Academic Burnout: The Role of Parental Burnout and Family Function. *Front. Psychol*, 12: 764824.

Xeromeritou, A., & Natsopoulos, D., 2010, Preschoolers' Construction Order of Event Sequences Related to Mental Ability and Degree of Familiarity, *The Journal of Genetic Psychology* (1): 119 - 136.

Xia, Y., Li, S. D., & Liu, T. H., 2018, The Interrelationship between Family Violence, Adolescent Violence, and Adolescent Violent Victimization: An Application and Extension of the Cultural Spillover Theory in China. *International Journal of Environmental Research and Public Health*, 15 (2): 371.

Xuan, X., Chen, F., Yuan, C., et al., 2018, The Relationship between Parental Conflict and Preschool Children's Behavior Problems: A Moderated Mediation Model of Parenting Stress and Child Emotionality. *Children and Youth Services Review*, 95: 209 - 216.

Yang, B., Chen, B. B., Qu, Y., et al., 2021, Impacts of Parental Burnout on Chinese Youth's Mental Health: The Role of Parents' Autonomy Support and Emotion Regulation. *Journal of Youth and Adolescence*, 50 (8): 1679 - 1692.

Zhang, C. Y., & Cao, W. H., 2018, The Influence of Boarding System Inrural Primary and Middle School Sonparent-childrelationship and Counter Measures: Based on Empirical Investigation in Shaxitown, Qujiangtown, Shaoguancity. *Surv. Educ*, 7: 76 - 78.

Zhang, Y., Qin, X., & Ren, P., 2018, Adolescents' Academic Engagement Mediates the Association between Internet Addiction and Academic Achievement: The Moderating Effect of Classroom Achievement Norm. *Computers in Human Behavior*, 89: 299 - 307.

Zou, J., 2021, The Effect of Parenting Pressure on Children's Internalizing Problem Behaviors and Its Mechanism. *Work*, 69 (2): 675 - 685.

Zvara, B. J., Mills-Koonce, W. R., 2015, Heilbron, N., et al., The Interdependence of Adult Relationship Quality and Parenting Behaviours among African American and European Couples in Rural, Low-Income Communities. *Infant and Child Development*, 24 (3): 343 - 363.

图书在版编目(CIP)数据

泥潭中的父母：养育倦怠与儿童青少年健康成长 / 李永鑫，王玮著. -- 北京：社会科学文献出版社，2024.8

ISBN 978 - 7 - 5228 - 3237 - 1

Ⅰ. ①泥… Ⅱ. ①李… ②王… Ⅲ. ①家庭教育 Ⅳ. ①G78

中国国家版本馆 CIP 数据核字(2024)第 029487 号

泥潭中的父母：养育倦怠与儿童青少年健康成长

著　　者 / 李永鑫　王　玮

出 版 人 / 冀祥德
组稿编辑 / 恽　薇
责任编辑 / 孔庆梅
文稿编辑 / 郭晓彬
责任印制 / 王京美

出　　版 / 社会科学文献出版社 · 经济与管理分社（010）59367226
　　　　　地址：北京市北三环中路甲 29 号院华龙大厦　邮编：100029
　　　　　网址：www. ssap. com. cn
发　　行 / 社会科学文献出版社（010）59367028
印　　装 / 三河市尚艺印装有限公司

规　　格 / 开　本：787mm × 1092mm　1/16
　　　　　印　张：17.5　字　数：295 千字
版　　次 / 2024 年 8 月第 1 版　2024 年 8 月第 1 次印刷
书　　号 / ISBN 978 - 7 - 5228 - 3237 - 1
定　　价 / 98.00 元

读者服务电话：4008918866